南京大学戏剧学科百年传统研究丛书

董健教授纪念集

胡星亮　编

南京大学出版社

图书在版编目(CIP)数据

董健教授纪念集 / 胡星亮编. —南京：南京大学出版社，2022.11
(南京大学戏剧学科百年传统研究丛书)
ISBN 978‑7‑305‑25909‑8

Ⅰ.①董… Ⅱ.①胡… Ⅲ.①董健(1936‑2019)—纪念文集 Ⅳ.①K825.46‑53

中国版本图书馆CIP数据核字(2022)第122925号

出版发行	南京大学出版社
社　　址	南京市汉口路22号　　邮　编 210093
出版人	金鑫荣
丛 书 名	南京大学戏剧学科百年传统研究丛书
书　　名	董健教授纪念集
编　者	胡星亮
责任编辑	施　敏
照　　排	南京紫藤制版印务中心
印　　刷	南京玉河印刷厂
开　　本	635×965　1/16　印张22.5　插页印张1　字数312千
版　　次	2022年11月第1版　2022年11月第1次印刷
ISBN	978‑7‑305‑25909‑8
定　　价	88.00元
网　　址	http://www.njupco.com
官方微博	http://weibo.com/njupco
官方微信	njupress
销售咨询	(025)83594756

* 版权所有，侵权必究
* 凡购买南大版图书，如有印装质量问题，请与所购图书销售部门联系调换

1952年于山东沂水

1956年10月于北京

1956年,在北京俄语学院与同学合影

1964年，读研究生时的董健

1964年，在校门口与李汉秋、梁淑安合影

1972年，苏北大运河上

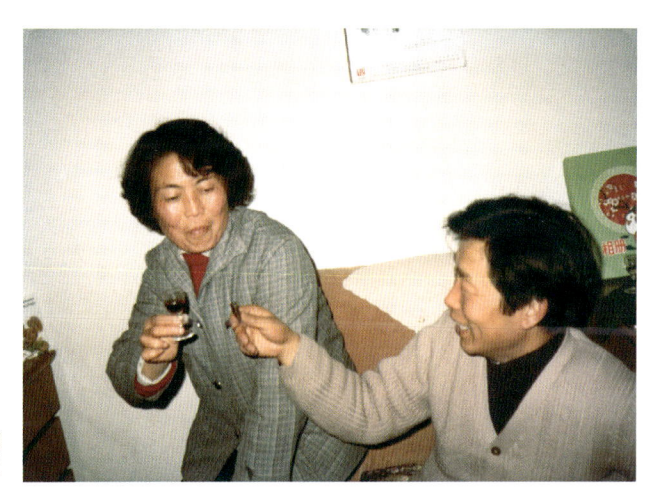

1983年12月24日晚,在艾尔耐斯朵家

1987年春,列宁格勒涅瓦河畔

1989年4月,于光远来校讲学

1991年11月，在北京国家高级教育行政学院学跳中老年迪斯科

1992年，在美国杜克大学与德里克一起

1992年5月，在南京大学

1993年，与夫人在阿根廷

1994年，与陈白尘合影（在陈白尘家）

1995年4月14日，
在台湾花莲吃茶道

1995年，与夫人在酒宴上

在大别山

1996年，在大别山金寨

1996年9月30日，在天柱山

1996年，与王蒙在奥地利

1997年12月29日，在中国话剧90年纪念大会上，李默然、董健、张庚合影

1998年5月2日，大别山天堂寨"文艺立谈会"

1998年9月，在武夷山自然保护区

1998年12月24日，在作家班毕业座谈会上发言

1990年代末，在自家宅院

1990年代末，郊游

1990年代末，在家中书房

2000年3月，王富仁、许志英、董健、王兆胜在海口市郊火山口合影

2001年初春，在家中

2001年3月初，在安徽当涂县太白公园

2001年6月，与贾冀川、苏琼合影

2002年4月，童道明、濮存昕在宁签名售书，与两人座谈

2003年5月，博士生论文答辩

与博士研究生在一起，99届、00届、01届三届共11人

2005年,与夫人在家中

所谓"江苏四条汉子":
甘竞存、董健、陈辽、包忠文
(从左至右)

2006年8月,在书房

2007年3月,陪黄宗江南京
访友(在杨苡家)

2009年,在日本讲学时寻访春柳社演出《黑奴吁天录》租用的剧场——东京本乡座

2009年,在日本早稻田大学讲学

2010年，参加"21世纪世界华文文学高峰会议"，在台湾成功大学校园

全家福（2016年11月）

目 录

杨守松｜我最敬重的董健老师走了 …………………………………………… 1

高小方｜咏董师 ……………………………………………………………… 3

赵宪章｜伟哉！董大 ………………………………………………………… 6

姚　远｜董健老师千古 ……………………………………………………… 10

陆　炜｜回忆董健老师（二则） …………………………………………… 13

夏　波｜万语千言是豁蒙
　　　　——怀念董健老师 ………………………………………………… 32

庞彦强｜纪念董健先生 ……………………………………………………… 36

丁芳芳｜严师的另一面 ……………………………………………………… 45

张　健｜怀念董健先生 ……………………………………………………… 48

黄爱华｜山高水长有时尽　师恩绵绵无穷期
　　　　——为董健先生逝世一周年纪念而作 …………………………… 53

郑仁湘｜花暖松高人归去
　　　　——怀念董健老师 ………………………………………………… 62

张　鹰｜怀念董健先生 ……………………………………………………… 69

周维培｜离散的弦歌
　　　　——追忆在董健老师身边学习和工作的岁月 …………………… 74

刘　艳｜怀念导师董健教授 ………………………………………………… 85

王晓华｜向真而生
　　——兼谈董健精神 ················· 90
周　宪｜在尘世与天国里问学
　　——怀念导师董健先生 ··············· 99
彭耀春｜纪念敬爱的董老师 ················ 104
贾冀川｜和董师在一起的日子 ··············· 107
朱伟华｜永远的恩师 ··················· 111
马俊山｜中国话剧进步传统的坚定守护者 ·········· 121
陈吉德｜董门之"懂"
　　——怀念我的博士导师董健先生 ··········· 126
林　婷｜剪　影 ····················· 130
李　伟｜追忆我的老师董健先生 ·············· 134
张　军｜回忆董健老师 ·················· 141
陈　军｜学会思考与自立
　　——董健老师教我治学做人 ············· 145
王　勇｜忆董师 ····················· 155
杨　柳｜跬步斋里听风雨
　　——缅怀董健老师 ················· 170
焦素娥｜师恩难忘
　　——写给敬爱的董健老师 ·············· 175
庞瑞垠｜诗一首 ····················· 178
陈凤英　庄灿远｜悼念董健老师 ·············· 179
蒋广学｜不是悼文的悼文:送董健 ············· 180
邢小群｜悼念董健老师 ·················· 181
周晓陆｜悼董健副校长 ·················· 184
张　生｜岂因烟瘴回锋锐,常为光明作斗争
　　——悼董健老师 ·················· 185

周安华｜偍行者
　　——哭董师 ………………………………………………… 187
张光芒｜您就是那束永远不灭的"启蒙之光"
　　——深切缅怀敬爱的董健先生 ……………………… 189

李　开｜从古典学走进现代文化学
　　——董健老师学术文化思想一则 …………………… 199
胡星亮｜董健先生的学术道路与学术思想 …………………… 204
吕效平｜关键词："启蒙主义"和"现代化"
　　——董健的中国现代戏剧史言说和当代戏剧批评 … 222
陈咏芹｜启蒙理性、历史反思与现实批判精神
　　——董健先生学术特质散论 ………………………… 238
胡德才｜论董健的喜剧观 ……………………………………… 262
高子文｜一个个体的真与勇：怀念董健先生 ………………… 275
胡星亮　胡文谦　江　萌｜在学术研究中坚守"五四"精神
　　——读三卷本《董健文集》有感 ……………………… 285
徐明祥｜跬步斋主的力量
　　——读董健《跬步斋读思录》、《跬步斋读思录续集》… 304
张宗刚｜董健《跬步斋读思录》：灵魂的拷问 ………………… 309

南京大学｜讣告 ……………………………………………………… 316
南京大学文学院｜我国著名戏剧学家、文学史家、南京大学原副校长董健教
　　授逝世 ………………………………………………… 319
南京大学戏剧影视研究所　南京大学戏剧影视艺术系｜
　　沉痛悼念董健先生 …………………………………… 322
唁电 ………………………………………………………………… 326

杨守松

我最敬重的董健老师走了

5月13日中午，正休息，偶然翻微信，见董健老师过世，一愣，泪水便止不住涌了出来。我在工作室的"群"转发了，还有一个流泪的表情。这样的消息在我的"群"里发，绝无仅有，因为实在没有可以表示我此刻心情的地方，不经意就发了，然后说，我最敬重的老师走了！

老师思想明锐，直面社会，面对高官，他可以拍案怒斥腐败的教育现状。他蔑视权贵，对学生或者是初出茅庐的学人，却是呵护有加，一向尽力扶持。

记得南大中文系系庆时，听老师一个讲座，有两点至今在耳畔回响——一是说到，现在大学越来越大，这个"大"就是地盘越来越大，教职员工越来越多，老师对此绝不苟同，他说，大学之大，大师之谓也！在一片心领神会的掌声之后，老师又说到，他在跟某校领导汇报中文系的学术课题（项目）时，某领导问：有什么经济效益？他说，没有。对方不语，他说，中文系无用——接着掷地有声，高声大吼：无用之用是大用！全体师生给以长时间的雷鸣般的掌声！为此，我写了一篇文章，题目叫作《抗衡》，在《新华日报》发表，后来有多个散文选刊选载,记得老师的一本书中也收入了这篇文章。其实我很清楚,不是我文章写得怎么样,而是我在文章中所表达的意思,与老师是心有灵犀,相通了。

后来听说老师患上眼疾,几乎失明。一次去老师家看望,还是那窄小的书房,老师没顾忌自己的眼疾,倒是跟我说俄罗斯政体改革,说追求真理,追求民族的自由和复兴等。我说这几年开始写昆曲,老师就说,守松你写昆曲,太好了!又说,昆曲被遗忘了,现在想到还来得及……

老师的厚爱,对我影响很大。那之后,我一直在国内外采访(昆曲),也没顾上去看望老师,直到去年5月27日,江苏省报告文学学会成立大会,见老师也在邀请之列,便去参加了。见到老师,感觉消瘦多了,只是,他的思想,他的言论,依然敏锐深刻,掷地有声,我在当天的日记写:"董健老师的发言最为震撼,对当前大学的现状特别愤恨。"

怎么也没有想到,这竟然是和老师的最后一面!后来知道,今年报告文学学会年会,老师也参加了,可惜我没去,也不知道老师会去,竟错失了最后再见老师一面的机会,想来真是后悔莫及……

师恩师德,永生难忘。

高山仰止。老师千古!

2019年5月13—14日

(杨守松:江苏省昆山市作家)

高小方

[七律] 咏董师

三书四得为求真[1],

学海扬帆频创新[2]。

深论雪垠许田汉[3],

盛推小李赞白尘[4]。

百年剧艺称宗匠[5],

当代文坛老斫轮[6]。

跬步斋中有宇宙[7],

浩然正气育完人[8]。

注释:

[1] 三书,读书、教书、写书的合称。四得,谓善读书者可得知识、得智慧、得治学之法、得人生要义。参阅《董健读书法》,王余光,徐雁主编:《中国读书大辞典》,南京:南京大学出版社1993年,第308页。

[2] 董师一生注重学术创新,成果丰硕,著作等身。

[3] 董健:《姚雪垠的历史观和李自成形象》,《南京大学学报》1978年第4期。

董健:《田汉与现代派问题》,《戏剧论丛》1984年第1期。

董健:《田汉剧作与中国传统戏曲的关系》,《剧艺百家》1985年第1期。

董健:《田汉传》,北京:十月文艺出版社,1996年。

董健:《田汉论》,《南京大学学报》1998年第1期。

[4] 小李,指董师和陈白尘先生共同培养的高足弟子李龙云(1948—2012),中国当代作家、编剧。

董健:《从小院到小井——话剧新人李龙云的成长》,《南京大学学报》1981年第4期。

董健:《从民俗画卷看历史风云——李龙云话剧创作的特色》,《中国当代剧作家研究(第一辑)》,北京:文化艺术出版社,1985年。

白尘,即陈白尘(1908—1994),中国现代剧作家、戏剧活动家、小说家。

董健:《谈陈白尘改编的话剧〈阿Q正传〉》,《江苏戏剧》1981年第6期。

董健:《陈白尘和南京大学"47号工场"》,《戏剧报》1983年第2期。

董健:《历史新时期的陈白尘》,《戏剧界》1983年第3—4期。

董健:《〈升官图〉和陈白尘的喜剧艺术》,《戏剧艺术》1984年第1期。

董健:《论陈白尘话剧〈大地回春〉》,《抗战文艺研究》1984年第2期。

董健:《论陈白尘30年代的小说》,《中国现代文学研究丛刊》1984年第2期。

董健:《陈白尘创作历程简论》,《南京大学学报》1984年第4期。

董健:《陈白尘创作历程论》,北京:中国戏剧出版社,1985年。

董健:《陈白尘剧作的两种可贵精神》,《剧艺百家》1988年第2期。

[5] 董健:《关于中国现代戏剧史的几个问题》,《江海学刊》1988年第2期。

董健:《中国现代戏剧史稿》(合作),北京:中国戏剧出版社,1989年。

董健:《论中国戏剧理论的基本建设》,《戏剧艺术》1991年第3期。

董健主编:《中国现代戏剧总目提要》,南京:南京大学出版社,2003年。

[6] 董健:《中国当代文学史初稿》(合作),北京:人民文学出版社,1980年。

董健:《关于中国当代文学史的几个问题》,《南京大学学报》2002年第3期。

董健:《中国当代文学史新稿》(合作),北京:北京师范大学出版社,2011年。

[7] 跬步斋:董师的书斋名。

董健:《跬步斋读思录》,南京:江苏教育出版社,2001年。

董健:《跬步斋读思录续集》,南京:南京大学出版社,2006年。

[8] 董健:《"立人"为大学之本》,《文史知识》2002年第5期。

(高小方:南京大学文学院教授)

赵宪章

伟哉！董大

"董大"是董健老师的绰号。我不知道这绰号的本义,从未打听过它的本义,也不知道何人所名,只是从我来南大读书伊始,就眼见过有人当面这样呼喊他,董老师似应非应、不喜不怒、从容应对,似乎不十分情愿接受、也无必要拒绝这个玩笑。我作为他的亲学生,按说,不应该给他开这个玩笑,显得我"没大没小"(山东俚语)。但是,除此之外,我似乎找不到更合适的词形容他在我心目中的形象,也找不到更合适的方式表达我与他亲密无间;何况董老师从不介意别人怎么说他,也不介意他的弟子是否尊重他、仰视他,他对唯唯诺诺、唯命是从者反而不屑,他一直倡导、鼓吹和身体力行的是"自由"、"平等"、"民主"。在这方面,他毫无疑问是中文系里的老大,也是南大的老大。

我是南京大学中文系第二届工农兵学员,1973年入校后不久便认识了董健老师,知道他是山东老乡后更是主动与他攀谈。我还清楚地记得刚来南大时的思乡之情,一些从未离开过故土的年轻人往往都是这样,董老师就是我在南京认识的第一个"家乡人"。他担任我们班"教育革命领导小组"成员,自然有不少密切接触。他那伟岸的身躯、浓重的胶东口音，或开怀大笑或横眉冷对，不披不藏的直率性格，都成了我的似曾相识，倍感亲切无间。特别是他家搬到南园之后，距离我住的九舍很近，不仅在校园里可以常见，溜到他家蹭饭吃也是常事。

董老师主政中文系的风范，算是最先给我留下的深刻印象之一。当时的南大还没有完全从"文革"阴影中走出来，矛盾、摩擦乃系务日常，教学、科研尚未完全正规。董老师主政中文系后大刀阔斧，整顿学风、严肃校纪，以教学科研为中心鼓舞士气，中文系面貌为之一新，堪称引领学校文科风气之先，为中文系日后发展理顺了各种关系。董老师这届系行政的任期虽然较短，但却彻底了断了"文革"遗风，是中文系"由乱到治"的标志。中文系在学校文科发展中的强势地位也是由此开始。

当时的系主任最棘手的问题莫过于职称评审了。由于"文革"十年，许多年长的老师都还没有高级职称，包括给我上过课的一些老师；与此同时，曲钦岳校长为了扶植年轻人，又另外开辟了"破格"通道，1987年是这一"双轨制"的开始。评审工作启动了，我和他在系办小楼（赛珍珠故居）门前相遇，他劈头便问："赵宪章，你申请讲师还是副教授？"我不假思索地回应"讲师"，并说自己的《申请表》已经填好了。他没有再说什么，转身上楼回到他的办公室。让我没想到的是，学校批下来却是"副教授"，自己有幸被破格评选了！当我向董老师表示谢意时，他却说："你不要感谢我……我之所以给你争取副教授，是因为你当初的表态让我满意；否则，如果你急吼吼地申报副教授，我反而不会给你争取了。"——看！这就是董老师，"董大"脾气！

董老师的执政能力被曲钦岳校长看中，任系主任不到两年就晋升为副校长。这是对他的肯定，应当高兴才是，但是我不但没有感受到他因此而开心，反而经常在我们面前释放怨气，或者自嘲。例如，他说他在学校做官和做系主任很不一样，那是真正的"衙门"，自己每天的行踪都要听秘书安排……他说学校就是会多，初到学校总开会很不习惯，后来慢慢习惯了，再后来呢？如果哪天没有会，反而不习惯了……他还说自己如果长此以往，业务荒废了，多有不舍……这些话听多了，我们有时会提醒他："董老师，此类牢骚，也就私下说说吧，不要在北大楼（校行政楼）到处张扬。"他听后总是一笑了之；我想，"董大"脾气是憋不住的。好不容易熬到任期结束，还没等到续任者接班，他就提前个把月搬离了北大楼，从此回到专业，不再做官。——这就是"董大"副校，他从没有把"做官"当回事。他的心思不在这儿。

董老师不把"做官"当回事，为学校"做事"却有板有眼，认真负责且思路清楚。特别是学科和队伍建设，是他做副校长时最倾心的方面。当时整个学校乃至全国的状况其实差不多，都面临青黄不接、人才断层之窘境，关键是看谁主动，谁主动谁就可能占头筹。南大最早提出了"以学科建设为龙头"，奠定了"文革"后较早起飞的基础。我之所以了解这方面的一些情况，缘自许志英老师（时任系主任）和我（时任副系主任）经常晚饭后一起散步，有时会在散步后去董老师家喝茶聊天侃大山。我们的聊天侃大山可不是"张家长、李家短"之类，话题多是文艺史和学术史上的一些趣闻轶事，更多的是分析全国主要中文学科的历史和现状，考虑哪些知名学者会对我们这儿感兴趣，哪些学者有可能被我们引进，以及引进他们的策略及待遇等。由于这样的散步和聊天持续多年，我从中受益匪浅，深切感受到学者间的话题竟然如此不同，与引车卖浆之流街头嬉戏大不一样，与时下学者们在一起多谈论项目、获奖、"花帽子"也不一样。

一次，我从成都开会回来，晚饭后照例约许老师散步，告诉他高尔泰老师有意来南大。他说："好！马上到董大家去。"董老师听我详细介绍后喜形于色，第二天就得到曲校长的恩准，并指示人事处副处长樊道恒同志具体负责。于是，我和樊处无暇顾及当时火车堵路，在混乱之际"南京-成都"往返两次，很快完成了任务。高老师来南大报到后，董副校长亲自设宴，席间交谈甚欢，二人大有相见恨晚之慨。送别高尔泰老师的"最后的晚餐"也挺有意思：高老师深情告别说："我知道我是不能如愿了，但是你们几位为我和小雨忙前忙后,着实让我们感动。我没有什么东西能够表达我的谢意,只会画画,送你们每人一幅吧。"然后首先面向董老师问道:"董校长,你喜欢什么题材的画啊?""钟馗打鬼!"董老师不假思索地说出了自己的喜好。

董老师任副校长期间对南大的主要贡献还是对师生、对学科、对整个南大文科的保护。他敢说、敢干、敢负责,顶住各种压力使学校免受或少受冲击,尽己所能为南大的学科和队伍建设营造安静环境。一天,同样是我和许志英老师晚饭后散步,同样溜达到他家喝茶聊天侃大山……突然,许老师提出一个伟大建议:南大应抓住当前难得机遇延揽人才……如此这般地给董老师描述了他的设想。董老师听后同样喜形于色,连说"好!""很好!",第二天就向曲校长汇报,不久便在《光明日报》用了四个版面刊登《南京大学招聘启事》。这次南大招聘和调动高老师一样,最终结果都不理想;尽管如此,南大在全国塑造了大胆改革开放以及"爱才如命"的形象,至少算是非常成功的策划。

董老师让我崇拜的还在于他写有一手好文章。无论对陈白尘、田汉等作家的专人研究,还是现当代文学史与戏剧史方面的学案分析,对象在他的笔下都是鲜活的"这一个",可以和读者展开交流对话,而不是行将就木、呆若木鸡、等待审查或宣判的行尸走肉。当然,最具文采的还是他的短文,不仅思想敏锐、深刻,而且才华横溢、收纳自如。可以说,像他这样二者兼擅的教授并不多见。特别是他晚年的那些投枪匕首,切中时弊,留下许多"金句",至今仍在学界广为流传,为学人所称道。

——这就是我心目中的"董大"!他不仅做行政大刀阔斧、理解人生大彻大悟、处理人事豁达大度,更有做学问之大笔如椽。他为中国学术和中国教育贡献了自己的全部智慧和勇气。他以坦荡率真的个性、忧国忧民的情怀,铸就了一座丰碑——当代文人的丰碑,照亮了过去、洞悉着未来。

伟哉!董大,哺育我的恩师、我崇拜的偶像。

(赵宪章:南京大学文学院教授)

姚 远

董健老师千古

没想到董健老师那么早地过世,因为他在我心目中,十分健康,似乎依然年轻着。在之前不久的纪念陈老的一个活动中,我才见过他,问候了他,他说他一切都很好。但是,突然间,却听闻了这样一个噩耗,不能不说令人震惊。

我是79年入校的,之前之后,接触最多的就是董健老师。虽然他不是我的导师,但在我心目中,却一直是我的师长。哪怕是我离开南大之后,我仍然渴望着能得到董健老师的指点。每当我有新剧作问世,都希望他来观剧,听到他的意见。董健老师也确实经常亲临剧院,在观剧完毕之后与我交换意见,甚至还为我的剧作亲自撰写评论,以示支持。当然,若对某个剧作有了看法,也会坦言不满。所以在董健老师八十寿诞的活动上,我曾经发言表示,董健老师是我创作道路上的灯塔。这绝不是恭维的话语,而确实是我心中真切的想法。身处一个所谓"正能量"时代,就我的创作环境来说,身边不无处处用着正能量来指指划划的人。在这样的环境下,你的创作很容易偏离艺术的轨道,走向为政治利益服务的歧途。这时候,我经常会从董健老师的教诲中去把握每部作品的方向，不至于为迎合某些需要，而背离创作的初衷。

给我印象很深的一次，就是九十年代在江苏省剧协的一次会议上，董健老师提出了一个观点："半个世纪以来，我们一贯都把话剧称之谓'运动'，那么到了现在呢？还要继续运动下去吗？"（大意）这在当时是十分令人振聋发聩的。自从我们开始接触话剧伊始，话剧从来都是以革命文艺的面目出现在我们的面前。几十年来，话剧从来就属于左翼革命阵营。衡量话剧优劣的标准当然也是以革命性为第一。是凡话剧工作者，也都对这样以"运动"方式的话剧发展习以为常毫无异议了。董健老师这一观点的提出，在当时，确实有着划时代的意义。

话剧，作为一个艺术门类的存在，它存在的意义到底是什么？

百年来，中国话剧在它成长发展的道路上，曾经为中国共产党取得政权、宣传革命发挥了巨大的作用。但显然，作为艺术，它不能永远以这样的面目呈现在观众面前。这从"十七年"前后观众对话剧的踊跃程度也能明显地感受到这一点。中国的话剧运动曾经让百万观众如痴如醉、趋之若鹜过，但经历了"文化大革命"，也让话剧跌到了门可罗雀的地步。这是观众对政治的厌倦而开始冷落一味追求政治效果的"艺术"。话剧是即将走向消亡还是重新振兴，是当代话剧是的重要课题。所以，在这个当口，董健老师提出这样的质问是非常非常切中要害的。如何才能停止"运动"，让话剧真正回归到艺术的本体需要上来，引起了众多戏剧业者的思考。

不久之后，董健老师便提出了"发扬现代启蒙精神"的观点。他指出："唯有现代启蒙精神才是中国话剧的可贵传统，也正是这一精神，通过剧场演出和剧本阅读，激发了中国人的思想解放和精神提升，在促进'人的现代化'方面发挥了积极作用，从而推动了中国现代化的进程。"唯有戏剧的启蒙意识不断得到重建与修复，戏剧精神才能得到高扬，戏剧的思想空间和艺术空间才能得到空前的拓展，戏剧才能真正地获得现代性。

话剧百年的时候，南大专门为此举办了一个论坛，讨论话剧与启蒙精神的关系。我带去了一个话题,就是《祐启人文与前线话剧团》,董健老师看见这个题目非常高兴。他说你这个题目和我们这个论坛的主题是一致的。我之所以选这个题目,是因为我们在下生活的过程中,来到安徽泾县的新四军总部旧址。专门去战地服务团的驻地考察,那是我所在的前线话剧团的前身。那是一个旧祠堂,祠堂的门楣上方,是砖雕的四个大字"祐启人文"。为什么将战地服务团安排在这里?是特意还是无意,现在无从考证。但不论如何,这本身就值得"寻味"。众所周知,军队的话剧团体从来都是限制多多的。从来都是主旋律、正能量的制作体。而恰恰前线话剧团在它的创作中出现了"第四种剧本",即便它一以贯之的"红色"作品,也彰显着强烈的与众不同的风格。即所谓"特色"。这个特色是什么?老一辈人常会总结为"战斗的,抒情的"。我一直总认为不贴切。但从现在看来,是不是"祐启人文"这四个字从中"作祟"呢?不知这样一个课题是否能引起未来"前线话剧"或者"军旅话剧"的研究者们的兴趣,今天就不在这里多说了。但是,"祐启人文"应该是作为艺术而存在的话剧应当肩负的使命。只是,虽然前线话剧团的前身是诞生在高悬着"祐启人文"的一个祠堂内,但它却未能将此作为使命,在现实中依然奋进在为政治服务的道路上。即便如此,它还是被终结了。如果站在这一个角度上,前线话剧团的历史,倒是值得书写的。

  董健老师去世了,但他给我们留下了宝贵的精神遗产。其核心的内容便是:发扬现代启蒙精神。

  我们面对的是中国话剧的第二个百年。虽然话剧已经不再需要运动,但是它需要前进,需要火炬。我们需要火炬的光亮,以区分哪是迷径,哪是危途。话剧的光荣,应该是将民众从蒙昧中唤醒。

  董健老师千古!

(姚远:原前线话剧团一级编剧)

陆　炜

回忆董健老师（二则）

董健老师离开我们一年了。想说的话很多。写下回忆二则，以作纪念。

一　一起编《田汉全集》的日子

1999年暮春，我和董健老师一起出发去北京，任务是编辑《田汉全集》。那次去京住了近两个月。对于我来说，那是提供了一段与董老师接触的时光。

所记得的第一个细节是临出发在董老师家里，师母华老师交代一个责任："陆炜，在北京你要监督，不许董健吃油饼！"北京的油饼又软又脆，比油条好吃，可惜南京没有。看来这是曾在北京读书的董老师喜爱的。现在华老师交代了这个任务，我口答"是是"，心里在嘀咕：第一，董老师要吃，我管得住吗？第二，好像我也吃不成啦。因为碰上油饼，要是我吃，又不许董老师吃，成何局面？但火车从南京开出以后，这个问题就解决了。董老师说："不要听她的!"于是我们立即达成共识:到北京后就寻找久违的油饼,大吃一顿。这个愿望到京的第二天就实现了:招待所的早餐就有油饼!——可惜不是天天有,隔三岔五才能吃上一回。

我和董老师一起参加编《田汉全集》,这件事要从我入学南大说起。我是1986年考入南大,跟陈白尘先生读博士的。面试的时候,地点在陈老家,面试老师就是陈老和董健两位。问起我的研究打算,我说一是话剧史的总体研究,二是田汉研究。其实我对此二者都无研究基础。提出话剧史研究,是因为在上海戏剧学院学过一门"中国话剧史"课程,全班听下来都觉得课程薄弱。提出田汉研究,是因为田汉兼写话剧和戏曲,而我硕士阶段读的是戏曲,自以为若研究田汉或许有一点戏曲知识的长处。但此话一出,曾是田汉学生的陈老就说:"田汉研究好!田汉研究好!我看就可以定下来,不要再变了。"所以我的博士论文选题没入学就定了。

入学以后,陈白尘先生告诉我,中文系已经确定董健做我的副导师,并且说,"董健就是研究田汉的,指导你是再好不过了。"得知此安排,我的心情小复杂。一方面是喜:因为我对田汉还没有建立起一个理解,如何研究也不得门径,有个专家指导我岂不是大幸!一方面是忧:董老师那时候还是副教授,还没有带硕士生,正是爬坡的时候,他自己研究田汉,能无保留地指导我吗?但后来的发展把我这两方面的心思都冲得烟消云散。一方面是,董老师似乎没把做我的指导老师当一回事。例如开个书目、讲个研究思路、多少时间见我一次、对论文框架和主要观点给以指点,这些事情全不存在,只是博士论文初稿写出来后审阅了一遍。另一方面,董老师告诉我他准备写一本田汉的传记,到动工的时候要我和他合作撰写。这就是说,董老师大度地把我这个亟需指导的学生放在了一个平行的研究者的位置。我的喜是空欢喜,忧也是白担忧。我研究田汉只能自己摸索了。

尽管如此,从董老师的论文和少量的言谈中,我还是得益很多。

第一,他说清了田汉研究的开展为什么难。我理解是三点:其一,田汉是剧坛领袖,如曹禺所说,"田汉就是一部话剧史",所以离了田汉,没法写话剧史,反过来,不熟悉话剧史的人和事,没法研究田汉;其二,田汉是天才,涉猎面很广:话剧、戏曲、歌剧、电影写了一百多部,歌词、诗词留下两千多首,散文、小说也甚可观,甚至绘画、书法、历史、军事都有造诣,更有翻译作品和大量的文艺研究和评论文章,这是一个体量很大的研究对象;其三,田汉的作品总是最鲜明地反映时代精神,以气势胜,以情韵胜,人物相对简单,但艺术血统却复杂,话剧美学与戏曲美学融为一体,很难讲得清楚。以上三点,好像就是普通正常的陈述,但不是深入研究田汉的说不出来,不进入田汉研究的人,听了也没有感觉。而我领悟到了,就意义很大:结果就是我不敢偷懒,先在熟悉、搞通中国话剧史上狠下功夫,并且明智地把论文题目从《田汉论》缩小为《田汉剧作论》。

第二,董老师两次跟我提到,有一个叫张向华的研究者,多年来在写一本《田汉年谱》,是对田汉研究最扎实的人,并且话中透露出这样的信息:他对张向华的研究非常了解,他们之间有着资料交流和探讨的关系。张向华四十多岁就因病早夭了,我也始终没有看到《田汉年谱》的出版。但毫无疑问的是,董老师和张向华的交流,董老师对田汉达到详细年谱程度的了解,就是董老师要撰写文学性传记《田汉传》的基础。对于我来说,得知张向华的研究是一个提醒:我研究田汉,绝不能抓几个代表性剧目分析一通就算,应该从编年表、年谱的传统方法入手。这就起到了让我的研究循规蹈矩的作用。

第三,董老师研究田汉的作品,提出了"田汉风格"这一概念。尽管他对此也没有完全说清楚,但这一概念启发我在田汉作品的艺术构成、话剧和戏曲美学如何融合上下功夫,使得我的博士论文不停留于一般的文学分析,而是追求田汉研究应有的美学深度。

当事隔多年,写下上面的文字时,我对董老师深怀感激之情。因为遑论其他,仅是上面三点得益,对我的博士论文的影响都是关键性的。

1989年我博士毕业。这一年,陈白尘、董健主编的《中国现代戏剧史稿》

一书出版,极受好评,其中田汉的专章是董健撰写,这是他田汉研究的重要成果。过了两年,董健主编了《田汉代表作》(上下卷),曾要我做了一些资料工作。1996年,董老师出版了重头的成果《田汉传》(该书写作四年,董老师是自己完成,没有要我参与),这本书也是口碑甚好,影响很大,不仅一般读者能从这本文学性的传记中了解田汉,而且跟着田汉走过来的前辈剧人都认可,有赞赏而无挑剔,这是很不容易的。董老师自己也是颇为得意。至此,在田汉研究中,董老师就是无可争议的大拿了。由于田汉研究并没有可观的研究队伍,成果也少,所以到了编《田汉全集》的时候,1995年出版了一本小书(即博士论文《田汉剧作论》)的我,也就是有资格参与的人选了。

编《田汉全集》对于我来说非常简单,策划、组织、构想、设计分卷都没有我的事,只是董老师通知我,我就跟着去做具体工作而已。到京后下榻在张自忠路中段的一个院落内。这条路改为现名之前叫铁狮子胡同,非常著名,因为当年北洋政府机关在这条路上。这个院落当时是中纪委招待所。进得院来,感觉有点异样,因为是一片衰败寥落的景象。一个大院并无门房,一进来就是空旷的院落,足以停几十辆车的面积却一辆车也没有,只有久未修整的树木和遍地的落叶。迎面就是灰砖的办公楼,虽只三层,但体量不小,却灰暗陈旧、绝无人迹,窗户破损的不多,但不透明满是积垢……大概因为历史陈迹,无修葺计划,就是这个样子吧。但转过这栋楼就是另一番景象:建有几栋多层的住宅楼和一个宾馆,宾馆叫作和敬府宾馆,不大,档次也不高,非常安静(地处深院中,转过办公楼的通道很窄,没有汽车开进来),所以作为编书的地方很合适。

编《田汉全集》是田汉基金会和田汉研究会的项目,而这次工作是在此前的基础上具有集中性的编辑活动。编委会主任是周巍峙(音乐家,前文化部部长,大家都称他"周部长"),董健是副主任之一。编委会的人有十几位。但负责编电影部分的邓兴器,编诗歌部分的屠岸,编译著部分的田大畏等人都不到这个宾馆来工作,他们像周部长一样,只是在另找地方集中开会的时候才露面。在这里工作的主要是编辑话剧和戏曲部分、文论部分（这两部分占《全集》多半的篇幅）的人，所以每天碰面的是陈刚（中国剧协书记处书记，他是编委会实际工作的负责人，财务、安排食宿、开会等事务也是他管）、刘平（中国社会科学院文学所的副教授）、方育德（中国戏剧出版社的资深编辑）等人。一天工作下来，家在北京的都回去了，就只剩了董健和我，到餐厅点菜，慢悠悠地用晚餐，就是闲聊的时光了。

由于要集中精力完成工作，董健和我都没有会会在京好友故旧的打算。我记得在京那么长时间，只是到虎坊桥去拜访过一次葛一虹，还有田本相来看过董健一次，请我们上街吃了一顿牛羊肉，其他时间就一直在宾馆待着，每天晚上都是两人面对，所以闲聊的时间真是很多，话题非常广泛。

有董健家事。例如华老师家是书香门第，董健第一次到苏州华家，未来的岳父岳母还有点嫌他这个农村出身的山东大汉土气啦。例如"文革"期间儿子出生，生下来没声音，医生奋力抢救，董健曾想放弃，遭医生训斥，终于听到一声啼哭的生死惊魂时刻啦……

有南京大学"文革"轶事。如有一次工宣队组织吃忆苦饭，饭是用麸皮、豆腐渣做成。中文系一位老教授竟出言嘲讽："这东西很平常，我们过去经常吃，一吃两大碗，现在每人一小碗，还不装满，这么意思一下，就算得忆苦吗？"工宣队员怒，遂用大碗盛了一碗给他："有本事你吃下去！"老教授接过，面无难色，昂然吃光。观者皆目瞪口呆。如有位老教习惯早饭后大解，进了牛棚，总是早饭后立即被驱赶去劳动，遂抱怨不给如厕时间，管理人员认为他"不老实"，一顿呵斥怒骂。老教授不敢再说，多日后倒毙。不明原因，遂行解剖，原来是被大便胀死……

有董健国外见闻。如访学俄国，正遇戈尔巴乔夫推行"禁酒运动"，每星期五下午才卖酒，每人限购200克。这时候就见街上大排长龙。有不少人拿个塑料小桶，买到200克就边喝边走向队尾，继续排队……人无惊怪者。

如董健俄语甚好，但在俄国也有窘迫时：食堂里想吃个冰激凌，发现有好几十种。但不是草莓冰激凌、香草冰激凌这种叫法,而是俄语的习惯,每种一个名字,几十个词之间没有联系。只好以手代口,指指点点。

如有一次去南美洲看在那里访学的华老师,在纽约机场转机,进了候机楼,却怎么也找不到所乘航班的那家航空公司柜台。一小时后询问得知,纽约机场不是许多航空公司在一个候机楼内,而是每家公司自有独立的候机楼,众多的候机楼围着偌大的机场周围分布一圈。于是赶紧坐机场大巴赶过去,气急败坏,一头大汗,差点儿误机……

在众多的话题中,董老师讲得最细最投入,我听得也最有兴味的,是他童年、少年家乡生活。董老师家乡是山东省寿光县。今天人们的寿光概念,就是发达的蔬菜生产基地。但这是近些年的事。长期以来,我心中寿光的概念就是寿光鸡。因为我小学的时候(上个世纪五十年代),课本里就讲了中国著名的四大鸡种:浙江狼山鸡、山东寿光鸡、莱克亨鸡(白色,引进的外国品种),还有一种不记得了。课本中说寿光鸡的特点是个儿大、雄健,公鸡能长到九斤一只,书上还有图,所以印象很深,简直有点儿崇拜的感觉。不过现在没人知道什么寿光鸡了。这也自然:过去最常见的国光苹果现在在哪里?曾经赫赫有名的无锡大米也见不到了。

董老师的童年回忆是从吃说起的。"那时候都是吃窝窝头",吃不上窝窝头,吃糠咽菜的情况农村不罕见,但那是缺粮的时候糊弄肚子。白面是过节、待客才吃的,谁家要是天天吃白面,就是败家子相了。窝窝头才是正经的日常饭食。但一般人不知道的是,同为窝窝头,其实质量不一。因为农民是把各种粮食掺起来吃的,以玉米面窝窝头为基准,如果往里掺入高粱面、地瓜面、黑豆面,也还是窝窝头,掺得越多,质量就逐次下降。相反,要是往玉米面里掺进黄豆面、小米面,窝窝头的质量就上升了。所以都是几种粮食掺起来的窝窝头,富人家和穷人家的大不一样。按说,地主家一定是吃好窝窝头了,但那也不一定,要看是破落地主还是上升期的地主。破落地主吃得最好,因为他反正是往好里吃,上升期的地主正相反,一心扩大家业,买地的钱要从牙缝里省出来，伙食就特别抠。"我们家就是上升期的地主，"董健说，"所以吃得比贫农还要差！"

不过农村是到处可以找东西吃的。玉米棒子长成了，掰下来就能烧着吃。秋天收黄豆的时候，孩子们在田间捡一些枯黄的豆棵，就地堆成一小堆，点上火，豆棵烧尽，灰里扒出来烧熟的豆粒，那是真香。如果碰上豆虫，有大人手指那么粗那么长，白白微黄，全是脂肪，只要扔在火堆里烧熟，那是人间美味。

过年是要吃饺子的，对于孩子们来说，那不仅是期待已久的一顿美餐，而且是一场战斗，因为没人慢条斯理地吃，都是疯抢。所以晚上吃饺子，白天就要准备武器。武器就是找一些小树枝，利用分杈的部分做成叉子：一个把儿拿在手里，前面是两个尖儿。饺子出来了，不管多烫多滑，一插一个准，筷子的效率是比不上的。这样的叉子每人都要准备两三把。因为它很容易坏，得有备用的。因为孩子多，我家给孩子吃的饺子端出来是用一个大盆，手持"武器"等候已久的孩子遂一拥而上，小猪拱食一样围着盆子埋头痛吃，没人说话，只听一片稀里哗啦，真是风卷残云，顷刻而尽。再等第二盆吗？没有的事，这就结束了。回想饺子什么馅儿，真不知道。

从吃又说到穿。这个简单，一句话就说完了："我小时候就是光着，十岁之前没穿过衣裳。"

这些童年事情如此生动，后来我回家说给老婆听。她却不信。"董健十岁前没穿过衣服？哪有这事！""这是董老师亲口告诉我的。""告诉你你就信啊？不穿衣服不难看吗？再说，天冷怎么办？""有什么难看？看惯了很自然啊。天冷就窝在家里不出门啊。""行了行了！你就编吧，编吧！"她还是不信。

人理解事物是和他的知识相关的，超出知识范围就没法想象。现在的年轻人不知道中国过去多么贫穷，城市的孩子也不知道农村的生活，以至童年的男孩光着身子这种平常事情竟成胡编乱造、海外奇谈了。但我是见过的。我于1968年3月去山东当兵，1979年底才转业回南京，在山东近12年。住过半年、一年以上的地方就有青岛、济南、崂山县、胶县、益都（现在叫青州市）、周村、博山、邹平，除了青岛、济南是在城市，住军部、军区的招待所，其他驻地营房都是接近农村的，再加上作为文艺宣传队到处演出，跑过一半山东地域，所以对山东农村有广泛了解。每当我们宣传队到农村去演出，在村口都会出现自发的、非正式的欢迎场面，其实就是看解放军进村的"看热闹"场面。我们是被看的风景，看热闹的人也是我们眼里的风景：路中间有一大群孩子奔跑、欢叫着（通常有二十个到六十个不等，其数量可以反映出该村子的人口规模），路两边屋檐下则是大姑娘小媳妇们，无声地站着观看，表情专注，看男兵，更看女兵。在这个我们看惯的风景里，那一群孩子中女孩是穿衣服的，男孩子全是光身的。那些男孩黝黑、健康、肚皮滚圆，眼睛滴溜溜转，欢蹦乱跳地，可爱得很，有什么难看了？他们和女孩无界限地混在一起，画面和谐，非常自然。

　　童年男孩不穿衣服，背景自然是贫穷。但其含义绝非仅仅如此。第一，这是一种习俗。若不是习俗，谁家孩子裸身就会被视为纯粹贫穷的标志而遭到耻笑。而有此习俗，能置起衣服的人家也省了一笔费用，裸身男孩和女孩相处也就十分自然。第二，这意味着孩子有一个自在玩耍的童年。因为全身赤裸，绝不是看电视、读书、弹钢琴的形象，而是在山野间徜徉、疯跑的形象。我的父亲童年是在江南农村度过的，他不知多少次说我们可怜，没有过过他那种童年生活：采桑葚、挖野菜、下河洗澡、摸鱼、上树看风景、掏鸟蛋、田边抠黄鳝、捉田鸡……一个在大自然中无所拘束的小精灵，其实光着身子最相宜，有衣服反是一种累赘。这种生活，这种美感，我还能想象（上个世纪五六十年代，南京城里无高楼，马路上空荡荡的极少汽车，到处是池塘、菜地，秦淮河上有人打鱼为生，小学生课后有大把的玩耍时间），而现在的孩子，日程都被兴趣班、课外班排满，玩手机要受到严控，睡觉的时间都不够，对自由自在的童年已经难以想象了。第三，意味着上学比较晚。因为上学就得穿衣服。中国虽穷，文化深厚，裸身进学堂是有辱斯文，不可想象的。山东农村，一般的孩子从小只有小名,到上学了,"栓柱、石头、二狗子"之类岂能登记注册,老师就叫孩子"回去找大人要个名字来!"有的家长就会带着孩子来学校,求老师给起个名字。这种情况,至少到我当兵的七十年代还很普遍。总之上学是个里程碑,这时候得有正式的名字,得穿上衣服。而不穿衣服就意味着还没有上学。董老师十岁之前没穿过衣服,可见上学晚。由于他家并非穷人,也可以推断出那时候(上个世纪四十年代)普遍上学较晚。——总之,童年不穿衣含义丰富,那是一种生活状态。

闲谈的话题虽然极广泛,但田汉研究却不在话题之内。这并非董老师和我信奉休息时间不谈工作,而是跟《田汉全集》编辑的实际情况有关。

《田汉全集》有20卷,800万字,按说工作量很大,却只用三年多就编成了。原因很简单:此前编辑出版过16卷的《田汉文集》,体量已经很大,《全集》根本上只是《文集》的扩大而已。当然,扩大很可观,新增300多万字。但这也不难。因为编《文集》的时候成立了一个"田汉文集编辑工作室",简称"田编室",至1986年,《文集》各卷陆续出齐,"田编室"就解散了,但未收入《文集》的资料都保存着,现在拿过来即可。计算下来,《全集》新增部分的三分之二以上都来自"田编室"的遗存,其他不足三分之一中,又包括了田汉的大儿子田申从家里拿出来的两个多幕剧剧本(《陈圆圆》和《薛尔望》——田汉写于抗战期间,未发表过,一直传说是遗失了)和一批田汉日记等,所以纯粹新发现的资料其实不多(其中有我在上海图书馆发现的三篇小文章)。

除了资料基本不须从头搜集外,干活的人也是熟手。我本来以为自己写过《田汉剧作论》,对田汉资料是内行了,但工作起来才发现我是熟悉程度最弱的一个。董老师的功夫比我深不用说了,其他几位,陈刚抓过"田编室"工作,方育德则是原"田编室"的主将之一、刘平也刚出版了一本《田汉评传》。尤其是方育德,说起每份文献的内容、年代、背景、版本、各篇文字的相互关系来如数家珍,比写了《田汉传》的董老师犹有过之,所以这次工作成了我的学习机会。这样一批熟手编《田汉全集》,工作中殊无疑难,休息时间再谈论就没必要了。

　　七月底，工作顺利完成，我和董老师乘飞机返回南京。但似乎这段日子不该平淡结束，还有"临去秋波那一转"。那是在起飞一个多小时以后，应该过了徐州快到南京了，我正无聊地望着窗外，突然失声惊叫起来："呀，我们正在往北飞呀！"此言一出，机舱内便有点纷乱，有的人在嘀咕"这家伙胡说"，许多人像看精神病人一样看着我。这就逼得我只好大声解释了："现在是下午五点半，太阳在西边，对吧？要是往南飞，太阳应该在飞机右边。但是，你们看，现在太阳是在飞机左边！"我这人辨别方位的意识很强，但大多数人未必如此，所以看了太阳在左边，还是茫然、疑惑。这时广播响起来了："各位旅客，由于台风的原因，南京禄口机场无法降落，我们正在返回北京。"

　　于是，天擦黑的时候我们回到了首都机场。航空公司要负责食宿，用大巴把全体旅客拉到北京西北郊的泰山宾馆。宾馆挺大，但因地处偏僻，竟只有我们这一拨客源。晚餐开出来，一桌八个菜，哈，是我熟悉的鲁菜！正合董老师口味。难怪叫泰山宾馆，山东人开的无疑了。第二天早上起来，另安排什么航班回南京还是没消息，吃早饭的旅客们鼓噪起来。航空公司宣布，愿等的人继续住，等不及的人他们负责送回机场，愿退票的退票，愿转其他航班他们协助办理。我问董老师我们怎么办？董老师说："我们急什么？这里住得好，吃得好，正好安静看两天书嘛。"

　　董老师拿了主意，我就无话。但他真的沉下心来看书了，我却做不到，因为他是有读书计划的，我却没有。我也不是毫无计划，但和董老师相比就等于没有。因为他的读书计划是重建知识结构和学术思想的工程。他不知多少次说过：我们这一代知识分子"就是一锅夹生饭"！说的就是知识结构。董健"文革"前就是江苏省学术界的尖子了。但那是极"左"思潮盛行，思想贫乏的时代。经历过"文革"以后，他进入了一个认真的反思过程，但发现知识结构上再努力找补，要达到像前辈大师那样就很难了，所以他把自己的知识结构比喻为"夹生饭"。董健的心胸格局，不是自己要在学术上出成绩、有地位，也不限于要搞好我们戏剧专业以至新文学专业的学科建设,而是要解决"文革"之后的中国学人如何继承"五四"传统,推进学术研究的大课题。所以,他成了坚持启蒙和文化批判、张扬人文精神的一面旗帜。在泰山宾馆,我发现他从南京出发就带了不少书,是内容广泛的严肃的理论著作,这时候就一门心思阅读钻研了。而我,虽然也带了几本书,不过为了有空随便翻翻而已。所以我是看一会儿书就出房间转转,抽支烟,打探打探消息,等着下一顿开饭。这里离圆明园不远,想去玩但不敢,因为航空公司随时可能来宣布要出发去机场啊!但这个时刻第二天没来,第三天没来,第四天才来。大概因为过半的人早就上机场退票或转机了,剩下的人不多,也不急,航空公司也就不急了。结果是,我在等待中晃悠了三天,董健却静心地看了三天书。

经过这趟出差,我对董老师的了解增加不少,关系也自然熟悉、热络多了。但这种热络后来被破坏了。那是一年中秋节,我上董老师家看望,带了一盒月饼,他却拒收,我告辞的时候坚决让我带了回去。我就很尴尬和失落。以后,逢年过节我就不去了。平时也是没有公事不敢去打扰。我常常想,董老师干嘛这么古板?我又不是送礼要求您办事!……这就是"君子之交淡如水"吗?……是不是他带的那些"亲学生"就不是这样了?……

每当这么想的时候,就会回忆起那段一起编《田汉全集》的日子来。

二 董健论"现代戏剧研究要补课"

1989年,我在南大博士毕业,留校任教,即参加了董老师主编的《中国现代戏剧总目提要》的编纂工作,忝列副主编之一。该书是500万字的工具书,2003年12月由南京大学出版社出版,历时14年。2003年,该书的姐妹篇《中国当代戏剧总目提要》上马,董老师和我共同主编,此书也是500万字的规模,历时10年,2013年由中国戏剧出版社出版,我于这一年退休。这段岁月所做的事情，就是在贯彻、落实董老师的一个思想：现代戏剧研究要补课。

董健论"现代戏剧研究要补课"，可见其写的《中国现代戏剧总目提要》一书的《序》（写于 2002 年）。这篇序言一开头就言道：

> 世纪之交，回顾中国戏剧现代化的百年历程，我曾撰文呼吁：现代戏剧研究要补课。第一要补"现代意识"的课，第二要补科学的"戏剧学"的课，第三要补"戏剧史料学"的课（《新华文摘》2001 年第 4 期）。戏剧史料的发掘、甄别、考证、编纂、出版，都有大量的工作有待我们去做。这部《中国现代戏剧总目提要》（以下简称《总目提要》），就是这一工作的一部分。

本文所说的补课，董健在《序》中展开论述的补课，都是指上述第三种，即"戏剧史料学"的补课。

该篇《序》的论述展开，从批判庸俗社会学、政治实用主义和"左"倾教条主义开始，董健指出上述坏学风造成的学术成果是"骗局"、"伪科学"，并且举例说明，然后写道：

> 对付这种伪科学的骗局的唯一方法，就是牵着它的耳朵把它拉到阳光下的事实真相面前来，暴露它的虚伪与无知。翔实客观而丰富的史料，能堵住那些说大话、空话、套话者的口，能叫那些出于某种政治目的或者由于学风的虚夸不实而把历史当作泥团来任意捏造的人难行其道，能叫那些建立在沙滩上的理论"框架"、"体系"顷刻坍塌。这就是我们不恤琐屑、不辞辛劳地从事资料的搜集整理工作的初衷。

接下来，董健引经据典，说明从资料工作开始，本就是学术研究的传统做法，是规律和常识，然后叙述了本书的构想、体例和追求，最后说道：

> 上文提到的《中国现代戏剧史稿》一书，本应该是在完成《总目提要》之后才能着手编著的。但为了按计划完成这项国家任务，我们不得不一面搜集整理剧目，一面着手编史。这在工作程序上是多少有些颠倒的。虽然《中国现代戏剧史稿》出版之后受到了学术界的赞许和鼓励，获得了国家特级奖，但我们总感到还欠缺了点什么。在《总目提要》的编写过程中，我们又掌握了许多过去没有看到过的材料，也触发了我们的一些新的想法。因此，《总目提要》付梓之后，应该回过头来对《中国现代戏剧史稿》进行认真的修订。

至此，董健的论述可以算清晰而完整了。我以为董健的这篇《序》对于我们戏剧学的学科建设是一篇很重要的论文。但我也意识到，没有多少人会认真看待这篇文字。因为批判极"左"思潮及种种坏学风，斥责伪科学，说得再一语中的、痛快淋漓，不过是拨乱反正而已。论证从资料工作开始是学术研究的传统和规律，引经据典，说得再好，不过是说了常识而已。"回过头来"认真"修订"云云，大约就是谦虚的姿态和套话而已。——总而言之，似乎没必要当作一篇论文，这不过就是一篇漂亮、得体的序言罢了。

但编过了两本《总目提要》，我就不这样看了。我至少有两点体会：1. 常识不是空谈，要落实到实际，这并不容易。2. 强调研究从资料开始的常识，具有端正学术观念的意义。

第一点体会（即常识要落实到实际），可以从两本《总目提要》编纂的摸索过程见出。

两本《总目提要》都是资料性的工具书，似乎只要不辞辛劳，按部就班地工作就行了,其实它们都是在摸索中进行的。《中国现代戏剧总目提要》起初编纂时的方法大体像是"分区清剿"。顾文勋、胡星亮两位编委分别对1930年代以前的戏剧、解放区戏剧有研究的基础,于是这两块就由他们分别负责,此外,又在上海、北京、成都、重庆等地聘请戏剧研究的专家做编委,每个人组织人员搜集当地所存的现代戏剧剧本并撰写提要。不久以后,发现这种"各自为战"的局面既有重复又有遗漏的弊病,于是"清剿"转换到彻查图书馆戏剧藏书的路线上。应我们的要求,南京大学图书馆、南京图书馆、上海图书馆、国家图书馆、四川省图书馆、重庆图书馆均清查和提供了本馆所藏的1949年以前的戏剧剧本书籍目录,我们还向其他约20家图书馆调查、搜集剧本资料。由此形成总的剧本目录,凡在南京能找到的,组织南京人员撰写提要,南京无藏书的,开出剧本书单,分约各地的编委组织撰写。在此之后,又清查了1949年之前可能刊登剧本的戏剧期刊和文学期刊……最终成书,得到剧本提要4492篇。

《中国当代戏剧总目提要》的编纂于2003年上马(该书收录剧目约两万四千种,写出有代表性的剧目提要2430种)。按说,有了《中国现代戏剧总目提要》的成例和编纂经验可循,后一本《总目提要》的工作就无须再摸索了。其实不然,因为情况很不相同。

前一本《总目提要》的摸索从"分片包干"转到清查图书馆的戏剧藏书,实际上是走到了主要依赖图书馆多年工作成果的路线上。具体说,就是利用了中华人民共和国成立后,1949—1959年各图书馆特藏部对民国书籍分门别类十年清理的成果。所以联系到一家图书馆,特藏部都拿得出戏剧书籍(剧本的单行本和剧本集)的馆藏目录,并且有目录就有那本书(因为目录是据清理出来的书编成的)。但1949年以来的书籍,图书馆却没有这种现成成果可提供,也没有谁会为了配合我们的项目去做专门的清理工作。我们曾试图通过各地戏剧家协会联系他们领导的剧作家的途径来搜集剧目,但均遭冷遇,不是拒绝,而是没有一家理睬。但我们一直进行调研,从一开始就注意到中华人民共和国成立以来,有一个官办的期刊系统:中央有全国性的戏剧期刊,各省有自己的戏剧期刊,而各级的综合性文艺刊物有戏剧专栏,一些文学性期刊也会登载剧本……于是我们编成了《登载剧本的370种期刊工作目录》,进图书馆翻阅彻查50年的期刊,抄录剧本目录信息,南京大学图书馆找不全的再查南京图书馆,再不全的查上海图书馆,再缺少的找国家图书馆……同时,中华人民共和国成立以来,国家新闻出版总署编有相当完整的《全国总书目》,记录了50年来的书籍出版信息,由《全国总书目》可以检索出1949年以来大陆出版过多少种剧本的单行本和剧本集。决定主要由这两种途径搜集资料编纂剧本目录,这个摸索过程是大半年。但这并非摸索的结束,因为接下来就发现面临着许多难点,例如两万多个剧目资料的校对问题、庞大和复杂的当代戏曲问题、代表性剧目的遴选问题、台港澳剧本问题(《中国现代戏剧总目提要》只收录了大陆剧本,未收台港澳,《中国当代戏剧总目提要》须补上这个欠缺)等,这些问题都是在摸索中解决的。

例如台港澳剧本的搜集,2004年尝试获得台港学者的协助,失败;2005年、2006年谋划派人到台湾去搜集,失败;2007年退回到"立足大陆资料",但终于发现大陆资料太少。直到2010年,才发现可以用爬梳全部台湾戏剧研究著作的方法获得剧目资料。于是翻遍了台湾人写的和大陆人写的台湾戏剧史著作,还翻遍了能找到的台湾出的剧作家传记、戏剧读本、戏剧评论等书籍,甚至旁及会演特刊、演出说明书等材料。爬梳剔抉、比对考证的结果,得到台湾上演和发表的戏剧目录3144种(这是台湾戏剧学者从不知道的)。然后,比对已经搜集到的大陆公私收藏的剧本目录,编制出了需要在台湾寻找的剧本目录,找了一家台湾的书商,在台搜罗剧本书籍寄过来,有些书甚至是从文建会(即"文化建设委员会",2000年起改叫所谓"文化部",龙应台任首任"部长")仓库里挖掘出来的。这样共写成台湾剧本提要430篇。

又如，1949年以后有一批整理后的传统戏，要收录，就违反本书"新创作剧本"的原则（原创、改编都算新创作，"整理"能算吗？），不收录吧，它们非常有名，是新中国戏剧的重要组成部分，不收会不会是一种缺失呢？反复研究、久难决断，之后请教了做过中华人民共和国成立初期"戏改"工作的前辈，才得知所谓"整理"其实非同小可。像锡剧《双推磨》、黄梅戏《打猪草》这样有名的传统小戏，其实情节、人物形象都有部分的改变，整个文辞都由新文化人重写过了。就是说名为历史建筑，其实已经翻盖了一回，才能在新时代盛演。于是我们甄别出这种性质的有名的传统戏整理剧目，把它们收进了书内。

再如，370种登载剧本的期刊，我们在工作的第二年就已经进南京大学图书馆翻阅一遍了。但又跑过多家图书馆，直到第八年，我们还没有把五十年的这些期刊找全。因为370种期刊当中，没有一种是从1949年到2000年五十年不断出版的，虽有过中断，但始终没有改过刊名的也是少数，多数刊物都存在着办了一段就不知所终、复刊的时候改了名字、办的过程中多次改名、一个刊物拆成两个、不同的刊物进行合并等复杂情况。我们最终研究清楚了其中全部情况，才确认了许多"缺失"其实并非缺失，才把要找的刊物找全。

我常常想，我们的这些摸索，算不算得上学问？回答是：不算。例如编成台港澳戏剧的目录的方法，我花了七年才想到，但要是一个研究古代文学的人，一开始就会想到了，甚至也许都不用想，直接就这么去做了。所以，我们那么费劲地摸索，其实是表明了自己做资料工作的素养、知识的缺乏。这么说，不是对自己的苛刻。这就像一个乡下人进了城市，费好长时间才摸索通了交通规则，我们不能说交通规则里没有学问，也不是说他的领悟过程中不能有某些独到的发现，但就整个摸索过程来说，其性质不过就是"补课"而已。

经历过这些之后，我就体会到常识的东西说起来容易，要落实到实践却很不容易了。

而我的另一个体会是,强调做学问要从资料工作开始,具有反对凭着先入之见做研究的重大意义。

为了说明这个似乎过于显明的认识,我想提到一本书的序言。这本书就是法国人乔治·萨杜尔的《世界电影史》,序言作者是老资格的电影家亨利·朗格卢瓦,序言与该书同样著名。朗格卢瓦在序言开头写道,1937年,当青年萨杜尔跟他说想写一本电影史的时候,他根本就没当回事,因为他的一些朋友是电影几十年的过来人、评论家,对电影有着"百科全书式"的知识,他以为电影史当然是由这些人来写,像萨杜尔这样的新人,除了对惊险片之类说一点年轻人的感受之外,还能对电影史说得出什么呢?但多年之后,他看到萨杜尔写的这本电影史的时候,却改变了看法,在序言中提出了重要的见解。他指出:萨杜尔的"力量和他作为史家的特点恰恰来自他对电影的一无所知","正是这种萨杜尔自己也完全意识到的无知,迫使他把电影史当作中古史那样来写作,迫使他多年来孜孜不倦地从事研究,追本溯源,广泛搜集原始资料,使用一种卓有成效的资料考证方法"①。朗格卢瓦由此指出有两种电影史,即"萨杜尔之前的电影史和萨杜尔之后的电影史",他要求读者比较两种电影史,在与前一种,即过来人写的电影史的比较中认识萨杜尔的电影史的价值。

为什么要在这里提起电影史方法的老账呢?因为在我们这里也存在同样的情况。1989年出版后曾获得教育部高等学校教材特等奖荣誉的《中国现代戏剧史稿》一书,是1983年南京大学承担的国务院的重点科研项目,由时任南京大学戏剧研究室(戏剧影视研究所的前身)主任的陈白尘先生主持。陈白尘自己就是著名剧作家,是现代戏剧史的亲历者,由于这种关系,这本书还拥有一个阵容豪华的顾问委员会,由夏衍挂帅的十来位现代剧作家组成。他们全都是现代戏剧史的创造者和见证人。他们的资格和经历,到了能够提

---

① [法]乔治·萨杜尔:《世界电影史》,中国电影出版社1995年版,第3页。

出"我的地位在本书中如何反映"的问题的程度。毫无疑问，陈白尘和顾问们都是"过来人"这一点是一种很大的优势，也是该书成功的重要因素。但同样毫无疑问的是，这一优势使得该书属于朗格卢瓦所说的前一种电影史。因为现代戏剧史应该写成什么样子，他们心中已经有了定见，不需要像萨杜尔那样当作中古史来做，不需要从搜集原始资料，进行考证分析开始。换句话说，《中国现代戏剧史稿》一书，根本上是依据既有的观念写成的。

在《史稿》写作中和完成后，有多少顾问和执笔者意识到这种工作存在着缺陷？我们无法确知。但无疑的是，董健是最具有清醒意识的一个。所以他反复地强调这样的看法："戏剧史写出来了，但中国现代戏剧到底产生了多少部戏剧作品，写作者和顾问们都不清楚，连一个大概的数字都没人说得出来！"他把这一点看作不可容忍的局面。他明确地指出，先写《史稿》再编《总目提要》是工作程序上的颠倒。基于此，才有资料性工具书《中国现代戏剧总目提要》的上马，并有《中国当代戏剧总目提要》继之。（两书的收录范围分别是1898—1949年和1949—2000年中国新创作的戏剧剧本，其体例是每个剧本要有剧名、作者、体裁、出版情况四条信息，并且写出数百字到1500字的剧情提要。资料的编排严格按照剧本面世时间的先后。于是它们不仅可供检索，还有阅读浏览的价值：查到一个剧目，就知道它的内容，顺序浏览，戏剧史的过程就在眼前呈现。）而董健所说的"《总目提要》付梓之后，应该回过头来对《中国现代戏剧史稿》进行认真的修订"，也是真实愿望，而并非表示谦虚的空话。

也许会有年轻学者这样说：我不是戏剧史的过来人，所以不会有从既有观念出发的问题。但事情真的是这样吗？如果你不是像萨杜尔那样工作的，你不是完全自己从原始资料得出你的观点的，那么你的基础观点是从哪里来的？只能是从权威的、流行的说法来。说得尖刻一点，是从人云亦云的路子来的。难道这样的论文我们还见得少吗？这样的学术局面不是经常以整个学科、整个时代的规模存在着吗？所以强调研究从资料工作开始这样的常识，其意义真不能等闲视之！

　　两本《总目提要》的编纂已经是过去了。放眼全国，有许多戏剧研究团队，但只有南京大学做了这样的基础资料工程。甚至，从明代算起，几百年来的古典戏曲研究也没有如此规模的资料工具书，所以它们和两本《戏剧史稿》都是南大戏剧学科的标志性成果。二十多年时间，参与者们付出了大量劳动，但性质上属于苦劳，功劳应该是董健的。因为没有他就不会有这两本书。董健之论"现代戏剧研究要补课"，是不可看轻和淡忘的。

写于2020年5月

（陆炜：南京大学文学院教授）

夏 波

万语千言是豁蒙
——怀念董健老师

2019年的5月12日,董健老师猝然病逝。当时晚上接到师弟的消息,非常惊讶,不敢相信,恍惚不定,实在是难以接受!虽说老师已83岁高龄,但身体一直很好,也还经常到外地参加学术会议并发言。他即使眼睛不好,看不清东西,但有家人和学生的帮助,也还可以写文章,将自己的思考表达给大家。毕业后离开老师多年,期间与老师联系也不是很多,但每次会议上都很想见到老师,一头银发的他,腰板很直,思维敏捷,说话洪亮有力,让人感到亲切踏实!本来还期待一同去上海参加"五四"百年与中国话剧的研讨会,却没成想研讨会成了纪念会,往日相聚的一幕幕情景不断浮现在眼前。

我是1987年从山东大学中文系考入南京大学中文系,跟随董健老师学习戏剧的。之前并不认识董健老师,对戏剧也没有太多的了解,因此,为了复习考研,便采用写信的方式,试着寄到南大中文系,向董健老师求教应该看哪些书,如何进行复习。没想到很快就接到了董健老师的回信,他详细说明了考试的要求和学习内容,这大大增强了我考试的信心。而复试的时候,董健老师已去了苏联访学,并没有见到。等到入学时,才见到他,一口的山东话,让我感到分外的亲切!他讲起了契诃夫的《海鸥》演出,竟然可以在舞厅里演?!那种惊讶和兴奋之情,真像是春风吹皱了一池秋水!虽说他对这样的演绎有不同意见,但是这种自由大胆的探索精神却是他喜欢的。

在学习上,董健老师对学生是既宽容又严谨的。他布置好书目,让学生自己去看,写读书笔记,时间和内容完全由学生自己主动掌握。交读书笔记或者相关作业时,他则一一指出优点和问题,再行讨论。当时还是方格稿纸,纸上从头到尾写满了他的意见,包括标点符号的更正。然后,再要求学生不断地修改完善。这种教学的方式习惯到现在还深深影响着我,首先给学生学习的自由和主动性,同时又根据具体的学习情况,严格要求并实际锻炼学生的观察与研究思维和文字表达能力。这不仅让学生主动去学习相关知识,更重要的是由此培养学生独立思考的能力和良好的学习习惯。这不仅让学生看到点石成金的过程和结果,更重要的是要让学生领悟那根"点石成金"的金手指在哪里,是什么。

生活中的董健老师又是非常自然坦诚和有趣的。记得春节后去看望董健老师和师母,他有声有色地说,他家发现了老鼠,他就说家里的大白猫给养肥了,养懒了,不干活了。没想到,第二天大白猫就抓了一只大老鼠放在门口给家人看!动物也是有灵性和脾气的啊!

还记得1988年,为了祝贺陈白尘先生八十华诞暨从事戏剧工作六十周年,南大中文系戏剧社演出了陈白尘先生的代表作《升官图》,许多师兄弟与我都参加了演出。对此,董健老师也是非常的支持。在当时反腐的情势下,《升官图》演出效果甚佳,并受到陈白尘先生和董老师的热情表扬。此外,还到南京山西路的儿童剧场公演了两场,可说是学生演剧进行商演的先锋,一时传为佳话。董健老师认为做戏剧研究,就应该同时多进行一些创作实践。吴梅先生就特别强调做戏曲研究要能当行当场,这是南大戏剧研究的一个优秀传统。今天《蒋公的面子》的出现也正是这一传统精神结出的优秀成果,而这又是与董健老师的大力支持分不开的。

那时的董健老师虽已五十多岁，还担任着学校的领导职务，事务忙碌，但依然有着青春的精神，并感染着青春的一代代学生们。到了新世纪，倏忽三十多年过去了，老师依然没有多少变化，只是一头短寸的黑发变成了白发。2016年是董健老师八十寿辰，南大文学院为此隆重举行了董健学术研讨会。众多的学界代表人物和师兄师弟师妹们济济一堂，长幼无别，论学话情，其乐融融，真正是人生至乐之事。此时的董健老师可说是学界的泰斗级人物，令人崇敬。而这种崇敬之情，不仅是因为他丰厚的学识和学术成果，更在于感佩他勇于独立思考和敢于直言的品格。

归究起来，董健老师的这种品格来源于他一直倡导的"五四"精神，也正是他一直在身体力行的"现代启蒙精神"。在董健老师主编的"鸡鸣丛书"总序中，他具体讲到了"现代启蒙的核心精神"，就是："世人告别奴隶状态，做一个独立自主之人；告别蒙昧状态，做一个心明眼亮之人；告别迷信盲从状态，做一个明理自觉、个性健全之人；告别视官、上司为父母、为老爷的传统的臣民状态，做一个敢于捍卫个人自由、平等权利的现代公民。"

而要有这样一种精神，我想，是非要有一种博大的仁爱之心所不能做到的，是非要有一颗火热的无所畏惧的青春赤子之心所不能做到的，是非要有一种匹夫有责胸怀天下的使命情怀所不能做到的，是非要有一种知行合一坚韧不拔的人生态度所不能做到的。在物质极大丰富而却又精致利己主义和投机主义盛行的今天，这种精神更显得可贵和需要。

美好的回忆可以冲淡些许的悲伤，而回到现实发现，那只能是暂时的安慰。在赴南京参加老师的告别会后回京的路上，曾写下几句话记录当时的心情，今天再录于此，聊表对老师的怀念。

斯人
——怀恩师董健先生

斯人一去如山崩，
四顾茫茫皆音容。
温言疾语抒胸意，
唯求美善与真情。
讲台三尺笔一支，
万语千言是豁蒙①。
由来上下无穷已，
桃李远播自由行。

2020年2月1日

（夏波：中央戏剧学院教授）

---

① 南京鸡鸣寺内有豁蒙楼，为两江总督张之洞纪念其得意门生"戊戌六君子"之一的杨锐，于光绪二十年(1894年)修建。"豁蒙"二字取自杜甫《赠秘书监江夏李公邕》诗中"忧来豁蒙蔽"一句。在董健老师主编的"鸡鸣丛书"的总序中曾予以专门介绍。参见董健《戏剧与时代》（"鸡鸣丛书"之一），人民文学出版社2004年版。

庞彦强

纪念董健先生

——有些人活着,他已经死了;有些人死了,他还活着。

也许这是我能想到的纪念恩师最深切的铭文了。虽与董师生时远隔千里,动如参商,如今又阴阳两界,生死茫茫,然董师之音容、风华、精神、学说、思想,却无时不在眼前、在脑中、在梦里萦回弥漫,像一川的烟草,满城的风絮,梅子黄时淅沥的雨。

能成为董老师的学生,似乎是巧合但冥冥中似乎又是一个必然。

1987年,我再次报考了南京大学吴白匋、吴新雷二位先生古代戏曲理论专业的研究生。当时想,这大概是最后一搏了。头一年因为政治成绩不达标落选,心有不甘,但如果连续两年考不上心仪的大学和专业,说起来也是一件很遗憾且有点丢人的事情。

等待考试结果的日子是漫长的。第二年开春后,不少同时参加考试的朋友都陆续接到了复试通知,而我却杳无音讯,心想可能又要泡汤了。就在我已经心灰意冷、不再挂记似乎已经与自己没有关系的事情的时候,突然接到了南京大学中文系教学秘书的电话,问我是否同意转入戏剧历史与理论专业学习。当时我还很纳闷,我报的专业是古典戏曲呀!干嘛转入另一个专业?就在我犹豫不决时,我正在任教的河北省艺校同一教研室的老师——也是另一位指导了我人生迷途的导师激励了我,我才大胆接受了新的挑战。

去南大复试时,是一个生机盎然的春天。我一个从未出过远门的北方娃,兴奋地坐上火车,聆听着火车的鸣响,一路向南,驶过了黄河,驶过了淮河,驶过了盛开着鲜花的原野。当火车驶上长江上第一座由我国自主设计施工建设的南京长江大桥时,响起了列车播音员颇显自豪的声音,向乘客介绍着大桥施工建设的情形。我的心不由蓦然激动了起来。眼睛一眨不眨地凝视着那片流淌着沉甸甸历史沉浮的水域,听着火车轮子碾压铁轨的咣咣声,读着手表秒针转动的匝数,我不觉进入一种冥想之中。

就在我还沉浸在云翻雨覆的遐想里,火车突然一抖,终于到达了我此行的目的地——南京。

六朝古都南京是一座有着厚重历史的城市。从南京站乘公交车一路行来,掠过水色潋滟的玄武湖,驶上中央门立交桥,沿中央大道一路南行,经金陵药业大厦、玄武门、大钟亭、鼓楼,在珠江路站下车,拐进汉口路,就到了令人心驰神往、中外闻名的南京大学。

在南园的南大招待所办好住宿手续,我匆匆洗了把脸,努力抑制着那份激动,就带着一种朝圣的敬仰,走下楼来,向着南大北园走去。

道路两旁,古桐参天,荫天蔽日,高大的图书馆、教学楼掩映在一片翠色之中,不禁把人的思绪带进一片庄严肃穆里。徜徉在浓绿缠裹着的小径,凝视着爬满青藤的灰楼,闻着沁人心脾的花香,一颗心不由得醉了。

南京大学肇始于1902年创建的三江师范学堂,此后历经两江师范学堂、南京高等师范学校、国立东南大学、国立第四中山大学、国立中央大学、国立南京大学等历史时期,1950年更名为南京大学。1952年院系调整,南京大学调整出部分院系后与创办于1888年的金陵大学文、理学院等合并,仍名南京大学。而如今,我终于能与这所历史悠久、众星璀璨、名师济济、高足如云的大学产生一段渊源了!

复试安排在第二天上午。我按通知提供的信息来到了南大中文系办公楼。在我的想象中,一个大家林立、名宿辈出的办公楼即使不是雕梁画栋、金碧辉煌,也应该是阔达舒展、古色古香,绝不该像眼前这个样子。只见一座两层砖混结构的小楼,冷落孤独地坐落在北园西墙一隅,陈旧得像经年失修的古董,墙壁灰蒙蒙的,大门和窗户的红漆已经斑驳脱落,露出了木质的纹理。走进楼里,很是逼仄灰暗,脚踩在地板上,不时发出"嘎吱嘎吱"的声响,似乎一不留神,就要把地板踩漏似的。这就是巨擘辈出的南大中文系?这就是博导、硕导遍布各个文学研究领域的南大中文系?实在让人觉得寒酸!当然,后来我才知道,这里就是著名作家赛珍珠的故居,正是在这里,她写下了获得诺贝尔文学奖的主要作品《大地》。南大领导把中文系安放在这里,也许是有独特深意吧!

教学秘书把我领到二层的一个小房间里,等候导师的到来,也最后等待能否进入研究生门槛的终审判决。

终于,楼道里又一次响起"嘎吱嘎吱"的声音,一会,从敞开的门走进来一个高大文气却不单薄的男人:长方脸,戴着眼镜,隔着镜片看去,眼里透着沉郁刚健的神气,头发浓密,略有花白。这就是董老师!他不苟言笑,显得很是威严,但不知怎的,我反而顿生了一种亲切感。

简单问了我一些基本情况,接下来就是面试。记得面试题是《简析丁西林〈三块钱国币〉的艺术特色》。然后董老师走了,只留下我一个人在那里忐忑又忙碌地做起题来。

答题还算顺利,交卷后跟教学秘书打了招呼,就离开了那座带有一些神秘气息的小楼。

等待通知的心情跟等待考试成绩的心情是一样的,凡是参加过全国大考的人,恐怕都有这种感受。有人建议我要主动跟导师联系,甚至还有好心人劝我有必要去"拜会"一下导师。我虽有所心动,但对名教授的敬畏之情以及用不光明的手段去增加一些竞争的砝码,总觉得对老师对自己都是一种不尊重。虽与董师只有十几分钟的接触,但我坚信,董老师绝对是一个光明磊落、襟怀坦荡的儒雅君子!只要成绩还能入老师法眼,结果是不会令人失望的。

就这样,在焦躁不安中等待了一个月后,我终于接到了南京大学的录取通知书。说实话,我当时的心情还是非常激动的,能进入知名大学、跟随名师去读书,是我梦寐以求的理想,而今终于实现了!

开学了,我一手拎着一个简单的行李卷,一手提着一只结婚时妻子陪嫁过来的旅行箱,告别了泪眼婆娑的妻子和还在襁褓中的幼儿,踏上了南下的火车。现在想来,当时大家外出求学的行囊都很简单,随身携带而已。而当我们的儿女长大求学时,衣食住学用品却需一辆专车才能盛载。而且不管贫富,家家如是。不知是生活条件改善了?还是我们的欲求增多了?抑或是现在的知识学问添加了更多物质的因素,更具有"唯物主义"的成分?

到了学校,跟其他同学一样,第一次正式去家中拜见了导师。

那时,董老师还住在南大住宅小区的一栋6层楼里,居住面积不大,好像只有两室一厅。不大的空间被各种书籍占去了不少,显得很拥挤,但却整理得干干净净。

师母热情接待了我和同去的同学。师母姓华,学西班牙语的,在南大外文系教书,也是有名的江南才女。对董老师和华老师的一生姻缘,我一直赞叹不已。董老师经常不修边幅,而华老师却爱干净;董老师学风犀利,而华老师则循循善诱;董老师为人豪放率真,而华老师则婉约内敛。特别是董老师烟瘾极大,只要他在家,家里就总是飘荡着迷漫不散的烟雾,一旦有烟民客人集聚,则更是烟雾缭绕。华老师居然没有任何抱怨。

不了解董老师的人,可能觉得他不苟言笑,似乎很严厉。但只要跟董老师深入接触,很快会发现他骨子里有着岁月永远灼蚀不掉的那种执着、豪放、质朴与率真,儒雅之气与长者之风并存于一身。

董老师在做中文系系主任的同时,也给一些本科班上课。1988年下半年,他教授的课程是"中外戏剧文化",授课对象是作家班的学员。我除了随堂听课,还奉董老师之命兼做助教。所谓助教也无非是点点名,下下通知,收发一下作业什么的,主要精力还是听课。

听董师上课非常过瘾。其观点之鲜明,立论之宏远,论证之广博,分析之精微,无不令人叹为观止。如他把中国戏剧现代化的复杂演变过程归纳为古与今(E线效应)、中与西(D线效应)、文与用(F线效应)之间的交织与困扰。在论及中西戏剧文化的逆向发展时,他指出:在二十世纪中国戏剧现代化的进程中,中西问题——"D线效应"起着更关键的作用。"E线效应"实际上来自D线的激发和驱动(参见《董健文集》卷一,第1—20页)。

虽说董师讲话总是操着带有山东腔的普通话,但由于充满了思辨性和说理性,总能给人以深刻的影响与启发。写到此,我不由联想起原来看过的一篇回忆李大钊先生的文章,说他在天安门演讲《庶民的胜利》,虽说操着一口浓重的乐亭腔,但感受到其思想光辉和情感魅力的人们,其地方口音却被一种强烈的引力给过滤掉了。听董师讲课,深有同感!

董老师对学习督促很严,他总是给你开出一大堆书目,要求认真做笔记。每一篇笔记他都要认真检查,而且常常写出很长篇幅的评价意见。开出的中文书目还好说,但读外文著作压力就大多了。我的英语基础不好,为了能看懂外文资料,除了积极上英语课外,还着实恶补了一阵子英语。当然也是为了能顺利通过学位考试。读外文著作,最头疼的是莎士比亚,那些中世纪词汇隐藏的秘密实在太多,总让人有一种云里雾里的感觉。好在董师知道我的情况,对此也没有过分苛责。

时间不长,董老师做了南大的副校长。由于公务繁忙,不得不暂时退出教学一线。虽说地位变了,但他指导学生的热情与严谨没有变。于是,他的办公室和家也就成了我的课堂。

跟随董老师学习期间,我成了董老师家的常客。短则一周,长则半个月,我就要去老师家里一趟，一是交读书笔记并汇报学习情况，二是聆听董师治学做人的教诲。想来还真算幸运，没赶上研究生扩招时代。据说现在一些在读的博士生、硕士生，一学期都很难见到导师的影子。

董师烟瘾大，我也嗜烟。每去董师家里我都要带上一盒自认为还算拿得出手的烟，因为烟民都懂得，即使作为亲学生，也不能总是单方面共享老师的香烟。他抽，我陪他也抽，烟雾伴着思想学术一起熏染升腾。之后我之所以成了一个坚定不移的烟民，至今还不肯一朝放弃，或许是想在烟雾缭绕中还能依稀寻见一些董师的影子。

在南大学习期间，董师搬过两次家，一次是改善面积，一次是搬到了南大新村的教授领导楼。董老师本人搬家从没让我们出过气力，却亲自调度安排我们为几经周折引进到南大中文系、后来很快又调走的高尔泰先生搬过家。那天恰好大雨，从高先生家回来，我们都被淋成了落汤鸡。

对董老师有着许多磨灭不掉的记忆，很难一一道来。感受最深的，还是他为我指导毕业论文的情形。

在南大读研究生，有两关最不好过，一是学位英语考试，二是论文的写作与答辩。南大的学位英语考试，是很让中文系同学们头疼的。因为在南大，外文水平最差的好像就是中文系。有些人就是因为外语成绩不及格，既拿不到毕业证更拿不到学位证。一天（文）二地（质）三人文，学科影响力的排名可能让人文专业学生的英语能力也遭受了牵连。

幸运的是，尽管一路磕磕绊绊、连滚带爬，我还是较为顺利地通过了学位英语考试，不过也刚刚及格。看到我的成绩，董老师脸上流露出非常复杂的表情。我理解这表情的含意：既为我能侥幸过关松了口气，又为我的外语能力感到叹息，还为我日后是否能够熟练使用这个工具表示担忧。

英语过关，学分修满，接下来就是艰苦的学位论文的写作过程。

说实话，对于一个从未写过大文章、又天生缺少研究思维和逻辑能力的我来说，撰写学位论文确实是压力很大。如何选题，如何破题，对一些文学现象如何评价判断，如何提炼新的学术观点，如何选择运用相关材料，以及如何布局谋篇，采取什么样的行文风格，等等，对我都是非常棘手的问题。

通过思考，又经胡星亮学兄启发点拨，最后报董老师同意，我确定把中国20世纪20年代的戏剧思潮作为研究和学位论文写作的方向。

按照董老师的要求，我列出了详细的读书和资料采集书目，又根据相关报刊文章目录索引，找到了几乎所有的20世纪上半叶和改革开放以后研究现代派文学思潮的文章。为了增强对历史认知的质感，我还经常到南图、北图（现在的国图）、北京大学图书馆等一些老图书馆翻阅20年代前后的各类报刊杂志。那时我才知道，书籍也是有年轮的，现代书籍与古代书籍、旧版本与新版本、原始的与复制的，带给我们的信息量与信息价值是截然不同的。翻开半个多世纪以前的老杂志，即使面对一幅插图、一个广告、甚至一则寻人启事，也会浓郁地感觉到那种扑面而来的沧桑和厚重。

看着案头堆积如山的书籍材料，虽然烦，也只能硬着头皮一本本地看，一篇篇地读，反复咀嚼其中的味，仔细领略其中的理，耐心提炼论文的魂。终于，在两个月后，我拿出了论文写作提纲。

兴冲冲地跑到董老师家里，煞有介事地把提纲呈给董师，由衷期望得到一个满意的笑脸，没曾想却遭到一顿突如其来的呵斥。董老师对我那份提纲从立论、到主要观点、到论据、再到文章的结构，几乎予以全面否定。看着董师由于激动而有些红赤的脸庞，我又羞愧又委屈，不知如何应对，要不是师母出面调停，我真不知该如何收场。这是董老师第一次对我发脾气，当然也是最后一次。安静下来后，董老师提出了关于论文写作的全面要求。现在想来，若非董老师对待学术学问的严肃态度，若不是这种耳提面命式的教导教诲，恐怕即使我草草完成了论文，也会使以后的学术和人生道路山苍路远！

根据董师的启发，我又回到书桌，重新梳理线索，重新提炼观点，重新进行构思。当我再一次战战兢兢把提纲呈给董师时，他一贯严肃的脸上，终于显现出了一丝不易觉察的微笑。

此后 8 个多月的时间里,我边查资料边写作,也不时到董老师家汇报写作情况,跟他讨论论文的有些细节,董老师总是不厌其烦、无私教诲。我一次又一次被他闪光的思想、渊博的学识、缜密的思路、敏锐的感知、雄辩的口才所沐浴熏染。做论文的过程,成了我初窥学术门径、启发学术悟性的重要过程。

当时南大实行学分制,无论本科生还是研究生,只要修满学分,完成论文,就可以申请提前毕业。南大本科三年毕业的学生不在少数。我们是两年半学制,在第四学期结束时,我基本具备了提前毕业的条件,于是便申请了提前毕业,董老师爽快地答应了。这也使我看到,董老师不仅是一个严师,也是一个以学生为本、尊重学生合理要求的人性化的明师。

由于第四学期答辩时间无法安排,我只好在第五学期开学时再进行答辩。

至今我还清楚地记得答辩时的情形。一间很窄小的办公室,挤满了当时文学研究界知名的专家学者,像包忠文、许志英、董健等,答辩委员会主任由江苏省社科院文学所所长、文艺理论家陈辽担任。面对这样一群人物,我很紧张,一层一层细汗止不住地往外冒。直到陈辽老师第二次提醒我答辩开始时,我才回过神来。简要陈述了论文的立意、主要观点、重点章节、研究方法,虽然有些磕磕绊绊,但主要内容陈述得还算清楚。然后就是回答答辩委员会老师们的提问。可能是碍于董老师的面子,大家都没有为难我。我的回答也基本能够把握关键,言简意赅。答辩完毕,经过评委老师的简单讨论,由陈辽老师宣布答辩结果。我就像一个等待宣判的犯人,心怦怦跳个不停,唯恐听到一声"不予通过"的判决。出乎意料的是,评委会对我的论文评价还不错,特别是当我听到那句"有填补研究空白的意义"的时候,我的心情才安定下来:终于通过了!

董老师发表最后讲话。他没有对论文进行具体评价,而是说出了令我现在想起还汗颜紧张、一辈子都不能忘怀的一番话。他说:我的这个研究生,知识面还可以,脑子也还算灵光,但有一个致命的缺点,就是做学问不扎实,希望以后要自我约束。在学术研究的道路上,永远都没有穷尽!

又一次当头棒喝!

答辩结束,我没有那种通过答辩的喜悦,有的只是一种任重路远、山重水复的沉甸甸的感觉。

跟老师、同学们简单辞行后,我离开南大,踏上了北归的火车。随身携带的,别无长物,依然是那只行李箱和一个单薄的铺盖卷。

离开南大后,我和董老师依然保持着联系,经常打电话给他。只要他有新的著作问世,也都要寄一本给我。扉页上总是用他潇洒隽永的字体写着"彦强贤弟指正"。我打电话给他,说这样写不合适。他却说,我的老师陈中凡先生也这样写。后来在我的坚持下,才改成了"庞彦强指正"。

董老师到石家庄也来过两次。一次是1996年5月到河北师大参加由中国艺术研究院举办的"曹禺学术研讨会";另一次是2008年9月,他受田大畏邀请参加田汉安娥纪念塑像落成仪式,同时为河北师大文学院的研究生们授课。由于工作关系,两次我都参加了接待工作。看得出来,董老师对我的工作和生活情况还是很欣慰的,尽管我没有像他期望的那样走上一条纯学术的道路。

当然,跟董老师见面的机会也不算少,或专程回母校,或是出差路过南京,或是参加全国性会议不期而遇,总能时时聆听老师的声音,时时接受老师的教诲。内心深处,好像与董老师须臾也没有离开过。虽然董老师弟子遍天下,有的已是赫然大家,我只不过是其中微不足道的一个。但我与老师的感情,与其他学兄学弟相比,却一丝也不遑多让。因为,为我奠定人生新坐标的是董老师,给我学术和思想启蒙的是董老师,堪为我德高身正楷模的是董老师!

呜呼!董师虽去,其志犹存!他为中国文学、中国戏剧学留下的宝贵财富,必将永垂青史!他那深厚的家国情怀,深沉的忧患意识,他勇于追求真理和不断超越的执着,必将激励无数后学晚辈继往开来!

董师之精神长在!

(庞彦强:河北艺术职业学院院长)

丁芳芳

严师的另一面

说来有意思，提起董健师，特别是当谈话者知道我是董师的学生时，海内外都常有人问道：他是不是特别严厉？甚至不苟言笑？认真想想，他在学术上的严格那是众所周知的，我当然多次听说这些事，包括我自己，每次交的作业或论文中的问题，包括错别字，都要被挑出来狠批的。他在学术上的严格要求，让我至今都深感受益。但董师绝不是不通人情、不苟言笑的老学究，在回忆中，涌现的是很多温暖可亲的画面，是他严师之外的另一面。

刚入学时，他任南大校领导，工作异常繁忙。但入学没多久的中秋节，他安排硕士博士一起去他家中包饺子。我们按约定时间去时，他家中还有未走的客人在谈工作。他严肃的语气，可以看出要求是很严格的，在原则问题上界限分明，没什么可以讨价还价的。之后客人走了，开始边闲谈边包饺子，却没想到他展示出的是非常幽默风趣的另一面，更没想到和馅这一关键的重头技术活儿是他亲自动手的，他一边干活，一边如写论文般条理清晰、逻辑严密地讲解如何做皮、如何在香菜中调上碎牛肉和葱，还笑言退休后是要开山东饺子馆的。那一天大家一边海阔天空谈话一边品尝饺子，是非常美味的山东风味的手工饺子。董师看问题视野开阔，对人对事直言不讳，观点鲜明，却以理服人，大家其乐融融，至今印象颇深。我内心不由深感董师有学术上极严厉的一面，却原来也有这对烟火人生充满热爱、富有人情味的极温暖的另一面的。多年以后，2018年底我们在上戏开会，同门相聚很是开心，当大家抱怨日常忙碌以及做饭是怎么简单怎么好或者外卖时代最好不做饭时，视力不好已有很多年的董师却突然说：我和你们不一样，我很喜欢做饭，现在眼睛不好了，但还是爱做，尽量做。然后他介绍他最喜欢做的几道家常饭菜，生动可口，简直让人想去尝试了。在我看来，他这样的大学者并非不食人间烟火，而是对日常生活同样充满了兴味和情趣的。他曾再三说过，退休后要在老家盖两间屋、耕一亩闲地种菜。我倒不觉得他完全是开玩笑，我觉得他内心深处，是向往那种返璞归真、回归田园的宁静致远的。正如西方学者所说，文化本质上不过是一种日常生活方式，没有对日常生活本身充满情趣的热爱，所谓做学问大约也不过只是董师所批评的一种充满匠气的复制吧。

那时他招研究生，一届只有两个；也没有什么复习提纲和参考书目。看到考卷我心中窃喜，因为没有那么多需要死记硬背的知识点，只有两大道题，而且并不生冷，非常普通的两道题。我至今记得第一道是"论五四文学革命"。但没想到，其实其中大有玄机，那就是无论考生把教科书或相关参考文献看得多熟，答得有多标准，他评判的标准却是一定要有自己的分析和见解的，否则他给的是及格线以下的分数呢。因为他觉得研究生和博士生，是一定要有自己的研究和判断能力的。话说那年他真的给出了好几个不及格，让我很是震动。

当然，在董师那儿写毕业论文，绝不是个轻松活儿。无论选题，小小的论据，文献的引用，还有如前所述的错别字等，要想逃过他的"火眼金睛"都是很不容易的。硕士论文改了好几稿，自认为已经蛮好，然后听他说还要改，不禁脱口而出：还要改啊？对于我这幼稚且无礼的话语他并没有发怒，语气平和却坚定："嗯，还要改的。"我也很快体会到严师的好处，没有他的严格认真，那些论文也绝不能很快都发表的。

不论是学业还是工作,董门的学生都受到了董师和师母家人般的细致关心。远在北方的师姐至今回忆那些细节仍感动不已。大家常说我是幸运的,毕业后留校工作,就一直在老师身边。是的,董师对于我来说,不只是学业,包括工作生活中遇到的许多事情,他都会尽力帮助。前两年有次为我写推荐信,目疾已重,却是一行行摸索着亲笔写的,让我深为感动。遇到的许多事情,都很愿意和他多谈谈,常常很受启发,不再有彷徨之感。尽管如此,他却从不愿麻烦别人。即使对我这样受助很多的学生晚辈,也都是非常尊重的。在出版社工作时,我曾给他做过一次责编。所需资料文章散见于各报刊,要做很多复印等琐碎事儿。我提出他把目录都交给我,我去收集。这种小事儿他竟不肯,当时他不需要坐班工作了,跑来跑去不方便,却自己一趟趟跑学校,去图书馆查找、核实、复印,直到交给我一份"齐、清、定"的高质量文稿,让我从内心感动不已。晚年他一直坚持参加各种学术研讨会,早早地坐在那儿,仔细听每位发言者包括年轻学生的发言。董师对学术的认真,对学生和后来者的爱护,是体现在每一件小事中的。

作为一生从事大学教育的著名学者,他常说知识分子的底线是言行合一,特别对以"理想"和"情怀"精致牟利的利己主义者嗤之以鼻。他反复强调富有启蒙精神和创造力的大学教育,反复说教育是为了育人,甚至有次提到,在选学生时,善良比聪明更重要,我相信在这些看似普通的观点中蕴藏着深厚而温暖的人文主义情怀。

人生终有一别。但我也常会想到,如果能有那些认认真真的思考,那些岁月里的点点滴滴的回忆,经过时光长河的淘洗,却仍然能留存心底,仍然能让人在回忆中微笑,感受暖意,那么,那些岁月就没有虚度,那些温暖的感觉就依然会润泽人心,薪火相传,长存于世。

(丁芳芳:南京大学海外教育学院副教授)

张　健

怀念董健先生

董健先生离开我们已经一年多了。

在这段日子里，我时常会想起当年在南京求学的往事，特别是先生对我的悉心教诲。

南大攻博的那几年，刚好赶上先生校务活动比较繁忙的那段时间。作为当时的一位"大龄"学生，自觉应当多一点的自我管理，尽可能地少一点对老师的叨扰，所以那三年里我和董健师的直接联系并不多。师生间的交流特别是思想和学业上的交流，最主要的实现方式就是每学期的三四次"谈话"。

这些谈话虽然有时免不了会带有某些"漫谈"的成分，但就总体而言，其最主要的内容大都会围绕着一些预设的"话题"进行。这些话题，我们会事先通过电话或文字材料有所沟通，多为我在修业过程中或博士论文写作上所遇到的一些"困惑"。今天想来，当年的这些谈话，次数固然算不上多，但其对我潜移默化的影响却是多方面的，有些甚至是终身的。

在所有的这些谈话当中，给我留下的记忆最为深刻的，应该是入学后第二个学期之初的那一次。

上个学期的期末,经先生同意,我大致明确了博士论文的选题,即在自己的硕士论文(《三十年代中国喜剧文学论稿》)的基础上进一步展开对于中国现代喜剧 30 年历史发展的整体性的系统研究。然而,就在我原本以为接下来很快就可以动笔进入实际写作的时候,却突然意识到自己很可能忽略了一个关系全局的大问题——在主体和研究对象与之前相同的情况下,如果没有主体在综合学养上的自我提升或是在基本思路上的自我突破,他又将何以保证他的博士论文对于其硕士论文在"质"的意义上的明显超越呢?我被自己"卡"住了。面对着这个"横生枝节"的瓶颈问题,整个假期我都在苦索着,尝试着,寻找着,但最终还是"百思不得其解",这不能不令人困惑、焦虑和沮丧。也正是在这种背景下,才有了 1991 年春天的那次令我终生难忘的"约谈"。

谈话,是在晚上 8 点左右开始的,而结束的时候则已到了午夜时分。在这次长达 4 个多小时的谈话中,先生谈到了许多事情,谈到了《乐记》,谈到了《庄子》,谈到了观念研究对于喜剧研究的重要性,谈到了传统文化研究对于现当代文学学科发展的意义,当然也谈到了应当如何治学的问题,等等。

先生还特别问到了我对"喜生于好"一说当中"好"字的理解。他显然看过我的硕士论文,在那篇论文里我认同那种将"喜生于好"与"喜生于丑"并置借以区别中西喜剧不同传统的表述,所以他对我的"答案"("好"即"美好和良善")其实是了然于心的。不过,他并没有批评我的"似是而非"和"不求甚解",而是以一种委婉的、平等的、讨论式的态度正面阐释了自己的看法,其间的引文都是随口而出的,可见先生的古文功底。他说:"喜生于好"是有原始出处的,它出自《左传·昭公二十五年》,其原文为"喜生于好,怒生于恶"。而"生,好物也;死,恶物也。好物,乐也;恶物,哀也"。从这个特定的语境来看,"喜生于好"中的"好",更准确的理解,应该是"爱好"的"好"(hào),而非"美好"的"好"(hǎo)。而"好"(hào)什么呢?答曰:"好生。"

先生的"好"(hǎo)"好"(hào)之辨,乍看上去,无非是音调上的差别以及由于这种差别而带来的语义上的变化,似乎并不复杂,但实则不然。它不仅让当时的我茅塞顿开、眼睛为之一亮,而且也使我省悟良多、获益匪浅。它让我在"蓦然之间"找到了足以激活灵感的"真知"——强调主体性和主观意向的"好"(hào),显然较之讲究价值判断的"好"(hǎo)更能契合中国传统喜剧精神的内核,而除此以外,它同时也让我对于为师之道与治学之法有了新的认识。

总之,那天夜里,当我告别了先生,踏着清冽的月光,穿过寂静的校园,步履轻快地走向学生宿舍楼的时候,我的内心已然不再困惑不再焦虑不再沮丧了,它恢复了平静。那是一种亢奋过后的"沉思"状态,并且伴随着一种内心终于有了"着落"的感觉。尽管我知道,对于先生的教诲和建议,我还需要一段时间去琢磨去领悟,但直觉在提示我:走出"瓶颈"的日子应该不远了。

记得就是从那一天开始的,为了尽可能弥补自己在学养结构上的短板,我特意抽出了整整一个学期的时间,通过对《乐记》、《庄子》等原典的集中研读,建构起了自己对于中国传统喜剧精神及其观念演化历史的理解和整体性把握。后来的学术写作实践再次证明了"磨刀不误砍柴工"的硬道理,正是这一建立在通透理解上的"整体性把握",在我的博士论文《中国现代喜剧观念研究》和我的博士后出站工作报告《幽默行旅与讽刺之门——中国现代喜剧研究》当中起到了极为重要的作用。

关于我们的这些"谈话",其实先生本人也曾经有过回忆:"我给他上课,是一种学术的交流和辩论,有时时至午夜而不知所止,两人却都很愉快。"(张健:《中国现代喜剧观念研究·序》,北京师范大学出版社1994年版)可见在先生看来,这类的"谈话"实际上本身就是博士生培养体系中的重要一环(上课);而这一环节是需要通过师生之间的平等互动(辩论和交流)来完成的;也正因如此,它才会收到"教学相长"(两人都很愉快)的效果。

以我那几年的切身体验和个人的理解,我觉得先生这种"谈话式"、"互动型"、"重启发(对教师而言)"、"重省悟(对学生而言)"的教育教学之法,应该是他在熔铸中外古今的基础上将中国古代传统的"省"与"悟"同现当代教育教学理念有机结合的成功范例。其对于高层次创新性人才的培养所具有的重要启示意义,应该得到人们的关注。

就我个人而言,先生的这些"谈话",不仅在当时解决了我亟待"答疑解惑"的问题,帮我完成了三年的学业,助我写成了"以全票A级通过"的博士论文(《中国现代喜剧观念研究·序》),而且还在一个更高远或更深广的层面上对他那位"大龄"的学生产生了多方面的影响。先生忠诚于人民的教育事业,他对待自己的学生是平易的、诚恳的,他对于学生们的关爱与其对于学生人格的尊重、对于学生创造力的期待是一脉相承的。"历史的真实",是先生在学术上的不懈追求,这使他倡言"独立思考"、重视文献基础、强调"实事求是";作为一位人文学者,他同时也没有忘记对于社会人心现实的关注。先生之从教、之治学,非常重视传统和传承,但又绝不守旧,他的熔铸古今和兼济中外成就了他的博学、睿智和卓识,格局为他带来了包容的品性,先生用包容去爱才、惜才,先生重视人才队伍的建设。当上述所有的这些"印象",经过日积月累的沉淀而潜入到我的思想资源系统的时候,"谈话"的影响也就发生了。它们未必是一种清晰可辨的"独立"的存在,但我知道,它们确确实实存在着。这是一种无形的存在,或许正因为无形,它们的影响力才会更为强韧,同时也会具有更大的涵容性和渗透力。

从南大毕业到先生驾鹤西去,在这中间的26年里,我和先生只见过一次面,平时的联系很少,或许这和我一直以来的工作状态有关吧。但我同先生的精神联系却是从未中断过的,先生对我的教诲以及我在南大中文人身上看到感到的那些可贵的东西(比如:锐意进取)一直在影响着我,不仅影响了我的教育教学实践,影响了我的学术研究,而且也影响了我的教育管理工作。这些年里,除了个人的教学、科研、带硕士生博士生一直在坚持以外,我管过文科的科学研究,管过教务,管过学科建设,管过政策研究,也管过一个基层的学院,虽说谈不上有多大建树,但有一点是极有可能得到公认的,即我是一个"有想法"的人,一位"有想法"的老师,一位"有想法"的学者,一位"有想法"的管理者。当然,何以才会"有思想"呢,这恐怕是个一时很难回答的问题,它应该是由多种因素促成的,但我可以肯定,其中绝对少不了来自先生以及南大中文人的影响,尽管它们是潜移默化的。

最后,我想说的是,先生虽已辞世,但我相信,他的师者风范、学者卓识、仁者情怀一定会长存人间!

2020 年 6 月 30 日

(张健:北京师范大学文学院教授)

黄爱华

山高水长有时尽　师恩绵绵无穷期
——为董健先生逝世一周年纪念而作

自2019年5月12日晚遽闻恩师仙逝噩耗,转眼已经年。期盼能赴南京参加周年祭追思会,却因疫情,未能如愿。

古人曰:"弟子事师,敬同于父,习其道也,学其言语。……一日为师,终身为父。"古人一日为师尚终身为父,恩师之于我,岂止一日之师!恩师一生光明磊落,刚正不阿,爱憎分明,嫉恶如仇;敏于哲思,敢于发声,道德文章,学界楷模。恩师大爱无私,悦教悦育悦人,栋梁满天下;风范长存,尚真尚善尚美,人格耀千秋。恩师提携后学,海人不倦,春风化雨,润物无声。回首30年前拜恩师门下习道三年,正是我人生最重要的阶段——读博和结婚。这两件人生大事的完成,奠定了我一生事业顺利和家庭美满的基石。

下面是我的点滴回忆,恩师爱生如子,严师慈父,音容笑貌,历历在目。恩师的信任、鼓励和知遇之恩,永铭于心,终生难忘,正所谓山高水长有时尽、师恩绵绵无穷期。

（一）首次登门拜访恩师，获准开"绿灯"

我第一次拜见恩师，大概是在 31 年前的 1989 年秋冬。

来自南戏之乡、从小听温州鼓词长大的我，对地方戏曲有着特殊的爱好和感情。1988 年秋季，我考入南京大学中文系攻读戏曲历史与理论专业硕士研究生，师从吴新雷教授。由于是工作 4 年后读研，我格外珍惜，恨不得每一分钟都用来学习钻研。那时南京大学有提前攻博政策，由于戏曲专业还没有博士点，我又舍不得离开南大，就有了转攻中国现当代戏剧的想法。但怕转专业有障碍，外语条件也不具备，心里犹豫不决，拿不定主意。

承蒙恩师的硕士生庞彦强兄主动引荐，陪我登门拜访恩师。记得那天我把自己创作的一篇《黄叶赋》，特意用小楷端端正正地抄写在宣纸上，恭恭敬敬地作为见面礼送给恩师。恩师在书房里热情接待了我们，非常平易近人，完全没有想象中的威严和博导的架子，让我紧张的心一下子放松下来。我谈了自己的顾虑：一是从小喜欢戏曲，硕士专业是元明清戏曲，现当代戏剧方面基础薄弱；二是我硕士入学考的是日语，而南大博士研究生招生简章上该专业外语只有英语和俄语可选。想不到恩师非常爽快，大声说："戏曲好啊，研究现当代戏剧，有古代戏曲这个功底很重要啊！""外语没问题，招生简章上我们再加一门日语就是了。"恩师的话犹如一道阳光，霎时驱散了我心中的雾霾，照亮了我的人生方向，坚定了我转专业读博的决心和信念。后来恩师在给我的书写的序里，有这样一段话："记得她作为'见面礼'送给我的是一首词[1]，这是她自己的作品，又是她亲手所书，似乎还散发着墨香。给我的感觉是一股浓浓的'古典气'。我对她这样的学术道路的选择颇为欣赏。"那是我

---

[1] 笔者注：恩师记忆有误，不是词，而是模仿流行于魏晋南北朝的"俳赋"，又称"骈赋"，即一种通篇用对仗、两句成联、句式灵活、多用虚词的赋体。记得开头一段是："有美一人兮，倚彼绿窗；明月和诗兮，清风侑觞。忽有黄叶兮，坠于裾旁；纤手拾起兮，泪浣红妆。"

1984年大学毕业之际等待分配时,在郁闷、迷茫、怅惘之下写的一篇赋,想不到居然会在若干年以后得到恩师的赏识,还为命运的改变起到了如此奇妙的作用。

就在我紧锣密鼓复习准备之时,1990年的4月1日,我接到了南京大学研究生院的电话,说我可以免试读博,只要考一门外语就行。我半信半疑,给恩师打电话,说4月1日是"愚人节",会不会有人冒充研究生院老师跟我开玩笑?电话那头传来恩师郎朗的声音:"免试读博这么严肃的事情,谁会开玩笑啊!这是经过学校研究生院严格审核的,你完全符合条件。他们征求过我的意见,我同意了!"我激动得半天说不出话来,不敢相信这是事实,只有心里默默地感恩:感谢南京大学灵活的博士生培养机制,感谢恩师对我的认可,给了我在南大继续学习深造的机会。

如果说1988年我能够从工作多年的温州卫生学校考入南京大学攻读硕士,是我走出人生低谷的开始,那么1990年顺利提前攻博,则是我又一个引体向上的重要转折点,从此中国现当代戏剧研究成了伴随我终生的事业。我牢记恩师教诲,不敢有丝毫怠倦,所谓"不忘初心,方得始终"是也。

(二)南京大学校园婚礼,恩师做证婚人

读博三年,恩师精心指导我读书习文,提高专业水平,他不仅是我人生的领路人、学术道路的领航员,同时还是我幸福婚姻的见证人。

1990年秋季,我有幸成了陈白尘先生的关门弟子,同时也是恩师招收的第一个女博士研究生。坊间有传言,之前恩师不招女生,是怕女生婚恋问题影响学习,不如男生心无旁骛,专心致志。我起先一副女汉子的样子,但第二年还是偷偷谈起了恋爱。我先生傅勤的父母觉得我们俩年纪不小,不宜再拖,催促结婚。我们决定选择一种简单而又有意义的仪式完成这人生大事,就是在南京大学举行一场只有老师、同学和好友参加的校园婚礼。

那是 1992 年 7 月初，在厦门大学生物系读博的我先生，提前几天赶到南京筹办婚礼。我的那些同学死党如徐兴无、张亚权、任晖等，也都高高兴兴地帮我一起张罗，如写对联、布置新房等。我特别感激的是周安华老师，他当时就住在我宿舍的隔壁，他的房间被我们看中是新房的最佳选择。周老师二话没说，欣然腾出他的单身宿舍，还送了我一套《莎士比亚戏剧全集》作新婚礼物，我至今还珍藏着摆在书柜里呢。我们领完证，就去拜访恩师，请他出席婚礼并做证婚人。当时恩师已担任南京大学文科副校长，工作异常繁忙，而华瑜师母正在阿根廷工作。想不到恩师独立生活能力很强，会自己做饭烙饼，家里也整理得井井有条，一点没有女主人不在的凌乱样子。我先生不无紧张地向恩师汇报了我们的恋爱经过，恩师在了解我先生的情况后，很高兴地表示祝福，并欣然接受做证婚人的邀请，还送了一个很可爱的小闹钟给我们作为新婚礼物。

7 月 6 日晚，我们的婚礼在南京大学南苑食堂二楼举行。婚宴只有两桌，简单而喜庆，充满欢乐祥和的气氛，且规格颇高，除了恩师做证婚人，还请来一直对我关爱有加的中文系教授王立兴、吴翠芬伉俪做主婚人。伴郎是徐兴无兄，伴娘是我的初中好闺蜜胡向阳，专程从杭州坐夜车赶来。嘉宾是中文系的一帮博士同学，大家都为参加这样一个女博士的食堂婚礼兴奋不已，欢声笑语不断。恩师那晚刚好有一个需要校领导出面的接待会，但他还是兴冲冲地先过来证婚了。恩师和吴翠芬教授都发表了热情洋溢的讲话，恩师说第一次给自己的学生证婚，感到非常高兴，所以再忙也要来参加。我和我先生都是浙江人，但我实在是太爱南大了，愿意在南京领证，在南京大学校园举行婚礼，让自己最最敬爱的老师和亲如兄弟姐妹的同学朋友们一起见证我们的幸福时刻，获取满满的祝福。

恩师和华师母、王立兴和吴翠芬教授，都是南大有名的恩爱夫妻，数十年相濡以沫、伉俪情深的典模。有他们的祝福加持，我们小两口果然也过上了恩恩爱爱、和和美美的日子。每年的结婚纪念日，我们都要剪烛话当年，重温南大校园婚礼的美好记忆。而沉痛的是,当年给予我无私关爱的吴翠芬老师和严师慈父的恩师,已先后驾鹤西去,缺少了他们,我心中的南京和南京大学,从此不再完整。

(三) 杭州国际学术会议,恩师欣然莅临

2015年11月下旬,我和师弟李伟牵头,在杭州举办清末民初新潮演剧国际学术研讨会。为了把会议开成戏剧界四世同堂、空前团结的盛会,我们特意邀请了恩师和中国艺术研究院话剧研究所田本相先生、浙江大学中文系陈坚先生三位话剧界的泰斗前来坐镇主持。邀请工作很顺利,通过电话联系,三位已届耄耋之年的老前辈都满口答应。为了一路有人照顾,我分别还邀请了华师母和田老师爱人刘师母陪同南下。三位老先生都与我有着数十年的师生情谊,两位师母也是看着我成长,但毕竟他们都年事已高,身体欠佳,他们的子女能支持他们南下,让我们非常感动和感谢。他们的赴会,是这次国际学术会议高规格、高质量的保证,是对清末民初新潮演剧研究的最大支持,也是对我们晚辈最大的信任和鼓励。

由于恩师晚年不幸患上视网膜黄斑病变,中心视力急剧减退,视物越来越模糊,平时看书学习,主要靠师母代为阅读。写文章看不清字,无法连贯地写,基本上靠口授,由师母记录。但即便如此,恩师还是说服儿子董晓,欣然携师母赴会。为了他们安全出行,我特意把马俊山兄和丁芳芳师妹跟恩师、师母的高铁票买在一起,让他们俩一路护送来杭,生怕安排不周,有个闪失。

11月27—29日,由杭州师范大学和上海戏剧学院联合主办的"第三届清末民初新潮演剧国际学术研讨会",如期在杭州西湖景区的花港海航度假酒店隆重举行。开幕仪式结束,恩师和田本相、陈坚三位老先生都分别作主题演讲,恩师的演讲题目是《双重文化论与中国戏剧现代化走向——兼论文明新戏的历史意义》,以宏阔的视野、戏剧史家的胸襟和眼光,高屋建瓴地阐

述了文化与中国戏剧现代化的关系及文明新戏研究的学术价值和历史意义，给予在座专家学者深刻的思想启迪。作为中国现代戏剧史研究大家，恩师晚年学术思想不断拓展深化，喜欢从文化、历史、哲学层面综合思考戏剧理论问题和戏剧现象，学术视野宏阔，善于思辨，虽患眼疾手不能写，还是思考不停、口述不辍。这半小时观点明确、逻辑清晰、条理清楚的口头发言，背后却是多少次的反复思考、提炼和打磨呵！还令人感动的是，三天会议，安排了六个专题研讨环节，34位专家学者先后发言，恩师自始至终都到会议室来坐着旁听，几乎一场也没落下。这对于行走不便的恩师来说，需要多大的学术热情啊！他非常珍惜这次与中外同仁交流的机会，以身作则，带头遵守会风会纪，如此胸襟做派，让人感佩。

29日下午，恩师还主持了大会闭幕式。他说，清末民初新潮演剧研究有着广阔的学术前景，希望中外学者能够以史料为依据、齐心协力坚持研究，而且能把这种不断求真的精神传承下去。恩师和田本相先生还分别为大会题辞："追求真实，就是追求真理"；"学风一定要朴实，眼界一定要开放"。这寄寓了老一辈戏剧史家对与会专家和年轻学人的殷切期望。

这次学术会议，也许是恩师晚年最后一次参加的高规格国际学术会议。值得庆幸的是，我不仅安排拍摄了大量会议照片，还请来杭州师范大学电教中心的老师，把整个开幕式和主题演讲场面全程录制下来。且同步作了录音，根据录音把发言稿整理成文字稿，随论文集出版。也许是我冥冥之中的一种预感，觉得恩师和田本相、陈坚三位老人同框的机会极其难得，应该把他们的声音影像永久保存下来。果然，2019年3月和5月，我们相继失去了敬爱的田本相先生和董健先生，两月之内连失南山北斗，江河齐哀，学界同悲。这样的巧合，姑且理解成是两位肝胆相照的好友，相约一起去华山品茗论道吧。

（四）26年的关爱牵挂，深厚的师生情谊

自1993年7月我从南京大学毕业回杭州工作至今，时间转眼已满27个年头。其中的26年的时间，我与恩师一直保持着联系，26年的关爱和牵挂，从未间断。回想起来，我受之于恩师的实在太多，而我却除了邮件、电话问候和偶尔的探望，几乎没帮恩师做过什么有价值的事，这正是我一直有愧于心的。特别是在他晚年不幸患上黄斑病变，我也只是到处打听特效药，光着急帮不上什么忙。

恩师爱生如子，对学生关爱有加，甚至可以说是"有求必应"。董门子弟，说起恩师的关爱，或许也都有诸多温馨的故事可讲吧。在我开始读博的翌年，教育部国际司出台读博期间公派留学政策，我想申请去日本早稻田大学交流，征求恩师意见。他很支持，还欣然给我写了推荐信。遗憾的是，经历了层层选拔，却最终未能获批。恩师非常关心，很热心地帮我打听原因，原来是被教育部最后一道关卡住了，大意是怕单身女博士有移民倾向。"你要是已经结婚就好了！"恩师安慰我说，我知道这是恩师的善解人意，既然是因为单身这个缘由，那我接受结果也不难受了。还记得1992年的冬天，有一次我跟恩师约好晚上去他家谈毕业论文，他白天总是忙于学校工作，抽不出时间。那晚南京下起大雪，我高一脚低一脚地走到恩师家，因为珍惜机会，不知不觉谈到10点多。恩师不放心，主动提出送我回学校。我们踩着雪，一路走一路继续聊论文，直到把我送到汉口路南大校门口。这是恩师一个大男人的粗中有细，关爱女生于不动声色之中。事后我曾责怪自己太粗心，恩师一个人踩雪回去，万一摔个跤怎么向师母交代？毕业找工作，恩师也是一次次为我操心，北京的中国话剧研究所、南京大学，都帮我推荐。可惜最后还是由于家里老人坚持，我选择去了杭州。

毕业后虽然离开了南京，没有经常性打扰麻烦恩师，但还是有几件事记

忆深刻。除了前面写的恩师抱恙来杭州支持举办国际学术会议,还特别值得一说的,是恩师帮我的书写序。

2001年春季,我第一本独立撰写的专著《中国早期话剧与日本》即将付梓,这是在博士论文的基础上扩展完善起来的,自然要请恩师亲自写序。由于时间比较紧张,我把重要章节打印出来,寄给恩师审阅。记得当我给恩师打电话时,他正在武汉主持博士论文答辩会。恩师很爽快,答应回南京后马上看材料。他说:"最近也有人请我给他的书写序,我没答应。但你的书,学生的书,一定要写!"后来没多久,就收到了恩师写的序,是抄得整整齐齐的一沓稿纸,竟有2500字左右。如此短时间内看完这么多书稿,还写了这么长的序,恩师的辛苦可想而知。在序中,恩师谦虚地称自己是我学术道路的见证人,还回顾了我们的初次见面,对我转专业的勇气表示赞赏,并对我的书作了全面评析,给予充分肯定,甚至热情洋溢地写道:"今天我读这本书,有一种'话剧源头一瓢饮'的痛快!黄爱华在书中以她特有的条分缕析的'义理'探究的魅力,也以她爬梳剔抉的'考据'的功夫,把我们引领到'文明新戏'那个中国现代戏剧史的特殊时段上'游历'了一番。"落款是"2001年5月5日,于南京大学跬步斋"。"跬步斋"是恩师的书斋名,取意于荀子《劝学篇》中的"不积跬步,无以至千里",他曾经出版过《跬步斋读思录》系列著作。跬步斋不仅是恩师思考和写作的宝地,同时也是我们多少董门弟子一起围炉煮茶、高谈阔论的地方。正是在这里,我们一次次感受恩师广博的知识、深刻的思想,及学无止境、永不停歇的学习和探索精神。

逢年过节给恩师打电话问好,恩师总要问"你们都好吧?"我每次去南京,也必定联系恩师。有一次带先生和刚上幼儿园的女儿专程去南京看望恩师和师母,我女儿毫不客气地爬上凳子分吃爷爷的烙饼,一老一小抢着吃饼,其乐融融。恩师70岁生日,董门弟子大聚会,我也带上女儿,她毫不胆怯地献唱一曲《小背篓》为爷爷祝寿。可惜后来恩师眼疾越来越厉害,说看我的脸只是一个模模糊糊的影子,但声音还是很熟悉。再后来,由于恩师经常被儿子董晓接走照顾，我给他打电话说要去看望，他就说："这里很远很偏，你不用过来了。我过得很好，这边环境好，可以养花种草呢。"他总是很体贴别人，而不想给人添麻烦，晚年也是如此。

恩师思维活跃敏锐，文史哲贯通，为人耿直，性格豪爽，正义感强，做事讲原则，有担当，真性情。在与恩师长期的接触中，耳濡目染，他的学术思想和人格品质，也深深地影响了我，影响了我们董门子弟。这是他留给我们最好的财富，是值得我们代代衣钵相传的。如今恩师仙逝一周年，董门弟子写恩师学术造诣的想必很多，大师兄胡星亮的董健学术思想研究就很有代表性。故本文只从自己与恩师交往和受教益的角度，写点比较个人化的纪实性的回忆，聊表对恩师的思念之情和感恩之心。去年5月由于忙于上课未能参加恩师的告别会，至今深为遗憾。当时曾发给南京大学文学院一篇唁电，现就奉上这篇唁电作为文章的结尾吧：

惊闻噩耗，悲恸万分！回想董师谆谆教诲和种种关爱，彻夜难眠，情何以堪！先生之风，山高水长；先生为教，春风化雨；先生文章，万人景仰。先生一生志洁行谦，正气浩然，泰山北斗，学人楷模。吾心哀戚，长歌当哭，话剧乃至人文学界痛失领袖，董门弟子永失人生导师！！！

董健先生千古！！！

弟子黄爱华携家人傅勤、傅梦舟泣拜

2020年8月6日于浙江杭州
（黄爱华：杭州师范大学文学院教授）

郑仁湘

花暖松高人归去
——怀念董健老师

我读董老师的研究生是个偶然。90年南大中文系本科毕业,我有幸由系里保送读研,专业和导师都是系里定的。然而用佛家的观点来看,一切已经发生的,都是唯一会发生的,所以也并不是偶然。

非常感恩能成为董老师的学生。与董老师有关的一切,在我的生命里都仿佛是暖色调的。明黄色,金色,橘色,红色,麦穗色,向日葵的花瓣色……细想想,都是太阳的颜色,坦荡,明亮,正大,温暖。有的人天生自带太阳的光亮和热度,自照的同时也照亮他人。董老师便是这样的人。

第一次见到董老师时,我还在读本科,那会儿董老师刚从苏联访学归来,给学生们做了一次讲座,谈当时苏联的文学、戏剧及高校教育现状。无数新鲜的见闻与见解,带着董老师独特的观察与思考。讲座妙趣横生,董老师讲得意兴盎然,学生们也听得欢乐满足。最记得一个细节,他说在苏联,他尤得苏联大妈们的厚爱,她们亲热地叫他"中国小伙子",而他已到了知天命之年。董老师说起时还是很开心,甚至有些许调皮,一破他威严的形象。那一刻他的心就是年轻的。我们感觉到他的亲切可喜，好像不那么怕他了，也都乐滋滋地笑了。现在回头想想，董老师当时五十出头，身板硬直，高大挺立，有卓尔不凡的思想与见解，有成熟丰厚的学养，更有一颗善感激越的心，又恰逢上世纪八十年代，无论是他的教学、科研，还是写作，抑或对国家社会发展的观察忧思与呐喊都年轻而朝气蓬勃，可不就是一位"中国小伙子"！

董老师有一种不怒自威的气场。成了他的研究生后，初跟他学做学问，难免紧张焦虑，怕做不好，被他批评。其实，他一次也没批评过我。他给予了我足够的宽容和鼓励，夸我聪明。但一开初，看到其他师兄师姐学问做得那么扎实像样，简直没法不惴惴不安。跟我同级的一个同学也压力重重，说他都有点不敢见董老师。以至当我们需要去董老师家听他讲功课时，都强烈渴望师母华老师最好也在家——华老师永远是惠风和畅的那个人，也像是春风化雨，只要她在，就能缓解我们跟董老师见面时的那份紧张惧怕。

在见到华老师之前，"慈母"这个词，我一直没有具体的对应对象。想象中有几位，可都不是现实里的人，当不得真，心里隐隐有缺憾。我妈妈传统而柔弱，还不是我心目中典型的慈母形象。我想象中的慈母，除了温柔慈爱之外，还要平和坚韧强大，处变不惊，天塌下来，她自己也是可以顶着的。对孩子来说，爱的滋养固然重要，一个天然具有化解涤荡不安恐惧能力的母亲更为弥足珍贵。从见到华老师起，"慈母"在我心里终于有了具体而真实的对象，她就是华老师，至今未变。

董老师、华老师让我们看见了美好爱情与婚姻的最好模样。偶尔听见有人疑惑这世间究竟有没有美好的婚姻爱情？我脑子里马上出现董老师、华老师的身影，总是肯定地说有的。

董老师谈起他与华老师的恋爱往事，总有少年人的甜蜜俏皮。他俩也都是南大的学生，同班同学。一个来自山东地主的家庭，满身带着朴素的泥土气息，另一个则是江南大户人家的大小姐。董老师说他追华老师时，华老师不说同意也不说不同意，却把她的粮票省下来托另一位同学交给董老师，让他吃饱点。董老师曾耿直地当着我们的面说,我当时觉得这个女生真奇怪,不答应我的追求,却又把粮票省下来让我吃饱饭,这是怎么回事呢?我们都笑着看向华老师,问她是怎么回事?华老师微笑着,神情像个小女孩,说,怎么回事?他笨!我们又笑了,董老师、华老师也相视而笑,两人的眼神里满是幸福的青梅竹马的意味。

董老师第一次去华老师家时,华老师比他还紧张。因为华老师清楚董老师的出身及日常生活的一些举止小节一定会受到她父母的百般挑剔。果真如此。董老师倒是大大咧咧,不以为意。华妈妈一番"考察"下来,严正地向华老师嘀咕:他说话怎么那样?衣服怎么穿成那样?吃饭怎么那样?放下碗筷时怎么那样……华老师小声地替董老师向她妈妈解释着,一面也拿定了主意,不管怎样,反正她是认定他了。但是董老师的正派憨直多才还是赢得了华爸爸的心。华妈妈终于不再强烈地挑剔了,但一直期望董老师有一天会真正成为像她们家人那样的一位女婿。华老师说,这其实是不可能的。在后来的生活中,董老师和华老师在生活习惯——特别是饮食上还是存在较大差异,董老师爱吃山东口味的饭菜,饼,粗粮,浓油赤酱,华老师则是清淡的江南口味。但这丝毫不影响两人的恩爱。晚年时,为了董老师的健康,华老师也会控制董老师的饮食,尤其不让他吃油炸之物。董老师偏偏喜欢油条之类的油炸食品,觉得脆香过瘾,华老师会限制他多少天之内只许吃一次。有一次我去看他俩,董老师得意地告诉我,他趁华老师没注意,溜出去多吃了一次油条,快活非凡——恰好让华老师听见。华老师郑重其事地批评董老师不听话,董老师哈哈大笑,又是那种孩子气的淘气俏皮。在爱人面前,最动人的状态就是孩子气吧。

华老师在董老师面前也常有小女孩情态,那是两小无猜般一路走过来的印记。记得一次景师兄和我请董老师、华老师吃饭,席间,景师兄一直殷勤周到地为董老师、华老师布菜。董老师每尝一道菜,觉得好,便会把自己盘中的那道菜夹一些给华老师。华老师盘中的菜如果骨头或刺多的,董老师会帮她夹过去把骨头或刺剔除了,再放到她的盘子里。一切都做得那么自然无碍,华老师自始至终像个安静的小女孩,乖顺地接受董老师的体贴照应。这些在他们已是彼此习惯了的吧,我看着却有温柔的牵动与向往。都说少年夫妻老来伴,好像人老了,爱就可有可无了,可只要跟董老师、华老师在一起,就能历历感受到爱在静静流淌,永未止息。有爱的人是不老的,多少岁都还是少男少女的情貌。

董老师晚年眼睛不大好,看不清东西,读书写作及其他相关工作都要靠华老师的帮助而完成。常常,两人坐在书房里,华老师将董老师想看的书或文章,读给他听,天光相伴,连天黑也黑得温柔了。也将董老师就着微弱视觉写就的文章重新辨认抄录,然后再送出去请人打印。这一时期,董老师多篇振聋发聩反思中国社会、文化及高校教育等方面内容的文章都是以这样的方式写出来的。华老师做得尽心投入,与董老师配合默契,心有灵犀,两人仿佛又回到了同窗共读的学生时代——真正携手偕行的一生。有时想到两个老人像是艰难地共同摸索着完成属于他们的人生使命,还是感佩不已。总能从他们身上汲取奋进的力量,激励自己不懈前行。

与董老师相处时间久了,会慢慢发现他其实并不那么威严可怕。但我真正不再惧怕董老师是因为一件很小的事。这事还与董晓有关。董晓与我同是南大86级本科生,他是外文系,我是中文系。我们算是同龄人。有一次我要去北京出差——那是我第一次去北京,临行前我去董老师家交一篇读书报告,那段时间华老师去了阿根廷做访问学者,家里只有董老师和董晓。谈完功课,董老师嘱咐我出差注意安全,路上看好自己的东西,不要搭理陌生人——万一遇到坏人。我感激着,一一答应。董老师叮嘱罢,又拿董晓打趣,对我说,你是一个年轻女孩子,又是第一趟出远门,所以一定要提醒你注意安全。如果是董晓出差,我就不用担心,我还要提醒坏人注意他呢!董晓一听,顿时大囧,忽然双手捶打董老师,带有儿子对父亲的撒娇意味,嚷着:去你的!董老师快乐地大笑,眼神里对董晓满是娇纵慈爱。我看得愣住了。父亲与孩子之间可以如此亲密平等,"没大没小",嬉笑打闹成一团,我几乎是第一次看见。我父亲对孩子一向威严,我和他之间几乎没有任何亲密举动,永远拘谨认真,一板一眼。印象中,他只拉过一次我的手。那是一个夏天的傍晚,他带我去买西瓜。路上遇到一截子路被挖断了,我父亲跨了过去,然后回过身来伸手拉住我的手,助我也跨了过去。后来我走在父亲旁边,有一种珍惜而又异样的感觉,觉得不习惯,又微微喜悦着。多少年过去了,想起来还是有惊鸿一瞥般的诧异与温暖,不像真的,却一直珍藏在记忆中。董老师和董晓之间的亲热厚密,令我震动而向往,心想一位如此慈爱的父亲,对学生一定是不凶的吧,也羡慕董晓有董老师这样一位爸爸。从此后,就没那么畏惧董老师了。还记得一年后师姐张鹰入学——她是博士,虽然比我低一级,我仍然叫她师姐,也十分惧怕董老师,每次去董老师家听功课或交作业,她都会叫上我做伴壮胆。因为我也有过她那样的"惧怕期",所以特别理解她,每次都陪她去。多年后我们聊起这一节,不胜感慨。董老师对我们其实一直宽厚鼓励,并不凶,可我们为什么那么怕他呢?说到底还是因为敬重,因敬而畏。

毕业后,我住在鼓楼一带,离董老师家很近,因此经常去看望董老师和华老师。董老师永远笔耕不辍,阅读与思考也与时俱进,从不因循守旧,固步自封。每次见到董老师,总能听他谈起许多新鲜的思想与见解,有学术研究上的、文学创作上的,也有家国情怀的。中国知识分子的忧患意识、批判精神、独立人格像基因一样烙在董老师的谈吐与著作里,每每激荡人心,感怀不已。有一段时间,董老师倾心竭力写《田汉传》,我去看他和华老师时,他常常激动地与我谈起他写《田汉传》时的种种感受,说得最多的还是知识分子的家国命运及独立精神。不难看出,他将自己最浓烈的思想情感都融进了这本书里。此书一出,大获成功——也可以说是震惊四方,它引起的反思力量出人意料,是一部真正赢得了人心的心血之作。作为董老师的学生和读者,我很为此书感到骄傲。值得为董老师感到骄傲的事还有很多。记得有时跟师姐张鹰闲谈,都不约而同地感叹,想要自己的思想不落后守旧,就该常去跟董老师聊聊天。他身上总有一股浩然正气及少年情怀——敏捷的思维,年轻活泼的思想,乐观明朗的人生态度,"听君一席话",不知胜却自己在苦海迷航中冥思多久。恩师,就是具有灯塔的力量和指引力。

因为住得离董老师家近,我比其他师兄姐弟妹们得到董老师、华老师更多的关爱,这是我的幸运。那一年,我妈妈去世,我心绪低落,久久待在家中,不思见人。董老师、华老师得知这一情形后,特地邀请我去他们家——那会儿他们住在南大北园的一幢老式别墅里,带一座大大的院子,他俩在院子里种了许多丝瓜、茄子、扁豆、辣椒。他们一句也不提我妈妈去世的事,只是带着我在院子里采摘蔬菜,欣赏阳光下蔬菜也有花朵般的鲜嫩青翠娇娆,然后又与我商量怎样用这些蔬菜烹制一顿美味的晚餐。董老师说他最拿手的是一道香椿炒鸡蛋,可是院子里没有香椿,但他知道哪儿有一棵顶好的香椿树,他负责去摘香椿芽。晚餐由我们三人合力完成。董老师做了香椿炒鸡蛋,烙了玉米饼。华老师做了扁豆烧肉、辣椒炒茄丝、丝瓜炒毛豆。我的任务是看着一锅鸡汤,别让它炖溢出来。用餐时,董老师、华老师也是极力关爱我,说些合适的轻度的笑话,活跃气氛,让我快乐起来。最后,华老师才说起她妈妈去世的经历,让我的情感和哀思在她这里得到共鸣和慰藉。回去的路上,月色正好,月光倾泻在我身上,将我轻柔地抚慰——我心头充溢着二位老师给予我的温暖慈爱,丧母之痛也得到些许疗愈。几年后,我去加拿大游学,董老师、华老师送别我时,赠送了我一枚小小的玉观音,说我一个人去国外不易,希望这枚玉观音可以保佑我在国外平安顺遂。这枚观音像至今仍保留在我身边,许多困难或顺利的时刻,它都陪我度过。它是董老师、华老师所给予我的温暖慈爱的化身,它还将继续陪伴我,直至永远。

去年五月在西天寺公墓与董老师告别后,我一直不去想这件事。好像只要不想,董老师就依然健在——不是在鼓楼的家中,就是在仙林董晓的家中,我只要想见他和华老师,抬脚去鼓楼或仙林,就能如愿见到他俩,一切都像以前一样,董老师会说:啊,郑仁湘来了!华老师会捧出许多小饼干小糖果小巧克力来塞到我手里,叫我吃。可当我写完这篇文章,我意识到董老师是真的不在了。他去了一个更好的世界。"花暖青牛卧,松高白鹤眠",我听见董老师朗朗的笑声传了过来。

2020 年 5 月 25 日

(郑仁湘:江苏电视台编审)

张 鹰

怀念董健先生

2019年5月13日是一个沉痛的日子——事实上,噩梦早在前一天(5月12日)到来,只是我还浑然无知——13日上午,约莫十点左右,我打开手机,看到在北京拍电视剧的同门师妹郑仁湘发来的信息:董老师……我愕然,不敢相信这是事实,赶紧拨通电话,郑仁湘说她也不敢相信,不愿意相信,可事实来源应该比较可靠,但愿只是讹传……我怀着我们共同的侥幸,拨通了胡星亮老师的电话。胡老师声音低沉,说,是的……当我把胡老师的话转告给郑仁湘时,我们仍然有一种如在噩梦般的感觉。良久,她说,我们去南京吧!我说,去!

我们是中午十二点左右在北京南站会合的,候车室里人声喧嚷,我们却相对无言。其实,心中的语言,我们彼此是懂的。一路上,董老师的音容笑貌在我们脑海里萦绕。对我来说,这真是一次不同寻常的南京之旅——从1995年毕业到现在,我不知在从北京到南京的这条路上往返了多少次,每次都含了希冀,那就是去看望董老师和华老师两位老人。差不多每次,都是我和郑仁湘同去，我们曾说，董老师的家，更像是我们精神营养的加油站，每次去了，都会有一种时光倒流的感觉，就像学生时代那样，静静地，听董老师谈他最新的思考，不仅仅是戏剧，还有社会、历史与文化……董老师的思绪，如长江大河一般开阔；董老师的思想，又如天空一般深邃；这样的时刻，又怎么不是一种精神上的享受，精神营养的加油呢？这次的南京之行，却是……告别！或许，这就是人到中年的无奈吧？终究是要告别，不管你心中有多么想留住你要去告别的人。这几年，我先是和母亲告别，接着是父亲，都是猝不及防中告的别。现在，又要和董老师告别了，也是猝不及防……也许，时光就是这么残酷，丝毫都不留情地把我们成长过程中一切美好的人和事统统带走了。

告别仪式是在第二天，仍然是恍然如梦的感觉，依稀看到了很多人，熟识的和不熟识的，脸上的表情都同样沉重。灵堂门楣上，"沉痛悼念董健教授"几个黑字，把人压得喘不上气。沉重中却还有一种固执的奢望，要是董老师此时出现在大家面前，用他特有的山东口音告诉大家，这只是一个噩梦！该有多好！……可没有！……看到了华老师，还有董晓，看到他们平静中隐忍着的大悲伤，我才相信，也许董老师真的，离开了这个世界。终于到了董老师面前，董老师静静地躺在鲜花丛中，仿佛正在沉睡。每个从他身边经过的人，脚步都迈得很轻，生怕惊扰了董老师的睡眠，当然，每个人的脚步迈得也很慢，或许是想把这最后的时刻延展得再长一些。寂静中，有一个稚嫩的童声，"爷爷，回家，回家吧！回家去睡觉！"这声音来自董晓的儿子，一个三岁的孩童还不知道这告别的沉重，以为爷爷只是睡着了。孩子的浑然不知更加重了告别的沉痛，当然，孩子也给了我，或许是每个人，新的启发——如果我们不愿意眼前的一切是现实，为什么不能给自己造一个假象：董老师并不是真的离去了，他只是去进行一次远行，去很远很远的地方……不管董老师去了哪里，他都在看着我们，他散布在全国各地的不同时期的弟子们；我们呢，也都在时时刻刻地感受着他的存在。至少，我们还可以翻开董老师的著作，和老师进行精神上的对话。

告别之后,我和郑仁湘又乘当天下午的高铁回了北京。回去的路上,我们有了些话,拉拉杂杂,思路有些乱,全都围绕着董老师展开,也全都是美好的回忆,五彩斑斓的,像一幅又一幅的画卷。画卷中的董老师,高大伟岸。当然,这高大伟岸不仅仅是身高,还有学识、学问与人格。无论从哪个方面来说,董老师在我们心中都是一座挺立的山峰。人往往都是这样,越是对其所敬佩的人,越是会有些惧怕。对于董老师,我常有这种因敬而生惧的感觉,尽管他对学生从来不曾有过严厉的苛责,而更多的是亲切、平等的交流。我不知道郑仁湘是不是也和我有同样的感觉,反正我们总是相约着去董老师家,不是她陪我交作业,就是我陪她交作业。有时,是董老师喊我们过去谈我们写的文章,通知的是一个人,而出现在他面前的却是两个人。董老师住在一幢很有年代感的老旧别墅里,楼梯是木质的,每次坐在靠近门口的小书房里,听董老师踩着木质楼梯走下来的脚步声,我都会有一种隐隐的不安。不过,每次董老师坐在我们面前,我的这种忐忑便会渐渐消失,而跟随着老师的思路沉入戏剧,甚至哲学、历史中。那时,郑仁湘在写她的有关"五四"时期女剧作家的硕士论文,我刚开始进入二十世纪八十年代话剧的选题。谈完了论文,董老师还会谈一些有关创作的话题。郑仁湘二十岁刚出头就出版了长篇小说,是南大人尽皆知的才女。看得出,董老师对她的创作才华是非常欣赏的。这让同样揣着创作梦想的我深受鼓舞。无论听董老师谈论创作还是研究,我们都会感到思路大开。每次从董老师家的小楼出来,我们都有一种收获满满的感觉,我们感受到的不仅仅是董老师严谨的学风,还有开放博大的文化心态,正直、坦荡的人格风范。我经常会想,在我人生最美好的年华,赶上改革开放的时代,又在南大遇上董老师这样学问和人格都堪称典范的一代名师,真是莫大的幸运。

我是1995年从南大毕业到北京工作的,每次出差去南京,董老师的家就像一块磁石,深深地吸引着我。精神加油站的感觉,就是从那时开始有的。

每每在北京到南京的火车上，就想象着在南京见到董老师的情景。到了南京，刚安顿下来，便要给董老师打电话，然后和郑仁湘相约着一起去看董老师。和郑仁湘一同出现在董老师面前，似乎也成了一种惯例，以至有时，郑仁湘不在南京，我一个人去的时候，董老师和华老师总要问到郑仁湘，郑仁湘怎么没来？有一次，我去南京，郑仁湘恰恰去了北京，我告辞的时候，华老师往我包里塞了很多好吃的小点心，我说太多了，我吃不了的。华老师说，还有郑仁湘一份，你带给她！还有一次，我去董老师家是上午，已经是四月了，阳光和煦，我穿了一条裙子。到了黄昏，天气突变，还下起了雨，春天的冷雨。我正冻得瑟缩发抖，华老师的电话打来了，张鹰呀，你有没有带厚些的衣服？冷不冷？我新做了一件大衣，你要冷就赶紧过来拿！那一刻，我仿佛真的穿上了华老师的大衣，一下子就不冷了，心里暖洋洋的。每次去董老师家，两位老人营造的，都是久别的游子回到家中的那种安静与温暖。或许是因为没有了学业的压力，我在董老师面前，自感轻松了很多，每每跟着董老师天马行空般的思绪，延宕于文学、历史与哲学的世界，沐浴在智者的光辉之下；以至于回到北京很久，都能保持一种精神上的昂扬与澄澈。

  董老师的智慧，不是通常意义上所说的那种阅尽人生的圆滑与聪明，而是基于丰厚学养基础上的对社会人生、历史文化犀利的洞察以及富有启蒙主义光辉的鞭辟入里的审视与批判，以及作为一个真正的知识分子的责任与担当。作为二十世纪三十年代出生并在五十年代完成了大学教育的一代知识分子，董老师有他独到的看待社会人生与历史文化的视角。2000年，我曾经为了编辑《大学往事》一书，请求董老师的支持，董老师欣然写了《彷徨在"红"与"白"之间——我在二十世纪五十年代的大学生活》一文，洋溢于字里行间的俄罗斯文学的凝重与苦涩给了我深深的震撼。其后，我多次听董老师说起他的人生往事，其中含了老师晚年以启蒙主义精神对过去岁月的深刻思索，以及对自己所属的那一代知识分子的彻入骨髓的解剖与批判。事实上，即便是被董老师以解剖刀般的犀利自我解剖过的青年时代，董老师也还是保持着对文学的赤诚以及一个青年学者骨子里的清醒与理智，这在当时已经是非常难得了。给我印象最深的是,董老师被抽调写批判田汉的文章而接触了田汉的全部作品,结果批判文章没过关,却为之后的田汉研究积累了丰富资料的故事。从当年的文化废墟上,我看到的分明是如田汉般捧着一颗赤诚之心的浪漫主义诗人。正是凭着这种诗人般的赤诚和学者的冷静,董老师从现代戏剧研究起步,走向更为广阔的文化批评之路;这是一条于二十世纪五六十年代的文化废墟上挣扎,于二十世纪七八十年代改革开放的历史背景下完成了深刻犀利的自我反思、自我蜕变之后勇敢挺立起来的大写的人的道路。董老师的一生,像热情洋溢的诗篇,又像跌宕起伏的戏剧。每次听董老师用浓重的山东口音表达着他不同凡响的见解,我都会想,因为有了董老师这样的学者,我的母校南京大学就不但有了矗立的大楼,还有挺直了腰板,高高屹立的大师。这才是大学的灵魂之所在。当然,每次听董老师谈话,我都会得到精神的升华与灵魂的洗礼,就像南大求学岁月一次又一次的延展。我真希望这样的延展可以永无限度,因此,每每在董老师家门口与两位老人告别,我都会在心里默默地计划着下一次的南京之行。

这次的告别却有些不一样——无论我们怎样顽强地想从过去的岁月中复活有关董老师的记忆,却又不得不面对一个无法回避的严酷现实。也许,我们唯一能做的就是沿袭一个三岁孩童的思维,告诉自己:董老师只是睡着了,不是吗,让老师好好地休息一下,好好地休息一下吧!……记得一部电影中有这样的台词,一个人真正的逝去,应该从这个世界上最后一个还怀想着他的人离开这个世界开始。从这个意义上说,董老师是不会真正离开这个世界的,因为他的文章在,他的精神魂魄也在,逝去的,只是他的生命。董老师的文字,必将会穿越时代,散发着永久的生命之光。

一路的怀想,到了北京南站……与郑仁湘分别时,我们面面相觑。谁也没说话,却又听懂了彼此心中的语言:

但愿这两天的经历,只是一场噩梦!

如果我们相信这只是一个梦,也便是一个梦吧!

(张鹰:原解放军出版社编审)

周维培

离散的弦歌
——追忆在董健老师身边学习和工作的岁月

1982年9月,我从安徽大学中文系考上南京大学戏剧研究室(以下简称"戏研室")"戏曲历史与理论"研究生,师从钱南扬先生。戏研室主任是陈白尘先生,副主任是吴白匋先生、董健老师。董老师负责具体事务。1985年7月,我毕业后留在戏研室工作,1993年9月在职跟随董健老师攻读戏剧学博士学位,1999年10月因工作变动离开南京大学。前后算起来,我在董老师身边学习和工作了17年之久。

一

各种教育排行榜显示,南京大学的戏剧影视学专业目前在全国地位重要,影响很大。它不仅专业门类齐全,理论与实践兼擅,而且也是改革开放以后,最早在综合型大学设立的专门戏剧研究机构。它的成长壮大是两三代学人的心血结晶,而董健教授堪称是该专业的灵魂人物。

南京大学的戏剧教育与理论研究具有深厚的历史传统。中文系的戏研室1950年代由系主任陈中凡先生倡议设立，后来曾一度中断。1978年，陈白尘先生受聘担任中文系教授、系主任，向学校倡议予以恢复，匡亚明校长非常重视，把它升格为校级科研机构。重新组建的戏研室的定位是，以硕士、博士学位为平台，探索戏剧创作与理论研究的高级人才。2000年以后，该专业又增扩了本科生教育。陈白尘先生和董健老师对当年哈佛大学贝克（George Baker, 1866—1935）教授开设的"47号"戏剧写作课和戏剧工作坊印象深刻。贝克教授培养了以尤金·奥尼尔为代表的一大批戏剧家，推动了美国戏剧教育的现代化和本土化的进程。陈先生和董老师希望南京大学能够在中国教育领域开创类似的教育模式与戏剧传统。

董健老师是陈白尘先生亲自挑选的戏研室负责人。此前，董老师担任中文系当代文学教研室副主任，无论教学还是科研，在系里都是最有成就和发展潜力的中年骨干之一。董老师1962年跟随陈中凡先生攻读戏曲专业研究生，由他主持戏研室，也算是出身名门，渊源有自。1980年代初戏研室的学术带头人是陈、钱、吴三老。陈白尘先生是蜚声中外的话剧作家，钱南扬先生是南戏研究的奠基人和曲学大师，吴白匋先生不仅是诗词名家，还担任过江苏省文化局副局长，创作了《双推磨》（锡剧）、《百岁挂帅》（扬剧）等作品。三位老先生的学术成就与社会贡献，形成了绵延至今的南京大学戏剧戏曲历史与理论研究、戏剧（影视）创作与舞台实践的基本格局。

我刚刚读研究生的1982年9月，戏研室的人员中，除了三老和董健老师之外，还有刚刚毕业留校的姚远（陈老的创作研究生，不久调入前线话剧团）、俞为民（钱老的戏曲研究生，担任钱老助手）、顾文勋（1981届优秀本科生，担任陈老助手）三人。和我同届的研究生有赵耀民、陈雪岭、郑尚宪、朱恒夫、邹世毅、张新建等人，分别跟随三老攻读话剧或戏曲方向。其中赵耀民是陈老的话剧创作研究生。当时还听说复旦的颜海平（《秦王李世民》编剧）也被陈老录取，可惜后来没有入校。1984年，曾毕业于上海戏剧学院的惠小砚，以及在南京某中学任教的徐天健调入戏研室任资料员。1985年9月,我们这一届研究生毕业,一时间风流云散,兄弟们各奔东西,只有郑尚宪和我留在了戏研室。1984年南京大学成为首批培养戏剧学(话剧方向)博士学位的中国高校。1985年初,胡星亮兄从杭州大学考取陈白尘先生、董健老师(副导师)的博士生,从此奠定了他在国内戏剧学领域"带头大哥"的地位。

戏研室的办公地点几经迁移。最初在北园的西南楼生物系二楼的两间房子里,只有几张桌子和若干书架,屋外走廊两边摆满了生物标本柜。1983年搬入南园13舍,也是两间办公室,与《全清词》编纂研究室比邻。不久后戏研室又搬到了刚刚竣工的图书馆楼四楼,这里宽敞明亮,环境优雅。江苏昆剧院的曲师朱继云女士每周教我们五个戏曲研究生学唱昆曲,婉丽的笛声与生涩的曲声,常常引逗着一些学生驻足聆听。在物资乏匮、百废待兴的1980年代,戏研室能有虽嫌简陋但颇具规模的教学和办公条件,除了校系领导的重视外,也多亏了董健老师的奔走协调之功。

董健老师1986年出任中文系系主任,1988年升任南京大学副校长。教学、科研和行政工作繁忙,社会兼职也日渐增多,但是他作为戏剧专业负责人的角色一刻也没有缺位。1990年,戏研室更名为"南京大学戏剧影视研究所"(以下简称"戏研所"),董健老师担任首任所长,直到逝世前,他一直是南京大学人文社会科学荣誉资深教授,兼任戏研所的荣誉所长,因此说董健老师为戏剧影视学学科浸透心血,操劳了一辈子,并不为过。

南京大学戏剧专业的发展壮大,取得了世人瞩目的成果,形成了许多独具特色的学科优势,积淀了深厚的人文传统,如何总结和发扬它们,并不是这篇回忆文章的任务,也远远地超出了本人的能力。但是作为一个戏剧学科早期发展的亲历者,一个曾在戏研室(所)长期学习工作过的教师,对董健教授的杰出贡献,还是有一些深刻体会的。

一是,以《中国现代戏剧史稿》、《中国现代戏剧总目提要》等集体项目为依托,凝聚起全国的话剧研究的力量,总结了百年中国现代话剧史的发展历程与经验,拓展了南京大学在古代戏曲研究传统之外的另一个重点方向,因此也奠定了南大戏剧(影视)学在全国高校的学科地位。二是,以《陈白尘创作历程论》《田汉传》专著为标志,彰显了董健老师的学养、史识、才情和学术个性。董老师发表的关于戏剧学、文艺学、人文学等方面的文章和演讲,高屋建瓴,振聋发聩,切中时弊,呼唤正义,具有强烈的逻辑力量和道德感染力,在学术界和社会上产生了广泛影响。三是,以戏剧戏曲学成为江苏省重点学科、成为国家重点学科组成部分为引导,形成了本、硕、博完备的人才培养系列,是全国最早也最重要的戏剧人才培养基地之一。放眼全国高校,以胡星亮、陆炜为代表的陈(董)门弟子及再传弟子,以俞为民、朱恒夫为代表的钱门及再传弟子,以李晓、郑尚宪为代表的吴门及再传弟子,人数众多,梯队井然,援引互助,成果丰硕,大多是戏剧戏曲讲席的带头人或中坚力量。四是,接续陈白尘先生开创的戏剧创作传统,以学生剧团、艺术剧社为依托,在吕效平等人的推动下,广泛开展校园戏剧实践活动,从戏研室(所)走出来的李龙云、姚远、赵耀民、温方伊等,俨然构成了当代中国剧坛的南大戏剧创作流派。

  2014年10月18日,我回到南京大学仙林校区参加文学院(中文系)百年庆典活动。董健老师出席了上午的庆祝大会。他身体硬朗,精神矍铄,但由于眼疾,行走往往要格外小心。董晓弟是文学院副院长,会务繁忙,便把董老师交付给我。我们在学生餐厅吃了午饭后,距离鼓楼校区班车还有两个多小时,便在校园漫步,谈了许多往事。这是我离开南大后与董老师独处时间最长的一次。当我们谈到戏剧戏曲学的人才流失和可能出现的断层情况时,董老师的态度是豁达、超然而淡定的。他说,人才聚散和学科发展,自有其规律性,放在一个更广阔的历史背景下去看,以牺牲原则去强行或刻意地留住人才、网络人才,其结果往往都是事与愿违的。行文至此,董老师的音容笑貌宛如眼前。我在想,上个世纪70年代末,程千帆先生移砚金陵,引导古典文学专业走向兴盛,成为傲视全国的学科重镇;陈白尘先生恢复戏研室,培植戏剧研究力量,在董健老师带领下,戏剧戏曲学勃兴,其繁华绵延至今。那么,在新的历史时期,我们怎样去传承老师们的薪火呢?这可能是摆在董门弟子特别是戏研所师兄弟们面前的一个问题。

二

我是1993年在职考上董健老师的博士生的。

1985年我硕士毕业后就留在戏研室工作,主要从事古典戏曲的研究与教学。我们这一届是钱南扬先生的关门弟子,留在钱先生身边,我也协助俞为民师兄做点学术助手的事务。当时想,钱先生是古典戏曲著名学者,增列博导是意料之中的事,只要耐心等待即可。所以,1986年郑尚宪兄邀我一起去报考中山大学王季思先生的博士时,我犹豫再三,最后放弃。令人悲痛的是,钱南扬先生1987年驾归道山,我也就暂时断绝了读博的念头。

董健老师也是钱南扬先生的学生。1959年,陈中凡先生延请钱先生担任南京大学中文系戏研室教授;1962年,董健老师跟随陈中凡攻读戏曲研究生,选修了钱先生开设的《戏文概论》等课程。董健老师主持戏研室之后,对钱老、吴老非常尊重,一再教导我们,要坚守戏曲研究的阵地,把吴梅先生开创的高校曲学传统发扬光大。我也沉心静气做学问,出版了《论中原音韵》,并开始古代戏曲曲谱的系统研究,1991年还获得了首届国家社科基金的项目资助。与此同时,我承担了面向本科生的基础课古代文学史(元明清段)的教学,并没感到缺少博士头衔的现实压力。

1993年,高校读博之风日渐炽烈,在职攻读成为当时青年教师的重要人生选择,学校也给出优惠政策:推荐并免试录取。当时我已经晋升为副教授,还担任着中文系的副系主任。考虑再三,我决定和当时南大的许多青年教师一起,提交了攻读博士的申请,得到了系主任胡若定先生的支持。在职攻读有一个关键环节:系里考核后虽然可以推荐,但前提是必须得到导师的允准。按照我的学术背景,可以报考古典文学,也可以报考戏剧学。我选择了报考董健老师。

　　董老师当时已经搬到鼓楼二条巷的教工宿舍,我恰好住在他家楼下。董老师身材高大,形象威严,许多人特别是学生对他颇有敬畏之感。其实董老师望之俨然,即之也温,实在是宅心仁厚,平易和蔼之人。我和董老师相处一向随便,喜欢在他面前胡说八道,有时还陪他喝点白酒,师母华老师对我们一家一直也很照顾。但是那天我去府上禀告报考博士之事时,董老师则非常严肃。记得他询问了我三件事:第一,为什么要报考?第二,怎么处理读书与工作的关系?第三,准备研究什么专题?他对我前面两个问题的应答颇为认可,同意我在职报考。对我提出的"'文革'样板戏研究"博士论文选题,董老师则发表了完全不同的看法。

　　我们这一代人对传统戏曲的认知和热爱,主要来源于十个样板戏的浸润与影响。读研期间,我们文史哲和外语系的男生住在南园6舍的四楼,走廊上、盥洗间里,只要一人领唱一句,马上就有人附声接续,最后是众声喧哗,场面欢快热烈。留校工作后,除了既定的古典戏曲研究课题外,我一直对"文革"样板戏研究怀有兴趣,留意从延安新编京剧《逼上梁山》、国统区的戏曲改良,到建国初的戏改运动,以及戏曲现代化探索的文献资料,认为"文革"样板戏不仅是革命文艺传统在戏曲中的反映,同时也可以从政治学、社会学、文艺美学和民族歌剧等多方面进行解读。董老师其实在"文革"中也写过样板戏的评论文章,但是听了我的汇报后,他提出三点意见:一是现在研究样板戏的时机不成熟,一般性地做做没意思;二是你的学养和能力目前尚无法驾驭这个课题;三是博士期间应在原有的学术基础上选择题目,不宜贸然进入陌生领域。

　　后来,我向董老师提交的书面研究计划,就老老实实把"明清南曲曲谱研究"确定为题目,得到他的首肯。关于我的样板戏研究之梦,后来还有一个插曲。1994年春季,我获得校长推荐,入选哈佛大学燕京学社访问学者备选名单。燕京学社社长韩南(Patrick Hanan, 1927—2014)教授来面试之前,要提交研究课题。我跑去找董老师商量时,样板戏情结又开始发酵,董老师还是不同意,说:去美国研究"文革"样板戏? 没有道理。我只好根据首届上海"莎士比亚戏剧节"出现的戏曲剧种移植改编现象,设计了一个"莎士比亚戏剧的民族化与现代化"的题目。董老师说,虽然有点投机和应景,还算差强人意。没料到韩南教授一听说我的访学计划,立即笑着说:这个题目到英国去做还是合适的。他还介绍了不久前与夫人一起在伦敦观看莎剧的情况。于是场面就显得有点儿尴尬。韩南教授是一个温文尔雅的美国汉学家,曾经会见过钱南扬先生。他就安慰我说,你能不能介绍一下目前正做的曲谱研究呢? 其实这个题目很有意思。

最终,我在那年的夏季去了哈佛燕京学社。但是随后在波士顿的两年里,我既没做样板戏研究,也搁置了曲谱研究,而是全身心投入20世纪美国戏剧史的研读之中。这个大跨度的学术转向与研究视域的拓展,完全得力于董健老师的理解与鼓励。1997年,董健老师在给我的《现代美国戏剧史》的序中有这样一段话:"周维培告诉我他要去哈佛访学。这时他刚刚考到我这个博士点上在职攻读博士学位。本来,我之所以录取他,除了他的成绩合格之外,我还有个打算:通过对他的培养,实验打破戏剧研究的古今分工。……如果到美国去研究中国戏曲,总叫人觉得有些舍本求末。我希望他利用这个宝贵的机会,多熟悉西方戏剧,开阔自己的视野,在治学方法上也多学几手。当他从大洋彼岸归来时,他告诉我,他在哈佛听了不少西方戏剧的课,带回很多有关美国戏剧的资料,而且写了一本《现代美国戏剧史》。连我也有些吃惊:我本希望他沟通中国戏剧之古今,如今他居然在联结中外上迈出了一大步。"

在董门读书是愉快的。除了必要的课程之外,每周我们去董府问学一次。自由、独立、思辨与创新,大概是董老师对所有学生的要求。1997年我以《明清南曲格律谱考论》的论文通过答辩,获得了博士学位。我承担的国家社科基金项目也顺利完成,最终成果《曲谱研究》入选"中国传统文化研究丛书"和"古代文学遗产丛书",颇获学术界好评。1998年我顺利晋升为教授。记得那年和我一起跟随董老师读博的有新闻系青年教师王雄,以及从山东大学考入的刘艳同学。后来陆续以南大青年教师身份,在职进入董门读博的还有中文系的周宪兄、吕效平兄,留学生部的丁芳芳老师。他们后来在各自学术领域都做出了不凡的成就,董老师在学术上和个人发展上对我们每个人的提携帮助,大家都铭记在心,没齿难忘。

三

董健老师是一个具有深厚人文精神的学者、浓郁人格魅力的教育管理者和具有领袖气质的学术带头人。2006年春天,我参加了学生们为他举办的70岁华诞庆祝活动。此时网上还有一些武侠迷在指责董健老师关于金庸先生够不上历史学副教授水平的评论,于是我在发言时就借题发挥,称他在学术界和教育界素有"侠者之风",并列举我所知晓的一些事例。这本来就有点插科打诨、活泼气氛的意思,董老师居然笑眯眯地听着,不以为忤。其实在我的眼里,董老师嫉恶如仇,心胸宽广,正直无私,光明磊落,是一个真正的汉子,一个大写的人。这些并不是套话,而是我内心的真实感受。比如,董老师性格上有点粗线条,对同事、对朋友、对学生一片热忱,全无机心,但由于身处位置不同,由于信息不对称,由于众口难调,难免就会引起一些误会。董老师呢,要么是真不知道,要么是知道了一笑而过。作为学生,我们每个人都从董健老师身上学到不同的品质,成为各自安身立命的法宝。而对于我来说,董健老师的存在,实在是一种精神力量,是我追随模仿的道德榜样。在我早年的许多重要人生关口,都得到了董老师的呵护与帮助。

1986年6月,韩曦考上了中文系赵瑞蕻先生的比较文学研究生,按照当时校规,在籍学生是不能结婚的,于是我俩就赶紧领了结婚证。郑尚宪兄和地质系的吕洪波兄收拾被褥,搬到其他宿舍,把南园6舍428室让出来,给我们当了新房。钱南扬先生、赵瑞蕻先生作为男女双方的家长代表,董健老师作为证婚人,出席了在南园餐厅举办的婚宴。董老师即席发表了热情洋溢的致辞。婚宴之后,老先生们和董老师、俞为民夫妇还视察了我们的婚礼现场,对郑尚宪兄设计的传统而又喜庆的闹洞房仪式,表示认可和欣赏,师长们还给我们准备了结婚礼物。赵瑞蕻先生送给我一条非常华贵精美的外国领带,我一直珍藏着留作纪念。

1989年秋,韩曦研究生毕业,面临着工作分配问题。那一年形势严峻,情况特殊,规定高校毕业生原则上不得留校。师母华老师对韩曦的就业非常着急,一再催着董老师想办法,董老师时任主管文科的副校长,我不愿意给他添麻烦,就私下联系了创办不久的深圳大学,他们正筹建出版社,答应夫妻同步调入。董老师听说后,把我叫到办公室批了一通,说我目光短浅,是逃跑主义。后来经董老师出面协调,仿照当时南大理科实验室自筹经费选留人员的方式,"先上车后买票",次年再进入正式编制,韩曦被南京大学中美文化研究中心聘任为专职汉语教师,我们的小家庭终于在南园安顿下来。

读中文系的人,往往有着"兼济天下"的用世情怀。1999年初,北京的一个经济监督部门有意要调我去做行政工作。董老师开始非常不赞成,对我进行了严厉批评。记得是6月的一个雨天,我央请胡星亮兄带着我,再次去找董老师陈情。当时他在白下区的杨公井酒店参加江苏剧协会议,我们坐在他的房间里,默默相对。最后董老师叹了口气说,既然你决心已定,以后不要后悔,说完提笔在我的请调报告上签了字。我离开南大后,董老师依然继续关心爱护我,其中有两件事让我难以忘怀。

调离南大前,我申请增列博导的评审程序已经进入大半。大概是1999年的12月份,学校通知已经在北京某部委上班的我,返校参加拟任博导的述职与答辩。会场设在北园的斗鸡闸。我陈述之后,校学术委员会主席叶子铭先生劈头就问:小周,听说你调到国家机关去了?既然不在学校,你要博导有何用?我一下子就懵了,不知如何应答。这时,担任学术委员会委员的董健老师在一旁替我解围。他说:周维培这个人是有点执迷不悟,非要走。不过,他的学问做得还不错,也符合增列条件。我建议,如果通过了,这个博导我们也不给他,就放在南大,他回到学校再说。叶子铭先生同意了董老师的提议。离开会场后虽然有点灰溜溜的,但我心里知道,叶老师和董老师是在帮助他们的学生,是在给我留一条后路。后来,我也没有返回南大,坚持在国家机关工作到退休。这个期间我曾在不同的岗位任职,也填报过许多履历表格,但是我从来没有敢说自己是南大的博导。那些增列材料和表决意见,按照校学术委员会的决议,一直在南大档案馆里封存至今。

2012年8月,郑尚宪兄到北京参加学术会议。晚上我找他喝酒聊天,他告诉我一件往事。2000年7月的一天,也就是我调离南大半年以后,郑尚宪从厦门大学来南京看望董健老师,董老师对他说:我找了校领导,南大可以给周维培保留三年时间。如果他在北京机关待不下去了,随时可以回来。但是过了三年,我说话恐怕也就不管用了。董老师还叮嘱郑尚宪保守秘密,不要对我说。听了郑尚宪兄的转述后,我真的不知说什么好,心中充满了对董老师的感激之情。

还是回到2014年10月18日,我陪侍董健老师参加文学院百年校庆的那个场景。当漫步在启园小道上时,董老师问我,你还有两三年就退休了,有什么打算呢?我想了想,答道:时隔十五六年,戏剧研究领域我恐怕回不去了。要不就做做审计研究吧。董老师听后未置可否。2016年3月,我在国家机关退休。2018年7月我受聘担任南京审计大学政府审计学院院长,开始为审计人才培养和审计理论研究发挥余热。

我最后见到董健老师,是在2019年3月3日的上午。李伟教授、陈捷教授和我一起,去北京西路二号新村看望他和师母。那天春寒料峭,但阳光灿烂。董老师身体消瘦,精神很好,与我们三人合影留念,师母华老师还从冰箱里拿出早已准备好的哈密瓜让我们吃。董老师依旧思想敏捷,谈锋甚健。他垂询了我在南京审计大学的工作以及韩曦和儿子的近况。2009年11月,我曾带着儿子来南京拜见过他的董爷爷和华奶奶。听说他已学成归国，快要结婚了，董老师和师母特别高兴。董老师围绕着胡若定老师的回忆录《一路风雨一路晴》，和我们聊了中文系的许多往事。董老师眼疾已经不能阅读，这本书是师母一字一句读给他听的，董老师自嘲说是"听书"。李伟向董老师报告董门弟子的近况以及他承担的重大项目"戏曲现代戏创作研究"的进展，陈捷介绍了她领衔的"中国电影人口述历史数据库"项目情况。李伟和陈捷与我有师生之谊，但是他们又同样是董门弟子。李伟担任上海戏剧学院《戏剧艺术》副主编，陈捷担任南京艺术学院的影视学院院长，都是风头正健的戏剧影视学方面的青年才俊。

那天拜见董健老师，还有一件值得追忆的事情。董老师在回顾改革开放以后国内的戏剧创作与研究促进了高校的戏剧教育发展时，特别提到北京师范大学、北京广播学院（中国传媒大学）、南京大学戏剧影视学科基地建设的示范意义。三校的学科带头人黄会林、田本相、董健当年都是年富力强的学者，1980年代被中国剧协破格增列为常务理事时，曾引起学界较大反响。侍坐一旁的陈捷聪慧机灵，听到这里，立即向董老师提出：能否做一个"中国戏剧人口述历史"的项目呢？就从采访董健老师开始。她的建议立即得到李伟的响应，愿意与她合作。董老师听后欣然答应。然而，他并没有等到这个项目的开始，两个月后便驾鹤西去。我在想，今天我们纪念董健老师，研究他的学术思想、教育思想，特别是在戏剧影视学科领域的贡献，可以采取多种形式和渠道，而继续启动并建成"中国戏剧人口述历史"的文献库，抢救文物，致敬经典，让董健老师与他的前辈、同侪、学生们一起，组成星光灿烂的戏剧天空，以供后人学习、瞻仰和研究，岂不是一件意义非凡的工作？我对此非常期待。

2020年6月19日

（周维培：国家审计署原办公厅主任）

刘　艳

怀念导师董健教授

时间过得快,转眼间我毕业离开南京大学已经 25 年,经过岁月的淘洗,一些经历已汇入遗忘的大江大河,而另一些记忆却愈益清晰深刻、终生难忘。

记得初次见到董健先生是在 1992 年的深秋。那时我正在广西师范大学中国现当代文学专业读研究生,师从戏剧研究专家苏关鑫教授。因为硕士论文做的曹禺研究,随着探讨的深入,研究兴趣逐渐从现代小说转向现代戏剧,并希望通过进一步深造来获得提高,而南京大学戏剧研究所则是中国现代戏剧研究的重镇,汇聚了以陈白尘、董健先生为代表的大家和一流学者,于是便借着游学南京的机会,经由苏关鑫老师的复旦同学许志英教授引见,带着自己写好的硕士论文以及发表在《文艺理论研究》上的一篇鲁迅小说新论,拜访了董健先生。时隔 30 年,当时见面的具体情景已经模糊,唯有董健先生的平易和华师母的热情依然记忆犹新。第二年,也是在秋天,我又来到南京大学,如愿成为董健先生的博士研究生。一起入学的,还有来自本校哲学系的王雄师兄。

每个学生在追忆自己的老师的时候都会有不同的记忆,即使是同一个学生在不同的时期,随着年龄的增长、阅历的丰富,也会有不同的认识。正是点点滴滴的回忆,交集还原了先生的形象。在南京师从董健先生的三年,亲身感受了先生的为学与为人,先生有意无意间的言传身教,都让我终身受益。

印象很深的是先生指导学生的方式。除了在大教室上公共课,专业课的学习则是按先生开的书单老老实实读书,定期上他家汇报读书心得,到了期中和期末交一篇类似小论文的读书笔记。这种学习方式,体现了先生的良苦用心,他要让我们明白,治学之路是没有捷径可走的,唯有通过从容的阅读,才能一步步拓展视野,获得真知与识见,凝练思考与观点。

那时,先生正应北京十月文艺出版社之约,着手撰写《田汉传》,每每去听他授业解惑,其话题多半以兴致勃勃聊田汉收尾。先生自己也在《田汉传》后记里,记录了这样有趣的一幕:"《田汉传》的写作过程是我重新学习历史、研究文学和戏剧的过程,也是我重新认识人、认识社会、认识自我的过程。我把田汉的悲喜苦乐拿来咀嚼,从中咂摸出人生的味道来,所以,这几年它对我是一个挣不脱、放不下的巨大诱惑。它几乎成了我生命的一部分。有时为一件事或一个问题会痴迷地想好几天。我的研究生或朋友、同事来访,谈着谈着我就不由地把话题引到了田汉上,滔滔不绝,不知所止,以致我的夫人总是挖苦我:'又谈田汉了,你也不管人家爱听不爱听!'这时我才赧然打住。"先生大概没有料到,他谈田汉时的"滔滔不绝,不知所止",恰恰是以一种独特的"传道"方式感染和影响着学生,让刚刚步入学术之门的我们,真切感受到治学的快乐、激情与温度。

1995年岁末,我到北京去联系工作单位,先生的《田汉传》正好完稿,他便嘱我带给出版社的李志强编审。那时尚无高铁,我坐着绿皮火车一路北上,随时紧盯那袋饱含先生心血的书稿,不敢有半点闪失。《田汉传》出版后,先生送了一本给我。一拿到这部大书,我就饶有兴致地开始拜读。在先生笔下,剧作家田汉的血肉之躯从历史的尘封中走来,其性情和精神如复活了一般。先生追求的,是"力图写出一个真实的田汉","一是历史的真实,二是细节的真实,三是灵魂的真实"。后来我写曹禺评传,把先生的《田汉传》当作摹本,也尝试着遵循"三个真实",尽管模仿得还很粗糙蹩脚,但由此可见先生的这种治学方式对我的深深影响。

先生严谨的治学品格,不仅体现在《田汉传》等著述中,同样体现在对学生的指导上。我在博士论文选题的时候,本想依自己的兴趣,在硕士论文的基础上继续做曹禺研究。先生听了我的想法,连连摇头,不主张再做这个选题,认为该领域已有很多学者驻足耕耘,很难再出新的创见,建议我研究八个"样板戏"。对于先生的这一建议,我既感惊讶又心存顾虑。一来由于选题本身的难度:"文革"结束后,"左"倾文艺被整体唾弃,如何来对它进行纯粹的学理探讨?二是由于选题过度敏感,这种敏感既来自政治层面,也来自学术领域。一些著名作家和理论家因在"文革"中遭受的苦难境遇而对其产生极度反感,当时的整体氛围似乎是谁谈八个"样板戏",谁就是在为其辩护叫好。就前者而言,写出深度可谓不易;从后者来说,即便费尽心力获得导师首肯,答辩能否通过都要存疑。最后,在先生的鼓励下,还是确定以"样板戏研究"作为论文选题,试图以微薄之力,突破禁区,进行些许开拓性的研究。

限于自己的知识结构,接受这么有难度的选题,写作的过程自然辛苦,很长时间我都无从下笔,加上当时又有孕在身,反应很大,连上图书馆查资料都得带个塑料袋以防呕吐,直到寻得了论文的切入口——从样板戏与观众的关系入手追寻八个"样板戏"的历史生成。更为重要的是,探讨中我又意外发现,虽然学养不及前辈学者,但研究"样板戏"也并非全无优势:一方面,我的小学和初中阶段都是在"文革"中度过,可以说切身历经了八个"样板戏"的耳濡目染,不缺感性认识;另一方面,因为年龄的关系,在心理上并没有遭受样板戏"噩梦"般的伤害,可以较为理性地看待,不至于走向非黑即白的偏执。

有了这种认识，便增加了些许自信。尽管如此，当最终将成稿交给先生审阅时，内心仍忐忑不安。直到胡星亮老师转告先生意见，说论文的整体框架不错，只是还需要做局部修改，我的紧张不安才随之消散。不过后来的博士论文答辩，也证明了我起初的顾虑并非多余。答辩现场，老师俨然分成两派，争论极其激烈，而作为答辩者的我，除了必要的开场陈述，一时间仿佛成了看客。对于这样一个有争议的选题、这样一场有争议的答辩，幸得先生的爱护，我才得以顺利毕业。

先生影响我的不只是他的学问，还有他的为人风范。先生是一位真正的读书人，有情怀、敢担当，坚持真理、襟怀坦荡，既有千百年来真正知识分子的风骨，又不失出身孔孟之乡的敦厚。先生晚年罹患眼疾，几近失明，这对于一个读书人来说，内心无疑是痛苦的，但先生却很达观，仍借助师母的读报念书来学习和思考，其境界实非常人能及。这么多年来，和功名相比，我最看重的，是有尊严地生活，想来与先生的影响不无关系，尽管落到现实，仍不免有所羁绊。可以说，先生既是我治学的引路人，也是我终生追随的精神导师。

还记得毕业前夕，我去先生家跟他和华师母道别，在那间熟悉的书房，先生和我聊的不再是学问，而是对我日后新的生活与工作环境的嘘寒问暖。甚至在出差之际，还不忘托师母给我女儿买个礼物。我永远忘不了那一幕：1996年，南京那个炎热的夏天，当时我正在收拾行李，华师母气喘吁吁地爬上我住的五楼，手里拿着一个可爱的玩具，说是先生叮嘱送我女儿的。跟随先生三年，感受最多的是先生的仗义执言、铮铮傲骨，没想到他血性豁达的性情背面，还有如此的细腻温厚。

毕业工作后，跟先生见面的机会少了，与他的联系主要是一些重要节日的电话问候，每次打电话，电话那头常常先是华师母柔柔的"喂，你好！"，接着便传来先生略带山东口音的普通话。每每听到先生中气十足的洪亮嗓音，便依常识认为，先生身体一定还很硬朗，而对于人到中年的我来说，这远远比听到先生还在著书立说更感欣慰。直到2019年5月13日,得知先生去世的消息,才意识到我们永远失去了一位德高望重的先生,再也听不到他爽朗的笑声和谆谆的教诲。

先生离开我们已经两年,他的音容笑貌犹在目前,他所留下的文字和熔铸在文字里的精神将与世长存!

2021年4月

(刘艳:《首都师范大学学报》编审)

王晓华

向真而生
——兼谈董健精神

1

时间永是流逝,天下却未必总是太平。在董健先生去世后的一年间,世界上发生了许多事,包括目前仍在全球肆虐的新冠疫情。

一直想写点东西纪念先生,但又不断推迟动笔的时刻。每当想起与先生相处的日子,我就似乎丧失了写作的能力。庞杂的回忆汹涌而来,我仿佛潜游于深海之中。这是不由自主的沉溺,也是有意识的回避:不想把鲜活的记忆变为方正的文字,不愿经验之流处于被冻结状态,不忍完成告别的仪式。

纪念意味着被纪念者的缺席。缺席不等于无言。空寂处回荡着先生的声音。我所能做的首先是倾听和响应。

2

每当我想起董健先生,我就仿佛回到了他位于鼓楼校区的寓所内。在一楼不大的会客厅里,他严肃地望着我,正在强调做学问的准则:求真。

类似的场面出现过许多次,相同的关键词被反复诉说。如果用一个字总结董健先生的精神轨迹,那么,我会毫不犹豫地选择:真。

在与先生的交往过程中,我总能领受到他的求真意志。说真话,写真事,做真人:这三位一体的真构成了董健精神的内核。

虽然我没有按照先生的教诲将戏剧研究进行到底,但这不妨碍我效法他的求真意志。求真也是我写作此文的原则:回忆可能会有失误,但言说必须诚实。

3

实话实说:在1993年以前,我从未想到过自己会出现于董健先生的学术现场。

在决定报考南京大学中文系的博士生之前,我已经是浙江大学马列所的一名教师和研究人员。当时的专业是哲学,关注的焦点是海德格尔,周围则环绕着万斌等研究艰深学问的名家。本应沿着这条道路走下去,迎接自己获得话语权的日子。然而,许多微妙的原因聚集起来,引导我走上了另外一条道路:我突然厌倦了哲学,开始向往戏剧人的生活(尤其是影视人的传奇生涯)。接下来的故事非常老套:搜索能带戏剧学博士生的教授。董健先生就这样进入了我的视野。

有意思的是,我与先生的交往历程也充满了戏剧性。当我从杭州赶到了南京,电话的那边却传来了他焦急的声音:"哎呀,现在很忙,要赶篇文章,还要去开会,可能要下次再见面了!"这引发了我的一系列猜测:是不是名额已满?暗示我转考他人?于是,我又找到了朱栋霖教授:当年招生的另一位导师。经过短暂的复习,我接到了南京大学的录取通知书。入学后,再次拜访朱栋霖老师时,突转又出现了:"非常抱歉啊!你考到了南京大学,我却由于家庭原因要回苏州大学,看看你愿不愿意跟我去苏州?"考虑到各种因素,我决定留在南京(我始终对朱栋霖教授充满感激之情)。在这个过程中,董健老师没有给我施加任何压力:"晓华,你自由选择,跟我和朱老师都行!不要有思想负担。"

经过一系列复杂的权衡后,我还是成了董健先生的学生。这就是冥冥中的定数吧?

4

在去南京大学报到之前,浙江大学马列所的老领导万斌表现出强烈的不舍之情:"在我这儿不干得挺好吗?我们还不想放你走呢!小伙子,好好想想,你一个搞哲学的去研究什么戏剧?离开了浙大,再回来也许没那么容易了!"

去意已决的我还是来到了南京大学,开始频繁出入董健老师的会客厅。很快,谜底揭晓了:董健老师当年只招了我一个在校生。他不见我,原因却不仅仅是忙,而是由于某种担忧。多年以后,我读到了董健老师的解释:"1994年王晓华考取了我的博士研究生,来到南京大学。他原先是学哲学的,如今来读'戏剧戏曲学'的博士,能读得好吗?我当时最担心的是他会高高地飘在哲学的天空,落不到具体的活生生的艺术的花园里来。"[①]这段话出自董健老师为我的专著《压抑与憧憬》所写的序言。文章还写出了他更深层次的恐惧:

---

① 王晓华:《压抑与憧憬》,中国社会科学出版社2001年版,第3页。

"我不仅担心王晓华会高高地飘在'哲学教条'的天空,落不到具体的活生生的艺术的花园里来,而且更怕他拿流行哲学的'武器'来在艺术的园地里'乱杀乱砍'一番,再发一通你明知不对又碍于政治不便驳之的'宏论'。"①

《压抑与憧憬》出版于2001年。此刻,我师从董健老师已经7年了,但这段文字无疑记录了先生当年真实的心理状态,揭示了一种可以理解的思维定势。经过一番交往之后,他放弃了原有的先见:"然而,我注意到,王晓华经常发表一些短论和散文随笔一类的文章,思想活跃,文风清新,似不像我想象中的'搞哲学的人'。"②尤其是在批阅了我有关布莱希特的文章之后,他放弃头脑中曾经具有的警惕和疑虑,开始对我抱有某种期待。

20多年过去了,我也成为许多人眼中的老学者,更能够理解董健老师当时的心态:害怕僵化的哲学观念侵入戏剧学领域,延宕求真的进程。

5

与先生处久了,我已经熟悉了他的真性情,非常喜欢这种各言尔志的交往方式。师徒间偶尔也会发生辩论,但都会回到一个主题:何者为真?

学术的使命是敞开,是揭示,是照亮。然而,相关的运动随时会发生:遮蔽,掩盖,投暗。为了求真,他喜欢直接切中主题,反对堆砌词语。在我的开题报告会上,他曾经质疑我使用的一个术语:"你用了实托邦这种说法,使我想起了鲁迅的一个调侃——人们喜欢生造各种词,却可能不如使用熟悉的术语。"

当着几个老师的面,我也侃侃而谈:"实托邦这个术语来自乌托邦。英语中的乌托邦写作 utopia,意思是不存在的地方。英文中的 topia 指的是具有某种特色的地方。后来,人们在 topia 前面加了各种前缀(如 Etopia),我也沿

---

① 王晓华:《压抑与憧憬》,中国社会科学出版社2001年版,第4页。
② 王晓华:《压抑与憧憬》,中国社会科学出版社2001年版,第6页。

用了这种方法。"

在座的胡星亮教授也梳理了乌托邦一词的用法,顺便肯定了我的解释。

短暂的辩论过后,董健老师笑呵呵地说:"看来是鲁迅或者谁搞错了,我们没有必要拘泥于已有用法。"

6

开题报告结束后的某天,我又来到了董老师家位于一楼的会客厅,想对自己的直言不讳表示歉意。董老师看出了我的意思,连忙说:"学者最重要的使命是求真。你说假话,我反倒不高兴了。"后来,他又反复强调:"你做论文,一定要有自己的见解,要有经过认真研究与慎重思考而形成的属于自己的观点。宁可有属于自己的错误观点,也不可没有观点。一个能独立生产出谬误概念的人比没有概念生产能力的人要好得多!"

在接下来的交往中,他不再提防我这头"哲学动物",经常跟我讨论一些问题:"晓华,从哲学角度看,这种说法对不对?"在我毕业之后,类似的情节依然不断出现。每当我们在学术会议重逢,小型的对话时刻会重启。

2004年以后,我的研究重心开始转向生态批评和身体美学,很少参加戏剧类的活动。即便如此,想象中的对话也从未停止。我经常想象自己仍旧坐在先生身边,探讨真理绽露的可能方式,体验精神交流的快乐。

7

事实上,我求学时的董健先生过着非常忙碌的生活:虽然从1994年起不再担任副校长,但他依然拥有众多的职务(如院长、学术委员会主任、戏剧影视研究所所长等),还需要参加各种行政会议和大量的社会活动。不过,对于他来说,自己最重要的身份只有一个:学者。

在我求学的头一年间,董健先生还在忙于《田汉传》的写作。为了还原已经逝去的生活细节,他无数次走进收藏史料的地下室,抚摸那些久被遗忘的文献。这是一种漫长而艰辛的劳作:"晓华,让我再次写《田汉传》,我可能没有那种勇气。查资料实在是太苦了。"

每当提起他撰写的人物,他始终实话实说,几乎从不为尊者讳:"不要把戏剧家神化了,田汉和曹禺也是有血有肉的人。他们年轻时浪漫恣意,有些表现不符合常理。"有时候,他会谈论艺术家的生活轶事,既不修饰后者性格中的欠缺,也不进行无根据的批评。我至今还记得他较真时的表情。

如果说直言不讳是先生的风格,那么,做学问的他则擅长把人还原到特定的知识型之中。在他解读田汉和曹禺等名家时,这种学术建构方式被发挥得淋漓尽致。正是通过解剖各种各样的知识型,他才把真理带到澄明之中。

8

除了求真之外,董健先生还分外热爱自由,喜欢实话实说的氛围。由于经历了许多特殊的岁月,他本能地厌恶压抑人性的氛围和知识型。然而,由于身居副校长的高位,他讲话时并不能总是直抒胸臆。对于他来说,这是一种痛苦。经过慎重选择,他决定不再连任。

在上个世纪九十年代,大学已经开始启动了行政化的进程。对于许多学者来说,成为重点大学的副校长可能意味着梦幻般的开始,但董健先生却选择了急流勇退:"我不想当这官了。为什么呢?你有时要讲自己不懂的东西?历史系、哲学系、社会学系开会,都让我去讲几句。好像我一讲,他们就有面子。可是,我是个戏剧家,哪能什么都懂?"在回忆自己的决定时,他照例实话实说。

权力无法弥补不说真话的痛苦。在不担任副校长之后,他可以更自由地实现自己的求真意志。没有失落,只有如释重负的快乐。这是我跟他接触的真实感受。

9

在日常交往中,我发现了一个事实:尽管身居高位,但董健老师并不喜欢说出自己的名号。这种低调的风格很受学生欢迎,但也给日常生活中的他带来了麻烦。

有一天,他向我诉说自己的不快:"出版社把样书寄到了当地的邮局,却忘了给我取邮件的通知。去了几次,都没能成功。"经过短暂的思考,我决定陪先生去交涉。打的到了邮局(应该是个分局)后,发现工作人员盛气凌人:"没有通知,怎么取邮件?赶快回去找!"面对嚣张的办事员,我只好发挥自己的表演天赋,高声质问她:"你知道他是谁吗?他是经常上电视的领导,取不了邮件你能承担得起后果吗?"刚才还飞扬跋扈的她低下了头,小声地说:"我平时不看电视,不知道他是领导。"经过一番交涉,邮局方让步了:只要我们开具单位证明,就可以取走邮件。

这件事完满结束后,董健老师经常幽默地讲述其中的关键情节:"邮局的人搞官僚主义,王晓华以其人之道还治其人之身!"

10

1997年毕业后,我来到了遥远的广东,远离了中国学术的中心地带。这个决定改变了我一生的学术轨迹,甚至一度造就了我生命中的"至暗时刻"。在很长一段时间内,与董健先生通信是我最重要的学术实践:既可以弥补远离学术中心的乡愁,又可以继续倾听先生的教诲。

虽然工作繁忙,但董健先生几乎每信必复。有意思的是,对我的称呼由"晓华"变成了"晓华贤弟"。在信中,他除了叮嘱我要将曹禺研究坚持下去,更主要的是针砭时弊:"晓华贤弟,你可能不知道,现在的某些重点大学已经变味了,不但官本位越来越严重,而且走上了批量化生产的道路。"诸如此类的话语经常出现于信件之中。在阅读先生的文字时,我经常会产生一种幻觉:他忧虑的面孔浮现于其中。

或许不是巧合:在我博士毕业以后,董健老师发表了一系列杂文,直言不讳地批评中国大学的现状,剖析产生这种现象的知识型和权力结构;由于同样热爱真实和自由,我也经常在报刊上发表类似文字;这也是一种精神上的共振吧?

11

入21世纪以后,文化场域出现了吊诡的变化:一方面,"学术凸显"的态势继续延续,许多知识分子开始躲进象牙塔中;另一方面,大学行政化的态势继续蔓延,形成了一种引发忧虑的现象。

在董健先生七十大寿的研讨会上,意味深长的一幕出现了:主题本来是董健先生的学术思想,但大家却不约而同地谈起政治来,而且越说越兴致盎然。我有些不满:"这是学术会议,能不能不谈政治?希望有一天,学术会议只谈学术。"

当天的晚宴结束后,我送董老师回住所。在快到家时,他突然拉我到一个僻静处,语气沉痛地说:"晓华,你说那个时代我们恐怕都看不到了。"此后,他望了我很久,才转身离开。

目送董健老师缓缓走回寓所之后,我长久地站在原处,品味他说过的话。许多年后,我终于明白。在那个夜晚,在我们沉默对视的时刻,告别的仪式已经启动,他已经说出了最后的话。此后,所有的话语都是回音。

12

董健老师去世以后,我经常思考一个问题:每个人都有自己的鼎盛时刻,董健老师最幸福的日子是哪一天呢?

在寻找答案的过程中,我总是不由自主地回忆起一个画面:

阳光灿烂的午后,他手里拎着一个沉甸甸的布袋,缓缓行进在校园里。

到系里取信的我恰好遇到了他和师母,不由得问了一句:

"董老师,袋子里装着什么呀?"

"稿费!《田汉传》的稿费!两万多呢!"

他边说边摇了摇袋子。

那一刻,他和师母脸上都荡漾着欢乐。

许多年后,当我回味这个细节时,总是不由得痴痴地想:由于一本说真话的书而获得了双重的酬劳(读者的认可和版税),这也许就是董健老师所体验到的最大快乐吧?

(王晓华:深圳大学人文学院教授)

周　宪

在尘世与天国里问学
——怀念导师董健先生

导师董健先生离我们而去一年有余。由于种种原因，追思会一直没开。虽然时间在流逝，他老人家却好像并未离我们远去，而是仍和学生们在一起，切磋学问，纵议天下。

我最早知道先生大名是在改革开放初期，大约是在1980年。那时我在南京师范大学中文系读本科，董师从南京大学来南师大做一个当代文学的讲座，分析了当时具有"轰动效应"的小说和报告文学。在南师大中大楼的二楼图书馆里，如饥似渴的学子们济济一堂，叹服于他的精彩分析和独特观点。那时我还只是一个大三学生，远远地坐在后排聆听，但没想到的是，多年后我成了董门弟子。

第二次见先生时，我已从北京大学哲学系美学专业研究生毕业。不记得当时是怎么联系上先生的，我径直去了他家里，探询是否有机会加盟南大。那时董师任中文系主任，聊了不一会儿，他就表态说："你的情况我知道，那你就来南大吧！"事情就这么决定了，随后我成为南京大学中文系一员。想想现在研究生毕业求职难,当年我入职南大的经历简直是"天上掉馅饼"。不过,那是 1988 年,是令人怀念的"八十年代"。

供职南大中文系后,我成了先生的下属兼同事。1996 年,我想在职攻读博士学位,征得先生同意并统考通过后,正式成为他的"入室弟子"。读博那会儿,先生的家位于南园化学楼旁边的一栋民国老建筑里,我常去先生家里聊天问学。在一间有点昏暗的小客厅里,和先生对坐闲聊,平易近人的他善于倾听学生的言说,并不时给出精辟应答。我们经常是谈着谈着,就忘了钟点。

我原先的学术背景是文艺理论和美学,而先生是专治中国现代文学史,尤其是戏剧史,其间的专业距离不小。当初萌生拜先生为师的念头,我压根儿没想好如何进行学术转型。入董门后,和先生数次讨论,如何选择一个既属于戏剧学又符合我知识构架的研究方向。董师视野开阔,学术上很是开放,他从没有给我指派选题,而是不断地引导和探问,问我学术兴趣何在,对戏剧有什么想法。经过几次碰撞,当我说到对德国戏剧家布莱希特感兴趣时,他当即表示就以布莱希特为题。其实,我说对布莱希特感兴趣,多少有点心虚的,因为我涉猎过的只是西方马克思主义美学理论语境中的布莱希特,关注的是他与本雅明、阿多诺等人的理论纷争,对他的戏剧理论和实践并没有多少了解。董师在循循善诱地指导学生方面很有办法,他慢慢向我描绘出一幅研究路线图,那就是在搞清布莱希特理论的基础上,重点研究布莱希特对"十七年"、特别是新时期中国当代戏剧的影响。在先生的引导下,我就这样从一个文艺理论爱好者,转行为一个戏剧史论的探问者。随着论文写作的深入,我不断地从他那里得到积极的回应和评价,对自己学术转型的信心亦与日俱增。完稿后我将全文呈先生过目,他看完后说许久没读到这样的论文了,我们要搞一场高规格的博士论文答辩会,把南北戏剧理论"巨头"都请来。先生说到做到,邀请了上戏余秋雨教授、中戏谭霈生教授、艺术研究院田本相教授,加之先生及几位南大前辈,共同组成了答辩委员会,这让我十分感动。

后来,我的博士论文获全国高校优秀博士学位论文奖,这委实是对先生悉心指导的最好回报。

先生培养博士既有宽松弹性的一面,亦有严格规范的一面。我从董师批改我的论文初稿中也学到了不少东西。比如他往往"抓大放小",关注论文大的方面,主要观点和论证,而对一些细节有时则忽略不计。当然,一些错别字是决然不会放过的,这也许是中文系出身的人的"职业病"。后来,我自己也履职中文系主任,有一年新学期的研究生开学典礼,我特地去请董老师来讲话,他欣然答应。面对在场的上百号研究生,他的开场白妙趣横生:"你们可能不知道,指导博士生的工作其实很难,这是因为导师常常在两个世界打转,他是一半在天堂,一半在地狱。"此话一出,引得全场一阵爆笑。后来,我也常引董师的这句名言,真切说明培养研究生的"痛"与"快"。现在想来,此话定是他多年指导研究生的切身体验,精准而幽默。

董师不但是一个学术境界很高的人,亦是一个性情中人。他身上既有传统文人的桀骜不驯,亦有当代知识分子的社会批判意识。每每读到在美的苏联诗人布罗斯基的文字时,读着读着就觉得布罗斯基的说法与我心中的先生印象重叠起来。比如,布罗斯基写道:"在艺术走过的地方,在诗被阅读过的地方,他们便会发现冷漠和异议取代了期待中的赞同与众口一词。"(《悲伤与理智》,第47页)此话说的是艺术对异议思维和独特人格的培育,先生其实很重视这一点。我在写博士论文的过程中,深刻地感受到他的这一关切和期待。今天,我们研究生培养很容易强调学术性、学理性或规范性,一大堆材料和文献掩盖了思想的匮乏,精致的文体和规范阻碍了异议与批判能力的养成,因而很有必要重提人文教育中回归异议与批判性的本然目标。

然而,如何涵育学生的质疑批判精神?布罗斯基给出的方案与先生的做法异曲同工。"美学的选择总是高度个性化的,美学的感受也总是独特的感受。每一个新的美学现实都会使作为其感受着的那个人的面容越发地独特,这一独特性又是能定型为文学(或其他类型)的趣味,这是它已经自然而然地成为抵抗奴役的一种防护手段,即便不能成为一种保障。因为一个带有趣味,其中包括了文学趣味的人,会较少受到各种政治煽动形式所固有的陈词滥调和押韵咒语的感染。……一个个体的美学经验越丰富,他的趣味愈坚定,他的道德选择就愈准确,他也就愈自由,尽管他有可能愈是不幸。"(《悲伤与理智》,第50页)记得有一年金庸来南大演讲,先生时任主管文科的副校长,不得不主持演讲,其实学生们都知道他对金庸不以为然。虽然主持了演讲,但是还是著文批评金庸。尔后有一次他半开玩笑地说:"有金迷写信给我,警告我要是再说金庸坏话,他们将派员来暗杀我。"看来,即使在一个法制健全的国家里,写批评文章也会面临生命危险。

在我印象中,先生总是以犀利的思想应对当代中国现实,鲜明的问题意识使其著述带有强烈的"董氏文风"。这一风格与布罗斯基的说法不谋而合:"艺术是一门无后坐力炮,……艺术常常走在'进步的前面',走在历史的前面"(《悲伤与理智》第49页)。先生常常"走在历史前面",把他的学术研究当作"无后坐力炮",提出了与众不同的批判性见解,用"炮"去轰开包裹严实的现实,揭露出人们习焉不察或有意回避的东西。所以,我的心里一直有一个小小的疑问:吾师对戏剧情有独钟是否有更深的理由?

近代以来,本土"诗界革命"或"以小说启民智"的口号不绝于耳,但平心而论,最具社会变革功能的现代文艺样式恐怕还是戏剧。布莱希特说过,戏剧是最具煽动性和社会变革性的艺术样式,真正的革命戏剧是出了剧院便投身社会运动。近代以降,戏剧在中国社会变革进程中扮演了非常重要的角色,改革开放以来依然如此。这么来看,先生痴迷于戏剧也许不只是对戏剧的形式风格感兴趣,更与他对戏剧强有力的社会功能的体认有关。本雅明认为,小说是现代文体,属于孤独的艺术,小说家孤独地写作,读者孤独地阅读。但我们看到,戏剧似有不同,剧本也许是剧作家孤独写出,但演戏和看戏则是群体活动,更具广泛的社会动员性,所以戏剧的异议力量和社会动员性远胜于诗歌和小说。惟其如此,所以戏剧总是被更加严格地加以监督和管控。我想，先生对戏剧的体认不妨用布罗斯基的话来表述，戏剧"对人类状况的每一种批评，都包含批评者意识到有另一种更高层次的角度，一种更好的现实"（《小于一》，第 67—68 页）。这么来理解吾师的职业兴趣，不知是否合适，但对"一种更好的现实"的强烈愿景一定没错。

董师和布罗斯基大体上是同时代人，虽然他们身处不同国度。由于历史境况的某些惊人相似性，所以读到布罗斯基的言论难免浮想联翩。比如布罗斯基有一个著名的判断："从理论上讲——我认为，与一个没有读过狄更斯的人相比，一个读过狄更斯的人更难因为任何一种思想学说而向自己的同类开枪。"（《悲伤与理智》，第 54 页）这句话形象地道出了人文教育的重要性。为什么读过狄更斯的人会比没有读过的人更为理性和更富有人性呢？因为文学赋予他更多的人性关怀和伦理同情。缺乏人文素养的人则会简单化地依从某种教条，甚至变得毫无理性或人性。近来国外有研究表明，读经典作品和不读经典作品的学生迥然异趣。爱读经典的人更具广阔的视野，更善于换位思考，更富有同情心等。这个问题的重要性在中国的人文教育中似乎并未引起足够的重视，而董师则一直在身体力行人文教育之本，因为他相信"一个阅读诗歌的人要比不读诗歌的人更难被战胜"（《悲伤与理智》，第 60 页）。

先生虽一年前离我们而去，但总有一天我们也会追随他，在天国里继续师生对坐，切磋学术，闲聊戏剧。在那里，也许我会好奇地问先生，布罗斯基的这些说法你认同吗？我猜想，他会默许地点点头，因为他也有过同样真实而深切的生命体验。

2020 年 7 月 12 日深夜于金陵
（周宪：南京大学艺术学院教授）

彭耀春

纪念敬爱的董老师

我的博士生导师董健教授在我心目中一直是那样的睿智敏锐、博学多识,而且身体强健,神采奕奕,威严而慈祥。可是2019年的一天突然接到信息:董老师因病去世。我和所有敬爱董老师的董门弟子一样,都感到突然和悲痛。

董老师是一位优秀老师,我一直为自己有幸成为董老师的学生而自豪。董老师一生从教,传道授业解惑,以他高尚的人品、高屋建瓴的学术视野和丰厚深邃的学识,影响和泽润学生。他严格要求学生,又关爱提携学生,像父辈那样关爱他的学生。有一年我随董老师到北京参加华文戏剧节学术会,中午吃饭,董老师嘱咐我们同坐一桌的董门弟子:"你们今后要像兄弟姐妹,互相帮助。"我至今记得,我读博的第一篇作业,被董老师用红笔改了很多,从引文、语句到标点和错别字,满篇红字勾画,董老师委婉地批评说:"你是发表过很多文章的,怎么会写成这样?"我当时汗从背出,羞愧得无地自容。从此写董老师的作业倍加小心翼翼,如履薄冰,不敢马虎,后来作业也得到董老师的认可。董老师指导和助力我完成了博士学业,我考博时说自己外语基础差,要专心准备,董老师同意我免试专业课,嘱我按南大规定请两名专家推荐,于是我恳请田本相教授和朱栋霖教授给我写了推荐信;我做博士论文时,想做个别人没有做过的选题,于是想到做中国当代电视剧或台湾当代戏剧的研究,董老师认定了后者,他不仅指导我,还为我创造很多了解台湾戏剧、接触台湾戏剧家的机会。我现在回想,如果那时没有南京大学的学术平台,没有董老师的指导和助力,我要圆满完成博士论文几乎是不可能的。董老师也关心和指导我读博以后的学术发展,比如晋升职称,申请硕士生导师,都给了我很大指导帮助。

董老师也是一位杰出的戏剧学学者,他不仅言传身教,而且治学探索,著书立说。董老师说他的学术研究的真正起步是在"文革"以后,他要求自己也教育学生,要做明白人,他以"接近真相就是接近真理"的执着,探究他的观察研究对象。他学术研究的目光从中国现当代文学到中国现当代戏剧,从陈白尘到田汉,涉及中国现当代文学、戏剧、影视的诸多领域,特别是主编《中国现代戏剧史稿》、《中国当代戏剧史稿》和《中国现代戏剧总目提要》、《中国当代戏剧总目提要》,及撰写《陈白尘创作历程论》、《田汉传》等,在董老师带领下,以南京大学学者为主的戏剧学学术团队以现代学术思想和科学严谨的态度为中国现当代戏剧史做了开创性的大数据的基础性史学研究,也在宏观视野下构建了中国现当代戏剧研究的学术话语体系,以宏观整体格局和现代学术观察的系统研究,标志了中国现当代戏剧研究当下的学术高度。我始终认为,中国现当代戏剧研究的领军人物是"南董北田",南京是董健教授,北京是田本相教授,他们都对中国现当代戏剧研究做出卓越贡献,并且都是中国现当代戏剧研究团队的组织者和引领者。没有想到,在2019年田本相教授与董健教授竟相继去世,令人唏嘘悲痛,中国现当代戏剧研究团队痛失领军人。

董老师又是一位关注社会文明、具有深邃批判精神的思想者,敏锐不懈的文化批判是他的又一个学术生命维度。董老师不是埋头书斋里的学问家,而是感受时代风云与社会风貌,关注当下思想文化潮流动向,激扬文字评点风物的思想者。我同样始终觉得,董老师与鲁迅的精神相通。我有时将董老师与南京大学的包忠文教授比较,包老师也是我敬重的老师,他曾任江苏省鲁迅学会会长,包老师给我的印象是三句不离本行,言必称鲁迅,如数家珍,滔滔不绝;董老师不像包老师那样说鲁迅说得那么多,但他也像鲁迅那样解剖自己也解剖社会,也在文章中也援引鲁迅,实践鲁迅的批判精神和求是原则。董老师的文化批评的思想武器是马克思主义的观点,用心是"引起疗救的注意",在多元文化的碰撞中,他多次以"我是共产党员"表示他的批评立场。在我的书橱里,有两本董老师惠赠的著作,一本是《文学与历史》,一本是《戏剧与时代》,这两部著作的书名正反映出董老师的文学与戏剧的研究,是与历史与时代紧密相关的,或者说,董老师的学术眼光总是自觉地从文学戏剧向时代向历史延展,透过文学戏剧感受时代的脉搏和历史发展,又从时代历史的风云际会中把握文学戏剧的动向。世纪之交,董老师的学术思考在宏观把握中国现当代戏剧的基础上聚焦于中国戏剧的现代性与现代化,他多次撰文回顾二十世纪中国戏剧"走向现代",强调"中国戏剧的现代化运动得力于二十世纪初发端的文化启蒙运动","百年中国话剧的整体文化特征,就是它的现代启蒙主义精神;通过启蒙促进人的现代化,是它对中国现代化事业的最大贡献"。同时,基于当代"戏剧艺术被高度政治化,现代化的历程呈现曲折复杂的状态",呼吁为戏剧"招魂",重建启蒙主义。

当下学界英才辈出,各领风骚。但董老师是座高山,永远高屋建瓴却又亲切地启示与引领我们。

(彭耀春:江苏警官学院教授)

贾冀川

和董师在一起的日子

初次见到董师是在1998年博士笔试结束后的面试,现场除了董师之外,还有戏研所的其他几位老师,因为紧张,董师当时问的问题现在都记不起来了。真正和董师有深入的交流是在1998年秋季入学后,我和师妹苏琼相约一起去见董师。那时,董师还住在南大鼓楼校区北园化学楼东的一栋估计五十年代建的三层小楼里。因为住房紧张,小楼一劈为二,董师住在小楼的西半部。因为第一次去老师家,路不太熟,没有找到大门,结果绕到了小楼背面小院的铁门外。董师听到我们的呼声,过了许久才出来开门。那天,董师还是居家的穿着,印象最深的是他脚上穿了一双凉拖鞋,一只脚上的袜子还有洞,露出了脚趾。他边开门边说,这个铁门已经很久不开了,铁门钥匙找了好一会儿。董师领我们进屋,穿过狭长的房间,来到书房。书房比较小,估计也就五六个平方米。坐下之后,董师先送给我们一人一本《中国读书大辞典》,这本词典一直放在我的书架上。那天的谈话,印象最深的是他教导我们"三不三书",他说这是他的导师陈中凡教授在他读书时教导他的,即"不做官、不纳妾、不吸烟，读书、写书、教书"。尽管当时不太懂，但我谨记于心。

董师并不专门为我们开课，他每隔一段时间约我们到他家谈最近一段时间的心得。入学月余，一次与师兄、师妹一起去董师家，正值中秋，我们一起坐在小院里。师母准备了月饼，我们边吃月饼边赏月边讨论。期间，我问董师，需不需要听一听中文系老师开的课。董师回答："你问这个问题说明你还没有进入博士生学习的阶段，别人的课上得再好也是别人咀嚼后的食物，没有什么营养价值。你应该自己去多读书，发现问题，收集第一手资料，然后研究问题、解决问题，那样才能够获得最有营养、最有价值的养分。"董师的教导我至今铭记，并教给自己的学生。

我们知道董师以前抽烟，后来才戒了烟。一次与师兄、师妹一起去董师家，无意间聊起他戒烟的往事。他说那时他担任校领导去欧洲高校考察，进了机场不让抽烟，飞机上好几个小时不能抽烟，下飞机住进了旅馆也不让抽烟，那晚在旅馆烟瘾上来难过得涕泗横流。第二天到了街上，他取出一支烟，刚点着，没想到周围尽是异样的眼光，他只好将那支烟掐灭收了起来。之后，在欧洲考察期间，他似乎觉得也不是那么急切地要抽烟了。回到北京，他在北京的学生与他聚会，聚会期间，学生们就劝他趁此机会干脆戒烟，这样对身体好。他听从学生们的劝告，从此戒烟。戒烟后，董师的身型略微发福，不似过去那么瘦削了。

大约2000年底2001年初的样子，我们探知董师的生日，也正值元旦前后，于是我们商量和董师聚一聚，大家热闹热闹。苏琼师妹负责请董师，我负责联系饭店。大家担心董师不会应允，结果苏琼告诉大家董师同意了，我们都很高兴。酒店就选在学校大门东侧，是一家学生常聚会的场所。傍晚，董师到了后，我们三个年级的学生围拢而坐，聚会开始。饭菜都是家常菜，不知是谁备了酒，于是大家行酒令——"大西瓜，小西瓜"，手势比错的喝酒，董师担任监酒，记得师弟李伟手势比错得最多，喝酒最多。高潮是吃蛋糕，大家唱完生日快乐歌，寿星董师负责切分蛋糕。大家正开心吃蛋糕，师妹苏琼说蛋糕的奶油抹在脸上来年好运，随手她把蛋糕的奶油涂抹到旁边的同学脸上，于是大家纷纷效仿。正欢笑间，苏琼师妹竟然趁董师不注意，也把蛋糕抹到董师脸上，说寿星更应该脸上抹蛋糕奶油。大家惊讶非常，担心董师不快，不过一向严肃的董师竟然微笑不语，我们悬着的心落了地。那天，大家兴尽而归，尽管至今二十年过去了，那晚的画面仍然记忆犹新。

读书美好的日子总是那么短暂！三年的读博时光很快结束了，我和苏琼师妹没有延迟，正常毕业。我们同级的同学穿上博士服在南大校园照相，我与师妹特意来到董师家，正好他在家，我和师妹与他合影留念。苏琼师妹是福建人，毕业后去了厦门大学，我在董师的推荐下到南京师范大学工作至今。

工作后，我一般春节、教师节前后会去董师家坐坐，有时也把工作上的不顺心向董师和师母倾诉。那时每次去董师家都有些紧张，因为董师那时还没有退下来，打电话时他的口头禅是"我最近比较忙"。董师闲不下来，直到2005年他还忙于《中国当代戏剧史稿》校稿。不久，董师眼睛黄斑病变发作，视力一落千丈，才渐渐无奈"闲"了下来。听收音机、听电视成为董师重要获取信息的方式，而师母成了董师的眼睛，她为董师读报纸和书籍。记得2015年前后，一次和洪宏去董师家，问起他的眼疾，他说只能走熟路，不能走生路，他对我们的印象已经是十余年前的了。听闻董师此语，心中不禁一片怅然。

2019年，我在老家邯郸过完春节返回南京，约元宵节前后去董师家探望，顺便带了些邯郸当地产的小米。一进门，我就发现董师比上次见消瘦了许多。问及原因，董师说2018年下半年杭州开会回来即胃部不适，一直拉肚子，吃了些药，但时好时坏！我说正好可以熬小米粥喝，小米粥养胃！因为我自己2017年得了慢性肠炎，一直吃江苏省中医院自制的中成药——调脾实肠颗粒，止泻效果不错，所以就说改天拿几袋来给董师吃吃看。约一周后，我去随园拐到董师家，把调脾实肠颗粒拿给董师。不想，那是见董师的最后一面。

2019年5月13日晨，得知董师于12日下午突然病逝的噩耗。开始不相信,再看到微信朋友圈已尽是哀悼的信息,知道董师是真的离去了,不禁悲痛不已。第二天开车与汪介之教授、师弟陈吉德教授去殡仪馆送别,很多师兄弟、师姐妹从各地赶来了,南大文学院很多老师来了,戏研所所有的老师都来了,还有很多不太熟悉的也来了,大家自发地来送别董师。在哀伤的乐曲中,望着静静地躺在鲜花中已不再思考的董师,我的眼泪止不住地落了下来。

而今,董师已经离开我们一年了,和董师在一起的一幕幕、他的音容笑貌成为我最难忘的永恒记忆。能够有幸成为他的学生是我终生的荣耀,他对我的谆谆教诲我都铭记于心。

吾爱吾师!他虽已远去,但精神不朽!

仅以此文表达我对董师无限的敬爱和无尽的怀念!

2020 年 4 月 21 日

(贾冀川:南京师范大学文学院教授)

朱伟华

永远的恩师

2020年7月31号,在黔东南从江县大歹村参加非遗活动,收到星亮学兄短信。回到旅馆后和学兄通了电话,这是董师走后一年来首次和学友谈及这个话题,仍不能自禁。我知道纪念文章已到截稿"死线",但对这道创伤,我就是没准备好面对。

到我这个年龄,其实已有很多直面生死的经验,但去年仍是非常特殊的一年。还记得开年第一天,就得知钱师母病重消息,专门赶到北京去拜年,上半年为此去过北京几次。5月上旬在武汉参加一个学习,因为要收手机,担心此期钱师母有事,专门留了联系方式。5月13日下午拿回手机,晴天霹雳般的,得知的竟是董师离世的消息!心里一遍遍追问:怎么可能?怎么可能??老师除了眼疾身体不是一直挺硬朗吗?一年前的2018年元月16号,不才和周宪师兄、赵晓红一起和老师在他家胡同口餐厅吃饭欢聚吗?三个月前的大年初一,不才和老师通话拜年聊天吗?怎么可能???14号上午有告别仪式,我交通不便赶不上,虽然用自己的方式做了七天纪念,但仍过不去这个坎。这件事毫无思想准备,缺失了太多环节:没有老师生病的消息,没有登门探病的记忆,没有送别恩师的经历,失去一切执弟子之仪和宣泄情感的机会,成了心中一个不敢碰的痛点。

2019 年在我本来是有纪念意义的年份,是计划告别职业生涯的一年。1999 年有幸以 45 岁"高龄"忝列董师门下,由此开启了 20 年无怨无愧的高校教师生涯,永远感恩老师给了我转变命运的机会!在图书馆工作 16 年之后,我无法忍受地想要转行,但入学外语考试还是"差之毫厘",为此恩师为我向学校申请了特批。还记得那段寝食不安的等待时期,女儿说我像盼着"希望小学"的失学儿童。极度的焦虑甚至引发了生理反应,我没日没夜咳嗽久治无效,直至通知一到立马奇迹般痊愈。20 年之后再来回顾,不敢想象当年如果没有恩师援手鼎助,我的后半段人生会是怎么样,反正和现在的状况一定是"谬以千里"的。

记得一进门老师就告诫我们:读博期间要非常努力,"不要想过正常人的生活!"但现在回想起来,仍然是人生中最幸福的一段光阴。当了 20 年高校教师后我明白,真正的好导师是能给学生压力动力,又能理解支持学生并在关键点上给予指导的。记得进校后我做的第一个研究,是探究"五四"期间《孔雀东南飞》诗歌改编成多部戏剧的文学现象,这是读硕期间在钱理群先生指导下关注过的选题。当我把初稿交给董师审阅时,老师非常肯定这个研究的价值,不但指出修改意见,而且略一思考,就将我推敲半天仍不满意的标题"《孔雀东南飞》面面观——一个典型文学现象的剖析"改为"《孔雀东南飞》:从古代到现代,从诗到剧——一个典型文学现象的剖析",哇!表达精准,时空文体对应,文采斐然,让我叹服不已。这篇发表在《文学评论》2000 年第 6 期的文章,后来被收入《中国现当代文学学科概要》第十六章"戏剧研究状况"中进行推介,非常巧合与荣幸的是,同页介绍的有钱先生关于曹禺研究的新论,还有同为董门弟子的马俊山、黄爱华学友的专著。

我博士学位论文选题是《论剧场艺术与广场艺术——欧洲戏剧形态发生

学研究》，这个选题实在太宏观了，发生学问题也是最难说清楚的。开题时许多老师都善意地提醒我这个选题的难度，几乎没有赞成的，但我对这个问题有一种无法放弃的研究冲动。我觉得欧洲戏剧近现代以来许多变革都与这个问题有关，我国戏剧和西方戏剧的比较也绕不过这个问题，不正视这个现象许多问题难以说清，特别想从源头上梳理。是老师在关键时刻给了我理解和支持，他说一个学生如果坚持要做一个研究，一定有他内在原因和动力，在不违背基本学理和常识的基础上，应该给他机会尝试。是老师的一锤定音，使我坚定地深入这个明知布满陷阱但对我充满诱惑的领域，老师给我的不仅是指导，而是真正的精神支撑。完全靠导师的指导和支持，我才能坚持做下这个论题来，对恩师我怀着最深的敬意和谢意！印象很深的是快定稿时，学校要求论文不能是专著中一部分，必须是一个独立完整的整体，为此改动结构耽误了时间。修改稿交到老师手里才一天，董师就在百忙中全文看完，不但在大的思路上进行指导，认真仔细到连错别字都一一标出。接到稿子我感动不已，在学风浮嚣的当今，老师教给我们的何止是学问，是严谨方正的做人精神啊！不负老师的信任，我的论文外审和答辩获得全 A 票的优秀评价，后来我将论文第五章以《欧洲两种戏剧文本形态之比较》为题发表在《戏剧艺术》2004 年第 2 期上，这个成果 2005 年获贵州省第六次哲学社会科学优秀成果论文类一等奖；2006 年获第四届中国高校人文社科研究优秀成果三等奖。在此届 427 项获奖成果中，我看到董师主编的《中国现代戏剧总目提要》获二等奖，能与恩公同框，真是分外荣幸。而我获得的这个奖项，是此届贵州省唯一奖项。这些都源于定题时老师的大力支持，我想自己对这个选题的执着，或许接近董师反复要求我们研究时应具备的"学术激情"，但这个研究的完成，离不开老师的眼光和引领。进入工作环境后，有愧于老师的是，由于学科、身体等多种原因，一直没有将自己博士论文后续部分做完，也一直没有付梓。但始终认为，这是我一生中做得最认真的研究和写得最好的文字，只有真正的好老师，才能激发出学生最好的研究状态。

出校后进入贵州师范大学教学,由于没有戏剧学平台,没能在主攻的戏剧学科上走得更远,而一毕业就拿到的国家社科课题《东西文化背景下的贵州屯堡文化及地戏形态研究》,让我勉力涉足了以前没有接触过的地方文化领域。当我将历时五年完成的书稿忐忑地送恩师一阅求写序文时,心中是不安的。这部题为《建构与生成——屯堡文化及地戏形态研究》的专著长达38万字,是我涉猎的新领域,有大量田野调查分析,与戏剧学科关系并不太大;而此时老师已年过七旬,当时又是2008年的多事之秋。但老师慨然应允,不但将近40万字的专著认真看完,并且异常准确地发现我研究最有心得的地方。他特别喜欢我对"屯堡人"文化心态的那一段描述:"'屯堡人'是从强势沦为弱势的群体,'曾经的辉煌'成为他们执着的精神寄托。屯堡文化最核心的'原点'是弱势群体对强势文化的依附与自我重构,最特殊之处是以民间底层身份对官方正统的追捧,具有'在野'状态中的'在朝'心态,边缘处境中的'中心'意识。"老师说:"这样的文化意念的提炼和文化精神的概括,真是令人拍案叫绝!这样的提炼和概括,具有极大的创造性,以其巨大的张力,引发我们对种种文化现象进行批判和反思。"老师的首肯给了我极大的鼓励,这项研究开启了我至今仍在延续的贵州文化研究工作,这部著作也在2010年获贵州省第八次哲社优秀成果二等奖、2013年获第六届中国高校人文社科优秀成果三等奖。从来不在人前提及诸如获奖之类"俗"话题,何况在高校谋生,谁还没有一堆证书傍身呢?但走笔至此说这一句,是想告慰老师,学生哪怕有点滴的成绩,也都是老师的功绩。

在老师为我写的序文中,提及他慨然承诺写序有两个原因,其二是"对当今中国的'文化问题',我有些憋在心里很久的话,想借此机会说一说"。文化问题一直是董师非常关注的领域,2015年底去南京为恩师贺八秩大寿,获赠《董健文集》三本,分别为"戏剧研究"、"文学评论"和"文化批评"卷,代表了恩公一生致力的三个领域。如果说前两个领域属于专业研究范畴,文化批评则超出学科范围,更多体现的是知识分子的社会责任感。老师有强烈的文化批判意识，长期为社会事务发声，尤其进入晚年，恩师愈加在"文化批评"领域深入，在万马齐暗的环境下，发出黄钟大吕般振聋发聩的呼喊，影响已然超越学界，在社会上引起广泛反响。21世纪以来，针砭高校教育现象最为尖锐并广为人知的两大判断是"失魂的大学"和"精致的利己主义"，出自董、钱两位恩公的这两个论断，显然有着因果联系。实际上，"文化批评"锋芒一直是贯穿先生"戏剧研究"和"文学评论"的一条红线，正是这种社会关怀、家国情怀的"顶层设计"，使得先生从来没有将自己仅仅定位为一个职业研究者和教书匠。作为学科创始人、戏剧学泰山北斗，先生的地位已居绝顶，而先生的整体成就、思想贡献和文化影响，无疑是远远超越专业领域和职业生涯的。

董钱两位先生还有一个共同特点，就是深刻的自我反省精神，这显然来自中国现代文学的精神之父鲁迅。老师给我作序的第一个原因是"学生之请，断无推辞之理"，但老师的理由却不是师生之间的人情往来，而是"我欠学生的！"给学生写序，居然从自我反省开始。老师认为自己是屡遭破坏的中国教育煮出的一碗"夹生饭"，身上有奴性的"花瓶情结"，虽然招收了一届届的硕士生、博士生，"在学问上、人格上没能给他们强有力的帮助"。老师认为"积极的文化批判精神本应渗透在问学之道与为人之德的传授中"，"我尽管努力这样做，但并没有做好。这就是我的'欠债感'的由来"。读到这些话，真是令人动容。2019年我有四个学生考取博士，其中三个进了厦大，她们都和我说到，"您和苏琼老师身上有一种共同的东西"——对学术的尊重，对学生的关心，为人的正派谦和，对不正之风的嫉恶如仇……我想说，这就是董门风范，虽然我们还不及老师之万一。老师带出的学生，占了戏剧学科的半壁江山，先生开创的学科领域，影响着整个现当代戏剧学发展，其学科贡献高山仰止。但最打动人的，是先生高洁的品格，坦荡的赤子之心，深刻的自我反省精神。

老师是那种透明透亮的人，做人治学，一身傲骨，光明磊落，耿介刚毅，一生不失本色。他是做过校领导的人，但从不屈从行政陋习，没有任何官场习气,不说套话假话,永远真切坦诚,爱憎分明,嫉恶如仇,直率单纯。老师苛责自己有负学生,其实以我的亲身经历来看,当老师的学生实在是太幸福了!在校期间我们都知道中文系流传一段对话——董师说带研究生是一半在天堂一半在地狱,其他老师说董老师您够好了我们全在地狱。当时只当段子听,自己当导师后才体会到,老师手里那么多学生,要付出怎样的心血和操劳,才能将我们一一送出门。当面老师时常直接甚至严厉地提出批评,同学们因此对老师敬畏有加有些害怕;但背后老师却细心体贴、不为人知地对学业困难的同学提供帮助,包括委托我们这些年长的弟子去精神疏导和个别帮扶。恩师对学生的优点从来不吝褒奖,对学生的提携更是不遗余力,相信每位同学都如我一样,"及身"地体会过老师关爱,为此被深深温暖和感动。在老师严厉的外表下,其实是一副菩萨心肠。他几乎不忍心拒绝任何同学的请求,他总是古道热肠地帮助他人,为此为自己惹来不少麻烦。但他自己却一丁点都不愿麻烦他人,视力不佳后也婉拒学院安排来协助的学生。

记得在校期间董师给我们讲过一个趣事:田沁鑫导演为了改编《田汉传》的事找到老师,那是他们第一次见面。谈完告别前田导一定要拥抱一下老师,说"董老师您太可爱啦!"老师说他弄得很尴尬。但我是太理解田导的感受了!我曾请老师来贵州开学术会议,贵州民族大学文学院乘机请老师去做了一个讲座。过后他们的院长抓住我说:"太喜欢你们董老师了!他实在太可爱了!"先生就是这样,哪怕是一面之交,都能让人由衷爱戴。董师极具人格魅力,表达喜怒哀乐直截了当,不藏着掖着更不"端"着,没有等级感,从不虚与委蛇,不染世故城府。老师不是表面的平易近人,而是内心真正的平等尊重,是令人极其敬畏又极其亲切的师长。在老师那个年代,像他这样伟岸的个子是不多的,就像经历了那么多苦难的岁月,他仍未被扭曲的心灵。老师像一株大树,永远让我们有依靠感。每次去南京,去看老师是一大念想,现在觉得母校都是伤心地了。并非对死亡本身看不透,而是留下的一大块空白无法填补。在我这不仅是亲情和师恩,也是一种审美现象的消逝,再难找到先生这样人品上给人深切感召、学术上开拓众多领域、待人接物毫无城府、坦率真诚如赤子的真汉子了！

哲人其萎，徒余伤悲，唯一可安慰的是，老师没有受过多病苦折磨。鲁迅说自己是"死亡的随便党"，我想深受鲁迅影响的恩师一定也是如此，受死亡更大影响的反而是我们这些生者。星亮学兄曾在电话中劝我，"写出来就好了"。是的，直面伤痛是最好的疗愈。没有机会和老师告别，在我心里，老师的形象永远鲜活。我想如果有机会告别，老师也一定不愿意我们悲悲戚戚。想起进校那年的中秋节，我们在老师家欢聚，留下非常美好的记忆。过后写了一篇小文，发表在《贵州日报》上，没跟老师提过，曾想等退休后见到老师读给他听以博一笑，没想到却没有机会了。文中提到的李江师兄，几年前也离我们而去。人生无常如斯，只该铭记美好啊！故此附上1999年中秋写的小文，作为"忘却的纪念"，将记忆定格在那些美好的时刻。

2020年8月11日于贵阳

相聚月光下

我幸运地考进南京大学，忝列董健先生门下攻读戏剧学博士。开学第一个月恰逢中秋，导师邀所有弟子共度佳节，大家高兴之余又心怀忐忑，因为老师有令：不光是过节，也是学术活动，各人汇报一下近期学习情况。

虽然老师严令要空手上门，但为增加一点节日喜庆，我们还是准备了月饼和装饰有素雅鲜花的茶具，早早在荟萃楼聚齐。南京大学号称中国名校，管理却非常保守，硕博研究生男女分楼，均不准异性出入，而且实行的是全天候监控，没有任何探视时间。为此女生住宿楼被称为"熊猫馆"，许多男士以永远不能一窥芳闺为憾。唯一一幢住人不多的男博士生宿舍荟萃楼允许女生进入，居住者常盛邀大家多去，美名曰"把政策用足"。

同门六人到齐后，我们决定按梯队出发——适逢花季的苏琼君捧花，文静帅气的冀川君携饼,一对"金童玉女"开路,二位敦厚持重的师兄居中,我和俊山君断后。今年我们同门三级博士生一碰齐,马上惊叹"老板"(校园对博导的通称)有"戏剧性"专业眼光的深谋远虑。1997年他招了两个而立之年的男生,同样敦敦实实一般齐的个头,还一式留着艺术家的披肩发,卫兵君(他姓朱,正好谐了"主谓宾"的音,大家都认为他孩子应该叫"定状补")告诉我们,一进校就有人告诉他,他还有个同门,"长得和你一模一样"！1998年老师招了两个应届硕士毕业生,同为弱冠年华,一样慢条斯理,温文尔雅。到了1999年,招了我和俊山君,都逾不惑之年,急急忙忙的性格,却都赶的末班车。我和俊山君在单位都领了正高衔,差强也算修成正果,进校却免不了"老童生"带来的尴尬。苏琼君看见来了我这个大师妹简直得意坏了,凡到人多之处,必定嗲声嗲气叫我"师妹"。朱卫兵则老拿俊山君那撮少年白头发开玩笑,说他的头发是"校园的一道风景线"。然而因为这错落的年龄段,大家相得益彰,师门十分融洽。

南大校园小巧而秀雅,很快就到了目的地。董师曾任南大副校长,现为南大文学院院长,是德高望重的著名学者,住在校园一幢绿树环绕的独门小楼中。院里静悄悄的,做博士后的独子享受着两室一厅的待遇很少回家,师母摆好茶点也避出看望高堂,只有我们带着欢声笑语拥入客厅。一落座,敦厚的大师兄李江君即拿出纸笔做"记录科",一副执行老师指令的虔诚模样,吓得我们直给他摆手。我们一来就听说,他是知名度很高的人物,求学生涯极具传奇色彩。他八十年代就曾考取董师博士生,但进校后外语过关失手没考过,就此痛失学缘,并成为校方恐吓历届博士生的"样板"。李江君不折不挠,誓血此恨,九十年代再次以优异成绩考入董师门下。现在他是本级口碑极佳的班长,做事中规中矩,连走路都一副方正模样。

尽管大家拼命插科打诨,月饼尚噎在喉咙里,老师的开场白就来了。董师说他近期一直在考虑如何总结二十世纪本学科和中国知识分子的传统,将怎样的遗产带入新世纪的问题。他正在撰写两篇文章,一篇是关于新世纪人文科学知识分子的,通过对包括自身在内的知识分子的自我考察,探讨在新世纪人文科学知识分子安身立命问题。对国家民族事务的参与担待,本是中国知识分子的优良传统。但由于特定历史条件和历史原由,这种传统被混入一种工具性和依附性。这在二十世纪是有历史教训的。董师等现代知识分子考虑的正是要将这种传统建立在独立思考的超越性和批判性上,在新世纪着重建立"人文主体性"。另一篇文章名为《20世纪中国戏剧——脸谱的消解与重构》,我们一听就为这精彩的构思称绝。董师将二十世纪中国戏剧发展的宏大叙事内容,凝聚在鲜明的典型意向上,高度概括地阐释了二十世纪中国戏剧发展中形式与内容特征上的反向运动。脸谱是旧剧程式化演出的一种形式特征,脸谱化则指僵化的创作思维带来内容雷同的创作模式。董师认为以破除旧形式为突破口的中国戏剧,在经历了一个世纪的发展之后,其模式化特征却内在地积淀到创作思维和创作过程中,这应引起高度警惕。灌注其间的,仍是一种批判精神。

听着老师的话,我想起了在硕博研究生开学典礼上,董师作为学校导师代表发言,他对新生提的第一个要求,即是以"古之学者为己"的精神,端正学风。而召见我们99级弟子谈的第一个要求是做学问要有学术激情。这些要求包含的核心,是一个学者必须具备学术良知,以严谨的学风和社会责任感立世。师兄告诉我们,温文儒雅的老师不仅学问出色,还有一个外号"董大炮",素以仗义执言为全校师生敬重。他著文直抨社会不合理现象,为此还收到过以示恐吓的砖头。董师的为人为文,一再使我想起北京大学我的硕导——著名学者钱理群先生,无怪他们均在学界声名显赫,并彼此惺惺相惜,引为同道。

听老师的发言倒很过瘾,但还是躲不过各人的汇报。大家推举俊山君打头。他多年混迹高校,已当了若干年硕导,今年同时考中社科院、武大、华师大和南大四处博士选定后者,是功夫了得的武林高手。他果然成竹在胸,入校后已进入旧期刊浏览,并就所阅资料侃侃而谈。我则期期艾艾地告白,由于多年荒疏了学业，现在仅在新期刊里徘徊，还在寻找路径，摸索地形，找栖身之处。97级两位师兄已进入毕业论文撰写阶段，分别谈了各自的论文构想，导师要求尽快拿出论文提纲。98级两位同门刚交了本年度学位课程论文，导师提纲挈领地逐一评点，对苏琼君以欧阳予倩和魏明伦的《潘金莲》为例分析现当代戏剧创作的《异性书写的历史》，老师认为应加强女权主义理论武装。我们吓这个小师姐，"女博士加上女权主义，这辈子别想嫁出去了"。提到冀川君研究解放区戏剧的文章，老师皱着眉头说"怎么写得和解放区戏剧一样枯燥"。我们全都大乐，笑称他将研究对象"主体化"了。

此时外出过烟瘾的同门回来告知，师母早已返回，怕打扰我们竟一人悄悄在院内打扫落叶，大家闻之感慨不已。师母出身名门，父亲是主持滇缅公路修建的总工，她自己是南大毕业的高材生，如此谦和礼让正形象地阐释了"知书达礼"、"大家闺秀"的现代含义。趁老师高兴，我们问起了他和师母的罗曼史，董师马上痛陈追师母的种种艰辛，控诉岳父岳母给他的种种刁难。师母则笑嗔他做事鲁莽，第一次上门只带了个吃剩的馒头。老师这个山东大汉进入江南名士家庭的种种逸事令我们大笑不已，我和苏琼感叹师母冲破阻力嫁给老师的不易，男弟子的看法却是："老师如今还一表人才，当年魅力一定不可抗拒。"

欢乐的时光总是迅逝，想到南大雷打不动的关灯锁门制度，大家只好依依不舍地告别。此时已月到中天，月光辉映下的校园似氤氲着郁郁文气。我突然意识到，这是二十世纪最后一个中秋夜了。望着月光下无数学子聚散的百年校园，我心里说"今年的中秋真好，为这段学缘和这份相聚"。

(朱伟华：贵州师范大学文学院教授)

马俊山

中国话剧进步传统的坚定守护者

我是1999年考进南京大学，在董健先生的指导下攻读博士学位的。但我认识董师，远在这之前。上世纪九十年代初，田本相先生以中国艺术研究院话剧所的名义，跟南开大学合作，举办曹禺研究国际学术研讨会，地点就在南开。可能由于我比较年轻，能腿跑出力，田先生让我担任一个小组的召集人，并嘱咐我做好发言记录，以便编写会议综述。记得开会的时候，刚下过雨，天气晴好，但会场气氛凝重，大家都不说话，好像找不到话题，或只想听听别人怎么说，自己并不想发言。这让我这个年轻的主持人很是尴尬，只好一个一个地请大家说说自己对有关议题的看法。我记得，首先请东道主南开大学出版社的崔国良老师介绍了曹禺早期创作的整理和出版情况。接着请董健老师发言，然后是南开大学中文系焦尚志老师谈曹禺与外国戏剧的比较研究等。

董老师具体讲了什么，现在已经记不清了。打开尘封的笔记，却只有寥寥几个字：历史地位。解放后，跟田汉比。至于如何定位，跟田汉比什么，怎么比，则一概未记，或许还有更加重要的内容，被我遗漏了，也说不定。到九十年代末，好像是在重庆"新中国文学五十年"学术研讨会上，再次见到董师的时候，他已经卸任南京大学副校长的职务。我的会议论文题为《十七年文学的价值主要应从负面理解》，董师听了发言后，专门跟我聊了一下这个问题。我感觉我们的认识是一致的，但董师看得远比我深刻。董师最后说，你那本写曹禺的书我看过了，写得不错。我顺便提出想跟他读博士，董师爽快地答应了，只是说按南大的规定，必须参加考试，一科都不能免。

1999年，我有幸投师董门，跟朱伟华、陈吉德同年。2002年毕业后又留在南大任教，成为董师的同事，迄今已近二十年了。其中还有五年时间，担任董师的副手，主管科研、学科建设及研究生工作。从学生到同事和助手，使我能够具体地感受和切近地观察董师，对他有了进一步的认识。

董师给我最深的印象是，尽管他当过南大的副校长，但他对做官并没有什么兴趣，他最想做的是学问，最喜爱的是思考，最敬佩的是有学问的思想家和有真知灼见的艺术家。所以，他经常提到鲁迅、胡适、李慎之、周有光，喜欢谈论田汉、陈白尘、沙叶新。董师研究田汉，研究陈白尘，提倡思想启蒙和艺术担当，充分体现了他的这种价值取向。

董师是个有故事，而且乐于讲给人听，并能从中汲取教训的人。有故事，对于上世纪30后这一代人而言，并不鲜见，但乐意讲给人听，就比较难得了。如果能对这些经历加以反思，从中悟出些什么道理，那就很可贵了。董师就是这样一个具有反思和批判精神的人。虽然从俄语学院（北京第二外国语学院的前身）转入南大后，董师就再没有离开过南大，可以说教了一辈子书，是一个纯粹的知识分子。但他毕竟经历过中国历史上最为惨烈的动荡与折腾，耳闻目睹过各种各样的悲剧与喜剧，所以就有了说不完的故事。聊天，喝酒，开会，上课，时不时会跑出一些段子来。这些故事，说起来好似云淡风轻，但我觉得正是它们，构成了董师文章里最为重要的底色与音响。若以故事发生的时间排序，在我的记忆中，最早的应该是董师父亲说，几个孩子里，数他不中用，不谙农事农活，所以只能读读书，很难有大出息。董师的意思是，在传统的农民意识里,体力劳动比脑力劳动更有价值。这种观念的影响至深且巨,从政治经济到思想文化,无所不在,无微不至。而所谓的"南大文学院院长董健炮轰浙大文学院院长金庸",可能是新世纪初年最轰动一时的故事了。董师喜欢金庸的武侠小说,与作者无冤无仇,为何要拿他说事儿呢?我觉得并不是因为金庸在南大的演讲漏洞百出,也不是两人有什么过节,而是因为这是一种教育病、时代病、通病。几年后,金庸辞职,从而证明了董师所说的几重错位是符合实际的。我感觉,董老师爱讲自己的故事,既不是显摆,也不是怀旧,更不是老年性痴呆。他是在用亲身经历启迪学生,反思历史。如董师经常说起他的两个哥哥,一个共产党一个国民党,在解放战争期间总是让母亲担惊受怕,困苦不堪。今天国军胜,她为另一个儿子担忧,紧张,痛苦;明天共军胜,她同样紧张,痛苦,忧心如焚。这不正是平民百姓在国共党争中的普遍感受吗?董师讲这个故事,意在告诉我们,国共党争,国家分裂,不是一党一派之胜负输赢,而是全民族的悲剧,所有人的悲剧。

董老师爱讲自己的故事,坊间也流传着不少与他有关的段子,或庄或谐或真或假。我感觉,他自己讲的故事很少高大上,更多反省,否定,批判的色彩。而坊间流传的,倒有不少豪气冲天的故事。最牛的之一,是力阻在北大楼身后建设消防大厦。我总觉得传说的水分太大,于是向董师求证。董师说,消防大厦停工后,的确有人匿名给他写了恐吓信,打了威胁电话,但并没有寄砖头和子弹之类的细节。为什么传说跟事实有这么大的距离?我想,有可能是在流布过程中,不断编织进一些民间的期望与想象,从而使得董师从个别的、具体的人,升华为某种理想化的艺术形象了。

就董师本身而言,这些故事一直活在他心里,深深地影响着他的思想取向和学术路径,使他的文章充满历史感和人生况味,直抵人心。

董师治学勤勉,著述宏富,但用时最久,用力最勤,最具代表性的成果是田汉研究。为什么选择田汉?董师讲的故事是,"文革"后期他曾受命参与写作一篇批判田汉的大文章,但几经修改都未获通过,更谈不到公开发表,直到

"文革"结束。正是这次大批判写作，使他比较完整地了解了田汉，也积累了一些资料，奠定了田汉研究的基础。"文革"结束后，陈白尘担任南大中文系主任，也为董师的田汉研究提供了某种便利。因为陈白尘是田汉的学生，也是南国社的重要成员。由此看来，说南大的戏剧研究跟田汉及南国社有着某种精神联系，是不无道理的。

在我看来，董师写田汉，讲田汉，推重田汉，诚然有机缘巧合的原因，但若放在董师全部的思想和学术活动中来看，这种选择是必然的。因为，董师认为中国话剧是一个非常复杂的艺术体系，始终存在着民间与官府、传统与现代、本土与外洋、政治与艺术、立人与救亡的反复博弈，从而形成了互相对立的两种历史传统：一种以立人为中心，追求独立、自由、包容和进步，是启蒙的艺术；另一种以权力为中心，鼓吹盲从、专制、封闭与保守，是前现代的艺术。受主客观各种因素的制约，有时候前者是主流，有时候后者占上风。董师认为，田汉虽然也曾走过弯路，有过无奈和变通，有过盲从和幻想，但总体而言，称之为中国话剧现代启蒙精神的代表，是当之无愧的。对于董师，田汉不仅是一个研究对象，还是一个精神导师，一个文化路标，一种呈现自我的话语。从田汉出发，进而探索、总结、弘扬和捍卫中国话剧的启蒙传统，我觉得是董师戏剧研究工作中最具个性，最富创意，也是最值得我们继承和发扬的宝贵学术遗产。董师是中国话剧进步传统的坚定守护者。

在跟董师合写《戏剧艺术十五讲》时，为了保证思路和认识的统一，我曾查阅了能够收集到的董师的所有重要著述，包括《太平天国史话》。我有一个感觉，就是1989年以后董师的思想和学术有很大发展，启蒙和现代性问题成了他思考的重点，但其言说方式越来越像陈独秀，容易走极端而无视对手的合理性。陈独秀提倡"文学革命"时所谓的"必不容反对者有讨论之余地"[1]，当时

---

[1] 见陈独秀答胡适之信，《新青年》第三卷第三期，1917年5月。原文是"改良中国文学当以白话为正宗之说，其是非甚明，必不容反对者有讨论之余地，必以吾辈所主张者为绝对之是，而不容他人之匡正也"。胡适后来在《四十自述》中不无调侃地称之为"武断的态度"、"老革命党的口气"，其实是个思想方法问题。

自有其合理性和必要性，但这种独断论的说法恰恰是反启蒙的，是后世思想专制和政治独裁的思想基础。我曾向董师请教过这个问题，他认为陈独秀本质上是一个伟大的启蒙思想家，但陈对他的影响远不如别林斯基等俄国的几个革命民主义批评家。再加上董师当初学的是俄语，对黄金时代和白银时代的俄罗斯文学比较熟悉，所以在行文表述的时候很难避免俄国的"斯基"味。我觉得这种"斯基"味，在很大程度上是对手给逼出来的，如果没有思想专制这个条件，论敌不是跟权力结盟，以权力证明其合理性，你很难想象俄国的"斯基"们会这样说话。"五四"以后，先进的中国人选择了俄国革命的道路，也为"斯基"式话语在中国的传播扩散打开了方便之门。然而，"斯基"可以给人以力量，也可能给人戴上枷锁。这是董师这一代人普遍面临的危险。

董师是当代戏剧学科建设的开拓者与优良学风的倡导者，在史论研究、资料建设、学科发展、学风建设上有许多开拓性贡献。尽管董师的有些观点遭到一些学者的质疑，难免有争论，有辩驳，有批判，甚至言辞激烈，互不相让，但在实际工作中，董师是一个胸襟宽阔、包容大度的人。例如，他跟王安葵、傅谨等学者，曾因戏剧的民族性与现代性问题发生过激烈争论，但在引进傅谨的时候，他是支持的。在京剧的现代性问题上，我跟董师也有很大分歧，很难说到一块去。但他能倾听，也能理解我的想法，还能容忍我的浅薄。因为，他认为兼容并包是一所现代大学的基本品格，也是学科建设和学术繁荣的必由之路。只有一件事不能容忍，那就是学术不端。在他的带领下，南大戏剧学科才逐步发展成为中国大陆的一个学术重镇。

董师虽然离开了我们，但他的精神将指引我们继续前行。

[2020年6月根据2019年5月26日在上海"北田南董与中国话剧研究"追思会上的发言改写。]

（马俊山：南京大学文学院教授）

陈吉德

董门之"懂"
——怀念我的博士导师董健先生

1999年9月,我考入南京大学戏剧影视研究所,成为董健老师门下的一名博士生,同级的是从辽宁来的马俊山师兄和从贵州来的朱伟华师姐。我感到十分荣幸同时又感到非常有压力:感到荣幸的是董老师是戏剧学界的权威,拿当下的话说就是"学术大伽"、"学界大牛";感到有压力的是马师兄和朱师姐入学时已是正高职称,而我只是硕士研究生刚毕业一年的小助教。我清晰地记得,我们三人第一次去董老师家拜访时,马师兄和朱师姐就开始谈毕业论文选题啦,我只能干坐在旁边,无言以对,因为我考前只是拜读了董老师的《文学与历史》、《中国现代戏剧史稿》和一些学术论文,另外还有谭霈生的《话剧艺术概论》、余秋雨的《戏剧心理学》以及胡星亮大师兄的《二十世纪中国戏剧思潮》,对戏剧艺术来说几乎是个门外汉,也不知道自己是怎么"混"进董门的。

董门一入深似海,从此陈郎是学人。回想起来,自己真正有志于走治学之路是从拜师董门读博开始的。俗话说,读硕士要选对专业,读博士要选准导师。相对于硕士生导师,博士生导师对学生所产生的影响更为深远。这么多年来,我从董老师身上学习了很多,也懂得了很多。

首先,我懂得了如何读书治学。记得刚入学时,董老师给我们开了一份长长的阅读书目,有专业的,也有非专业的。我阅读了一段时间之后,带着精心整理的读书笔记去南京大学鼓楼校区文学院办公室见董老师。董老师翻阅了我的读书笔记,说读书笔记不能仅仅是内容的整理,还要有自己的读书心得,写心得要敢于批评,读书要回到经典,批判经典。"回到经典,批判经典"这句话说得太好啦!我清晰地记得他在说这句话时的神情和动作。这让我明白读书要有明确的选择性,阅读垃圾书无异于浪费生命;即使是经典著作,也不能盲目地崇拜,否则就会失去自我。后来,我自己也带了硕士和博士研究生,每年给他们开阅读书目时,一定会在最后用黑体加粗的方式打上醒目的八个大字:"回到经典,批判经典"。

董老师的书房名为"跬步斋",取自于荀子的《劝学篇》:"不积跬步,无以至千里;不积小流,无以成江海。"后来董老师出了随笔集便取名为《跬步斋读思录》。董老师多次强调,读书学习要讲究"跬步"原则,不能急于求成,不能冒进,小到一个人的读书学习,大到一个国家的经济建设,莫不如此。我刚读博时,面对繁重的学习任务有点急躁不安,经常把南京大学图书馆和学院资料室的《残酷戏剧》《贫困戏剧》《戏剧剖析》《笑——论滑稽的意义》《剧作法》《空的空间》等诸多重要著作借出来整本复印装订,大有"一口吃成胖子"的想法。但事实证明,这种急于求成的做法只能是囫囵吞枣,效果不佳,后来我慢慢地沉下心来,"跬步"前行,渐有收获……

其次,我懂得了如何处理工作。我身处南京,拜师方便,比起董门的其他同学,有一种"近水楼台先得月"的地理优势。每当我工作中出现困惑时,总喜欢到北京西路的南京大学二号新村小区,沿着挂有"大信箱"(董老师邮件多,特制的)的门洞,爬到顶层,左拐入门再左拐进入不大的客厅,跟董老师闲聊。每次坐下后,师母华老师总会热情地端上水果和茶水。我向董老师聊了在高校工作中的诸多困惑，比如轻教学重科研的失衡问题，"校长一走廊，处长一礼堂，科长一操场"的行政化问题，教育部委托南京大学制定的CSSCI问题，教学名师申报问题，教授终身制问题，文科量化管理问题，刊物收费问题，学术腐败问题等。这种种困惑逐渐打碎了自己对高校的美好设想。每次聊到这些不合理的体制因素时，董老师总会强调自己的观点：要学会狼叫，但又不成变成狼。当下的高校体制具有一定的狼性，个人要在这种体制中生存，可以反抗，但反抗的作用微乎其微，所以也要学会狼叫，但是要保持清醒的理性认识，自己不能变成狼，不能变成体制的维护者、美化者。董老师做过南京大学副校长、文学院院长，同时又是学界权威，他巧妙地处理好了个人学术追求和体制之间的复杂关系。这么多年来，我一直以"要学会狼叫，但又不成变成狼"的心态应对学校的工作。该上的课认真上，该写的论文好好写，该报的课题积极报，该评的职称及时评，但我时刻提醒着自己，一定不能变成狼性体制下的一块可怕的顽石，而要坚守自己的一方天地，拥有诗意和远方……

另外，我懂得了如何看待社会。一个真正的学者不应该整天潜伏于书斋，执守于校园，而应该对校园之外纷繁复杂的社会现象发表自己的看法。董老师就是一个敢于对社会发声的学者。二月河的帝王戏作品流行时，董老师连发三篇文章《论〈大秦帝国〉的反动性》、《再论〈大秦帝国〉的反动性》、《再谈〈大秦帝国〉的反动性》，一针见血地指出了作品反现代的帝王崇拜倾向；金庸来南京大学做讲座，不讲武侠创作，而大谈特谈南京的历史，董老师立刻发表文章《金庸平庸》进行抨击。当然，董老师敢于对社会发声并不都是"破"，也有"立"。沙叶新有一部剧作被禁，董老师勇敢地为沙叶新说话，并且把南京大学主办的一个重要活动奖项授予了沙叶新。有一次在北京西路的餐馆吃饭，他开玩笑地对我们说："我知道别人都叫我'董大刀'、'董大炮'。"我想，"大刀"也好，"大炮"也罢，都充分显示出董老师作为齐鲁人的豪爽耿直、仗义执言的性格特征。

我一直认为，晚年的董老师不只是一位戏剧学家，而且是一位思想家，并且这种思想达到了一定的高度,这就是启蒙意识、现代意识。董老师在给2004年人民文学出版社出版的"鸡鸣丛书"所作的总序中非常明确地阐释了自己的观点:"只要你承认人类的物质文明、政治文明、精神文明具有共同与共通之处,你就不能不会看到现代启蒙的核心精神之所在,这就是:使人告别奴隶状态,做一个独立自主之人;告别蒙昧状态,做一个心眼明亮之人;告别迷信盲从状态,做一个明理自觉、个性健全之人;告别视官、上司为父亲、为老爷的传统的臣民状态,做一个敢于捍卫个人自由、平等权利的现代公民。"董老师经常用这种眼光透视戏剧问题和社会问题。

在董老师的潜移默化下,这些年来,我在繁忙的科研之余也写了几十篇随笔杂文,发表在《杂文月刊》、《杂文选刊》、《科学时报》、《中国社会科学报》、《新安晚报》、《济南时报》等报刊杂志上。这些"闲笔"之作是我与社会的"对话",所写内容与我的专业并无多大关联,却滋润了我的学术思维,让繁忙的科研大脑得以小憩。

拜师董门,所获"三懂"归纳起来其实就是"一懂",这就是怀疑和批评的精神。董老师最欣赏宋儒朱熹的名言:"大疑则大悟,小疑则小悟,不疑则不悟。"并请人书写,挂在书房。怀疑和批评的精神非常重要。鲁迅借用《狂人日记》中的狂人之口说:"从来如此,便对么?"有了这种精神,在学习上才不会盲目地崇拜经典、崇拜权威;在工作中才不会被体制所同化;看待社会问题才不会被表面的现象所迷惑。

人生路漫漫。一个人如果在成长过程中有人点亮你、引导你,那一定幸莫大焉。董老师就是点亮我、引导我的人。虽然他在2019年5月12日永远地离开了我们,但是他言传身教留给我的宝贵精神财富却依然存在,并且熠熠生辉,我正在把这份熠熠生辉的精神财富传授给我的学生……

(陈吉德:南京师范大学文学院教授)

林　婷

剪　影

　　第一次去董老师家,位于南京大学鼓楼校区北苑的一座小楼,会客的茶几上有一颗小白菜,立起来搁在盘子里,像个小盆景。过道墙上是长幅的丝瓜图,绿意葱茏,客人经过时,仿佛从丝瓜架下走过。师兄师姐们说,找董老师谈论文,师母从外面回来,并不急着进去,先悄悄在院子里把落叶清理干净,或做点别的什么,一直到谈完论文,才进来招呼他们。后来董老师搬走,住进北京西路的单元房,大家都很怀念这座小楼。

　　2001年1月份,南京下了场大雪,从南方来的我从未见过雪,稀罕极了,夜半踏雪仍未尽兴,第二天催着舍友早早起床,赶去北苑照雪景。那天照了许多相片,有几张就是在董老师的小院里拍的。那时董老师已经搬离,我们发现院门虚掩,就溜了进去,高低错落的屋顶在积雪映衬下,美极了。我照下雪中的小楼,本想洗一张送给董老师,又觉得有点矫情。南京不是没有下过大雪,董老师手上应该会有雪中小楼的照片,这么一想就给搁下了。直到十几年后,董老师八十大寿时我才将这张相片呈给他,此时老师的眼睛已经看不清相片上的影像了,但仍然很高兴地收下来。他满头的白发恰如楼顶积雪。

很多学生很怕董老师。门里流传有这样的笑话,一位师兄的毕业论文难产,正在校园里寻找灵感,远远望见一个身影,以为是董老师,吓着赶忙绕道而行。当然,他认错人了。董老师是摩羯座,他对我们说,有人说摩羯座的性格中有独断专行的一面,他的儿子董晓在旁附和:对,没错。大家都笑了。比我高两届的师姐说,以前每次去董老师家,正在写《田汉传》的老师总是三句两句就绕到田汉身上。师母呛他,你就知道田汉,也不管人家爱听不爱听。董老师有点窘。董老师一家有许多趣事,讲述这些趣事常常创造师门聚会的欢乐时光。其实,师母会"呛"他,董晓敢"黑"他,不正说明董老师并不独断专行吗?

师门小聚时,董老师不太会聊闲天,说的最多的还是和学术有关的话题,有时学生搭不上他的话,就会有点冷场。但如果有能把董老师当作普通人看待的学生在场,气氛就不一样。有一年董老师生日,学生要请董老师吃饭。董老师说,哪有学生请,肯定是老师请。一桌子坐下来,吃完饭后吃生日蛋糕。席间玩了个小游戏,谁输了,生日蛋糕就抹到谁脸上。董老师玩输了,要不要抹?"当然要抹,寿星更要抹。"苏琼师姐一把就把蛋糕涂在董老师脸上。董老师顶着个大花脸回家,把师母吓了一跳,"怎么成了这副样子!"

慢慢进入老年,董老师的身体不那么好了。2006年,我的博士论文要出版,请董老师写序,董老师答应了。过了十天左右,因出版社催着交稿,我给老师打电话,师母接的。每次师母接到来电,都会催董老师快点过来,生怕让人多等。这一次她没有催,事后才知道董老师高血压又患了,但他还是很快把序写了出来。过了一两年又得了眼疾。在一次深夜赶稿之后,董老师两眼一黑,看不见了,到医院一查,老年黄斑病变。学生、朋友打听了各种治疗眼疾的方法,但都不适用。大家有点不甘心,身边有那么多人治好,为什么董老师的眼疾就没法治呢?

董老师不能阅读了，只能通过各种渠道听信息。有时是学生给他念报纸，有时是师母给他读小说，有时是朋友来了，一起聊聊天，他慢慢地适应着这种生活。董老师还有一个老年朋友团，每天晚饭后相约散步，他们年龄相近，阅历相似，聚在一起任意而谈，无所顾忌。那是老师一天中最快乐的时光，他的精神在共鸣与争论中飞扬着，眼疾丝毫没有影响到他。这样过了几年，大家劝董老师再去医院看看，毕竟医学日新月异，万一有新的治疗方法呢？董老师又去医院检查了，这次查出除了老年黄斑病变，还有白内障。黄斑病变依旧没法治，但白内障通过手术，可以改善一点视力。董老师做了手术，一边视力由几近失明变成0.1，另一边则由0.1提高到0.3，这样，在熟悉的环境中走路，就不用人陪同了。2016年，我们去看望董老师，他送下楼，然后转去附近超市买第二天的早餐。我们问，您可以自己走回去？他很确定地说：没问题，天天都是这样来来回回。我们望着董老师的背影，他的腰杆仍然挺直，一点都不像已经八十岁了。

董老师偶尔也外出开开会，每次发言都简明扼要，言之有物。他说，老年人的毛病就是啰嗦，我很怕我啰嗦，时间快到时，你们一定要记得提醒我。他用那山东寿光腔的普通话自我调侃时，全场都被他逗乐了。而他的观点会后经常会被人提及，一如他之前发表在报刊上的文章。董老师对我说，老年人有几大毛病，除了啰嗦，还有多疑。他说，"我现在就有点多疑，师母出门时间稍长一点，我就疑神疑鬼，会不会出了什么事？"师母摔过一跤，腰椎摔裂了，整个背驼成90度。师母还越来越健忘，经常记不清楚刚才做过什么事。董老师的担心不算多疑。有一次开会，我陪着董老师走，他模模糊糊看见前方好像有台阶，在我提醒他之前，就问，是不是该下台阶了？台大的林鹤宜老师不由赞叹："老师真乖，知道自己照顾好自己。"董老师经常拿老年人的老病提醒自己，但他身上并没有那些老病，他是一个可爱的老头。

2019年5月12日早上起来，董老师觉得胃部很不舒服，接着呕吐了，呕出黑色物。董晓赶紧送他上医院。下车时，董老师已经没有力气走路，董晓背着他,送进急诊室。医生诊断为胃部急性大出血,紧急抢救,但气管被血块堵住了。下午4点20分,董老师停止了呼吸。

董老师走得太快了,让家人、朋友、学生一时之间很难接受。但董老师说过,人生最好的结局是老得慢、走得快,最坏的是老得快、走得慢。董老师应该算"老得慢"的人,除了眼疾,他没有受到太多老年病的折磨。那么,董老师走得快,也应该看成是他的福气。

告别会上,没有铺天盖地的花圈,也没有太多不相干的人,只有亲人、至交,及远方赶来的弟子,一切如董老师所愿。

三岁的小孙孙问:"爷爷怎么呢?"他爸爸说:"爷爷睡着了。"

(林婷:福建师范大学文学院教授)

李 伟

追忆我的老师董健先生

2019年5月12下午,我收到吕效平老师的短信:"董老师今天下午4:20去世了。"我盯着"去世"两个字反复看,以为自己看错了。怎么可能呢?我和周维培老师、陈捷师姐3月3日去看他的时候,他还好着呢!只是有点腹泻,但不久前通电话还说腹泻已经止住。但接着,吕效平老师又发来一张南京同门在医院守候的照片,我才知道这一切并非幻觉,接下来的日子,就是我们必须慢慢接受"世上已无董老师"的事实了。但这真的是难以接受啊!

第一次见到"董健"二字,是大学时的当代文学课程,使用的教材是人民文学出版社出版的《中国当代文学史初稿》,上下册,绿色封皮,启功题写书名,两位主编分别是郭志刚、董健。当时绝没有想到多年以后这位叫"董健"的先生会成为自己的授业恩师,甚至都没有关心他是何方神圣。大学毕业考上南京大学戏剧影视研究所的研究生以后,1997年9月的某一天吧,看到南苑的橱窗里正展示着中文系的教学科研成果,"前言"版块的前面,赫然展示着两个人的题词,一个是时任系主任赵宪章的,另一个便是董健先生的。记得他当时引用了大乘佛教、小乘佛教的说法来谈治学之道,我看了似懂非懂,也就没有太记住。那时,我才将"董健"和《初稿》封面上的那个主编联系起来:原来那个人是南大的!但当时依然没有把他和自己的命运联系起来,尽管他是戏剧影视研究所的所长,我是这个所的硕士研究生。

同学中总是要流传着各个老师的各种逸闻趣事的。我那时和高年级的师兄住在一起。他们看到我是戏剧影视研究所的,便告诉我:"你们戏研所的董健,当过副校长,胆子很大,连省委书记都敢骂!"又说:"不过你要小心了,他外号叫'董大刀',弄不好,论文到他手里被毙了,毕业都毕不了!"这便是未曾谋面的董老师给我的第一印象:严厉、脾气大、敢讲话。

不过那时候董老师并没有给研究生上课,我们这些小硕也就没有什么机会见到他。很长时间他都只是停留在传说层面。远远地听过一次他给全校做的文化素质教育讲座,讲的是"喜剧的文化价值",一口抑扬顿挫的山东普通话,在讲台上神采飞扬。不过南京大学每到520校庆日,每个系、每个教研室都要组织盛大的学术报告会来庆祝,老师和研究生都要参加,自愿提交论文、宣读论文。这个时候,董老师作为戏研所所长、学科带头人,总是要带头做学术报告或讲话,其他时间也会在台下认真听别的老师和同学的报告,结束的时候他还要上台点评,对好的论文予以表扬,对不良的倾向加以指出。因为董老师的在场,戏研所的学术报告会总是组织得严肃而紧张。

读硕期间,有一件事情给我留下了深刻印象。当时,正是周星驰《大话西游》系列红遍华语电影圈的时候。那时的大学生,如果不会几句《月光宝盒》里紫霞仙子或至尊宝的台词,肯定都不知道该怎么说话了。据说我们有一个师妹把周星驰的片子看了一百多遍。这个文化现象引起了董老师的注意,他专门找来碟片,到戏研所放映。据说他看的时候很开心,也哈哈大笑,但看完之后还是评价不高。我们当时以为一定是董老师观念过时了,不能接受后现代的解构叙事,其实不懂得他是另有立场。

很快，又到了硕士毕业、决定去向的时候。我那时还很懵懂，不知道到社会上工作了会意味着什么，好像也没有找到什么特别理想的工作，于是决定考博，继续实现读研时的初心：争取在大学里当老师。我的硕士研究方向是古典戏曲，正好自己对戏曲现状问题有未解之谜，而董老师刚刚在《文学评论》上发表了一篇大文章，涉及戏曲现代化的路径问题，吸引了我的注意，于是我就决定报考董老师。没想到运气非常好，居然一举考上了。在中国，往往只有到了博士阶段，导师和学生之间才可以说具有了古人所谓"传道、授业、解惑"的师生关系。从此，我的生命才和董老师有了比较深的联系。

2000年正是博士大举扩招之年。我印象最深的正是那年中秋之夜，董老师叫我们这届新入门的三位弟子到他家去。那天，老师特地穿了一件有"南京大学"字样的T恤，早早地在家等我们。先是给我们每人一份打印好的培养方案和必读书目，随后对后面所列的一些思考题作了解释，然后对我们提了一些要求。其中，有几句话我至今记忆犹新，终生难忘。他说："现在是劣币驱逐良币的时代，你们都要努力做良币，不要做劣币。""人在狼群中要生存下来不免要学学狼叫，但千万不要忘了自己是个人。"毕业以后，为了生存，我也不能免俗，努力发表论文，努力争取各种项目，也戴上了几顶"帽子"，按部就班地评上了职称，但水平是不是真的提高了，我很怀疑。所以，近来我常常想起老师的这些话，希望自己没有辜负老师的教诲，不小心做了"劣币"，异化成了"狼"。可是言犹在耳，斯人已去。

那一年，因博士生多了起来，学校要求博导给博士生上公开课，以前一般在家里指导学生的董老师又走上了讲台，给我们讲《戏剧理论》，所列的参考书目大多是必读书目里面已经提及的。他在第一堂课上给我们提了若干问题供我们思考，每个参与课程的同学都要就这些问题展开讨论，而这些问题正好是可以将古今中外的戏剧理论串起来的基本问题。我一下子有豁然开朗之感，暗自惊叹：原来书可以这样读！原来经典之间都是有关系的，都在进行深刻的对话！正是在那堂课上，董老师正色告诉我们：高等学校是追求真理的地方，高校应该成为真理的中心。所谓真理，他引用王国维的话说，乃是"破中外之见"，唯"是非真伪"是求。"学术之所争，只有是非真伪之别耳。于是非真伪之别外，而以国家、人种、宗教之见杂之，则以学术为一手段，而非以为一目的也。"

董老师的教学与治学都贯穿着鲜明的问题意识。他觉得最理想的教学是师生之间的对话。在博士入学那年的师生见面会上，他说，自己和学生的关系，有的像在天堂，有的像在地狱。在天堂者，两人谈得很投机，双方都很有收获；在地狱者，学生听不懂老师在说什么，老师也不知道学生在讲什么，两个人说不到一起，就都很难过，如坐针毡。我不知道谁让他有在天堂的感觉，也不知道我这块顽石是否曾让老师有在地狱的感觉。我们和他交流，我常常感到他很希望从我们这些比他年轻近四十岁的学子嘴里能听到一些新的信息、新的思考、新的观点，但我常常感到自己是让老师失望的。读书不多，往往知道一点东西都没有超出他的知识范围，真是不好意思。他常常说："农民生产粮食，工人生产产品，学者要生产观点。"可是没有大量的阅读与认真的思考哪能生产出什么观点呢？这是我常常觉得对不起老师的地方。那时候学术界曾经有过关于"思想淡出、学术淡入"的讨论。我曾经跟他问起，学问家和思想家的区别在哪里？他脱口而出："所谓思想家就是能一针见血地指出现实问题的人，而学问家往往只是沉迷在文献堆里。"显然他是更欣赏有思想的、学术的。

在外人眼里，董老师是一位地位很高、脾气很大、不怒而威的大人物，但我们感到，老师其实是一个非常宽厚、随和的人。我的硕导周维培老师跟我讲，董老师其实一点架子都没有，你有什么事找到他，他都会尽可能地帮你做的。这一点我深有体会，我博研期间在南大文科楼戏研所七楼资料室值班，偶尔会有一两个社会上的人慕名而来要见南大文学院院长，其实只是要找个他认为懂行的人表达一下对《四郎探母·坐宫》里某句唱词写得不合理的意见。诸如此类,我本应想办法打发他离开即可,但我还是不敢隐瞒,如实告诉了董老师,没想到董老师居然出来接待了这个人。我自己读博时两篇论文的发表也是经过董老师的推荐的。不过,他一定要先看了文章觉得可以才写推荐信(我这里还保留着两封老师写的推荐信的复印件)。董老师情商很高,总是能够体察到别人的难处,尽可能地予以帮助。我经常碰到这样的事:有同行听说我是董老师的学生,总是可以讲出一两件董老师给予他帮助的往事,并托我表示谢意。据我所知,我们同门里有几位师姐,有什么心事也都去找老师和师母倾诉的。大概在她们看来,老师那儿是她们灵魂的栖息地、精神的港湾。我是一个感官很粗糙和迟钝的人,虽然不至于像有几位师兄见到董老师就害怕得发抖,但也没有什么很幽深的心事需要向老师诉说,所以对老师这一面的认识只有比较间接的经验。

不过董老师批评起学术不正之风等高校乱象来的确脾气很大。我们博士班同学中就有一位上董老师的课之后交上来的作业直接用了别的学者已经发表的文章,被董老师发现后,不仅没有成绩,而且直接交给系里,作为学术不端论处。董老师的随笔集里收了不少篇幅的谈大学失魂的文章,火气之大,忧思之深,令人"细思恐极"。老师去世之后,朋友圈转得最多的就是他的一篇论大学精神的文章。其他的就不用说了。

董老师常常批评别人,但更多的时候是把自己也摆进去,进行自我批评。他批评别人一针见血,批评自己也毫不留情。老师常常说:"人都有穿开裆裤的时候。"年幼无知都会犯错误,改了就好。他从不讳言自己的"文革"往事,因为他对此是做过真诚而深刻的检讨的。检讨之后,便可坦坦荡荡做人。他曾经批评过一位在江苏很红的书法家的字:"有肉而无骨,谓之墨猪。"他是很强调风骨的。2000年前后,李泽厚、刘再复"告别革命论"出台时,他说,"革命要不要来又不是以个人意志为转移的,如果引发革命的条件都在,哪里是想告别就告别得了的!"当我正在酝酿自己关于戏曲改革的论文时,王元化先生的《京剧与文化传统》发表了,看到王元化先生也对意识形态干预下的戏曲改革持否定态度时,我非常受用,兴冲冲地拿去请教董老师,老师说:"王元化的观点保守了,倒退了!"更不用说,对于名满天下、粉丝众多的金大侠,他要批之曰"善作秀者必虚伪"了。不过,他批评别人时,常常联系到他自己。有一年,上海文艺界举办纪念抗战胜利60周年大会,请了德高望重的某副部级老领导来讲话。老先生年事已高,以为是做长篇报告,讲着讲着忘了时间,讲了一个多小时还没有收场的迹象,别人也不好意思打住他。后来在陪他回宾馆的路上,他对我说:"年纪大了,难免会这样。今后如果我出现这种情况,你在场的话,一定要提醒我!"他时刻在反思自己、警醒自己,包括那本给他带来声名的《中国现代戏剧史稿》,他也曾对我们几个弟子说:"这本书随着时间的推移价值会越来越小,你们不要受它的限制,要勇于出新。"就是在去年年底的一次聚会上,他还跟我们开玩笑说:"人们都说人年纪大了思想会僵化,思维会顽固,你们看我怎么样?"的确,老师越到晚年,似乎越像一个孩子。今年3月3日,我们最后一次去看他,他还在反思自己的思想,还在谈他最近的思考。

　　反观自己,自从跟随董老师问学以来,明显感觉自己做人的格局变大了不少,感觉自己想问题的方式方法都受到了老师的影响,所想的问题也都是一些比较宏大的问题。从这个意义上讲,董老师构建了我的精神生活。毕业以后,到了另外一个城市工作,每次回到南京总是想着去看看老师,听他高谈阔论。总觉得这样的日子会一直继续下去,没有想到,在不知不觉毕业了十六年之后,老师离开了我们。我再回到南京时不再有一个固定的停靠点,不再有一个可以随意吐槽、一舒愤懑的地方。从此,南京也就不是以前的南京了。

　　老师的晚年在精神上是落寞的、孤愤的。这当然不仅是因为他从2009年开始患有老年性眼底黄斑出血之后,视力十分微弱,无法自己读书了。前现代的温情与后现代的狂欢合伙挤兑了一代知识分子所信奉与坚守的现代启蒙理性。他曾大声疾呼:"追求真实,就是追求真理!"然而形格势禁,唱诺者虽众，能践者实寡。老师值得怀想的地方还有很多很多，有很多内容还不是今天就能说清楚的，需要历史来证明。今天，我只能趁着一点酒兴，追忆一点非常非常皮毛的过往，以便为今后的怀想埋下一点种子。

愿老师在天堂过得安好！

2019年11月22日—12月9日匆笔

2020年4月21日修改

（李伟：上海戏剧学院戏剧文学系教授）

张 军

回忆董健老师

离开母校转瞬间过去了15年,现在坐在电脑前,回忆旧事,很多记忆都已模糊了。去年11月,就在疫情爆发前不久,我再次回到汉口路校区,惊讶于15年的变化,使我无法分辨那时住过的宿舍楼究竟是否尚存。——我对南京大学最深的记忆,就是读书,写作,读书,写作,其他一切,都近乎忘光了——好像从未好好在校园里走过,许多角落都完全没有印象了。

南大对我来说,就是一个使我从业余成为专业选手的地方,而董健老师,当然就是这一切的引导者,虽然在我和同学们与他见面交流的时候,我很少发问——这只是个人学习方法问题——如果说我后来真的是有一点微不足道的长进的话,我愿把一切归功于南大和董老师。

记得入学后,我们那一届几个同学一起去见董老师,听取他对我们的要求和建议。他发给我们一人一份书单,要求我们认真阅读那上面列出的书,并且完成各门课的作业。当时,我想我们几个人大概都是有点懵懵懂懂吧,对于一个戏剧学博士生究竟应该怎么做研究,如何提升自己,都很茫然。

董老师当时给我们开了一门课,是戏剧理论,外专业来选修的特别多,整个教室都坐满了。因为人多,上课也不可能人人发言,我记得自己好像几乎没得到发言的机会。这门课上,董老师抓取了西方最重要的几家戏剧理论,从亚里士多德开始,每一部分都做了较为深入的讲解和讨论。我记得有一次下课后,走回宿舍的路上,一位外专业同学对我说,你们专业的理论确实有深度!我那时候也开始真正认真思考理论与史料的匹配问题,就是如何使得理论变成有效的"武器",而不是浮光掠影拉大旗作虎皮。大概就是从读博时期的作业开始,我逐渐摆脱了文章里以引用各种花里胡哨的理论为荣的思维,深刻认识到那其实还是两张皮,史料和理论并未很好地融合。理论并非越多越好,而是真正有效地沟通。后来我跟自己的学生经常说,没有最好的理论,只有最有效的理论;写文章时不要一开始就说我打算用什么理论,而是需要用什么理论就用什么理论,最好的理论一定是最简明、最清晰、最能说明问题的。

本着这个原则,在写作中,我努力让理论与史料做到相互匹配。记得当时我写了一篇关于田汉和南国社的小论文,曾拿给董老师看,请他批评。董老师当面称赞了我,说写得好,可以拿出去发表。实则现在回头看,这篇文章还是存在史料和理论相互匹配得不够严丝合缝的地方,但是在当时,我已经尽了最大努力。老师的肯定给了我很大鼓励——凡是在南大苦读过的朋友们,想必都能理解,这个肯定意味着什么。

那时,为了写这篇文章,我认真通读了董老师的大作《田汉传》,并且将刚出版的《田汉全集》除译著外的所有篇章都一字不落地读了一遍,有的篇章还反复阅读。在认真体味《田汉传》与《田汉全集》的关系的过程中,以及董老师在与我们面谈时多次提到的有关田汉的著作和事迹时的评价问题,使我对董老师运用史料的手法,有了越来越深刻的领会:有些看似很简单的评价,其实背后是有大量史料支撑的。比如,我在进南大之前,也读过田汉的几部剧作,但是对田汉在戏剧史上的地位缺乏深入体会。就是在写这篇文章的过程中,我才逐渐明白为何董老师和南大对田汉的评价如此之高。可以说,是在董老师门下,我才开始真正成为一个能深入戏剧史的戏剧学人。

南京大学的校训里有"诚朴"一词。我在南大受到的熏陶,就是学术应以"诚"为本,不花哨,不炫技,务实求真,有一说一,绝不假装通达、不懂装懂。我们入学后,董老师多次赠给我们他的新书,我从董老师的文章里得到的教益,也是以"诚"为本。南大的学风端正而大气,我从董老师和戏研所很多老师身上都能感受到这一点。有时跟自己的学生闲聊起来,我经常说,在南大读博那几年,除了学术,师生、同学间没有第二个话题,见面不问私事,全是"你最近在写什么?""我看到某人在某刊发了一篇文章",等等。我求学和工作,前后待过五所高校,唯南大如此。去年在汉口路校区游荡了两天,再次感受到南大"励学"之风——中午在周边餐馆吃饭,听到的全是课题、项目、论文这样的字眼,仿佛又重回董老师门下,身负压力的同时,一种幸福、充实的感觉油然而生。

除了学术之外,还有几件关于董老师的小事,值得一记。我们在学校时,和董老师聚餐,每次都是董老师买单。董老师曾说,他读书的时候,陈中凡先生就是这样,经常请他们吃饭,那时候生活清苦,肚里没有油水,就跑去找陈先生。后来,我们几个同学私下商量,我们几位都不是应届生,大家都工作好些年了,应该找机会请老师吃一次饭。后来终于逮着一次机会,董老师没有坚持付账。这是我记忆中唯一一次我们请老师吃饭。

毕业前夕,我们又商议,应该给董老师买一件礼物,作为一个比较长久的纪念。商量的结果是,大家推举我去给董老师买一件衣服,而且要买比较亮的颜色。我就跑到商场去看。说来也巧,在男装那一层,一件非常醒目的短袖衫一下子闯入我的眼睛:是大红与深蓝色横条相间的有领T恤!举目四望,在一片黑、灰、棕的男装中,只有这一件比较夺目。当我们几个人约好去董老师家告别时,拿出这件衣服,董老师非常开心,像小孩子过年试新衣一样,立即拿来穿在身上,连说"合适!合适!"直到师母走过来说:"先脱下来吧,标签还挂着呢!"才好像不舍地脱下来。我们都忍不住笑了。几年后,我在纪录片《昆曲六百年》里看到董老师就是穿着这件T恤出镜的。我立即发了个email给老师。那时,董老师眼睛尚好,也很快回复我说:我很喜欢这件衣服,经常穿着它出席各种场合。

转眼间,董老师离开我们已经一年多了。现在,回忆起在董老师门下求学那段时光,那无疑是一生中最艰苦也最充实的时期,终生难忘。

谨以此文纪念董健老师。

(张军:海南大学文学院教授)

陈 军

学会思考与自立
——董健老师教我治学做人

2001年我有幸成为董健老师的弟子,从此我的人生与董老师有了不可思议的交集,董师言传身教,让我受益良多。借用一句俗语说,董健老师是我生命中的贵人,对我一生的治学和做人都产生过重要影响。

说起来我的考博过程一波三折,本来我是想继续攻读我的硕士导师胡星亮教授的博士研究生,却不料那年胡老师去法国访学,我跟他沟通时,他告诉我已有几个考生跟他联系,准备报考他的博士,其中就有我的师兄(此前他已经报考了一次),而胡老师一年只有一个博士生指标,所以胡老师建议我推迟一年再考。但其时我已迫不及待,不想再等。我是1999年8月硕士毕业分配到扬州大学文学院工作,虽说离家近了,但我和我爱人还是处于分居状态,女儿在镇上小学读二年级,按照教育部规定,小学三年级就要开设英语课程,但镇上小学没有英语师资,就请一个民办教师来教,他连英语的发音都不对,真还不如不教!孩子的教育是头等大事,这让我感觉到一种刻不容缓的压力。再加上每次回家,亲戚朋友总是有意无意问我爱人调动的事,尽管是旁敲侧击，也令我焦虑不安，真切体会到人生的无奈、无助和无力，甚至都有点怕回家。记得分配的时候，扬大文学院的领导曾口头许诺帮助解决夫妻分居问题，但真正找到他们，他们也会推诿，感到棘手，扬大的政策是只有博士的爱人才随调，硕士是没有任何待遇的，我觉得事不宜迟，要赶紧读博。我把我面临的生活困境告诉了南大许志英老师，许老师建议我不妨考董健老师的博士研究生。

于是经许老师的推荐，我向董老师表达了考博的意愿，董老师同意我报考，但告诉我考他的人并不少，一切要凭成绩说话。当时南大考博最难的是英语，很多人都卡在这上面，我因为中师毕业，英语基础并不好，所以我只能起早贪黑地学习英语，希望通过勤奋来弥补自己的不足，相比较而言，我对自己的专业考试还是充满自信的，毕竟我的硕士是在南大读的，有一定的专业基础和积淀。但一拿到成绩我立马傻眼了，英语考了 76 分，相当高了；一门专业课《中国话剧史》考了 92 分，也非常不错（事后我得知这两门成绩在所考专业中的排名都是第一），但另一门专业课《戏剧理论》只有 56 分，竟然不及格，这是我做梦都想不到的。文科答题不像理工科那样标准和精确，考生发挥的余地比较大，老师的改卷也是有弹性的，一般来说很少有不及格的！我忐忑不安地跟董老师打电话，想问问是不是试卷改错了，董老师明确答复我没有错，并责问我为什么不选话剧的试题来作答。原来南大的戏剧戏曲学专业分两个方向：一是话剧方向；二是戏曲方向。理论考试都是同一张试卷，一共有三道题，考生须三选二，一道是戏剧理论必答题，另两道为话剧理论题和戏曲理论题各一，考生除必答题外再选择一道答题。奇怪的是，我竟然对戏曲题目颇感兴趣，觉得有话要说，且志在必得，就鬼使神差地选了戏曲的题目答了，心想试卷上没有说考话剧方向的考生不可答戏曲的题目。董老师在电话中却不以为然地告诉我："这还要说吗？这是顺理成章的！你既然报考话剧方向，就应该答话剧考题，这样我才能考查出你在话剧研究上的能力和水平，你答题时为什么不动脑筋思考一下呢！"我一时语塞，想不到自己的考博竟因为答错题而被淘汰,内心隐隐作痛,好多天我都郁郁不乐,为自己的自作聪明和想当然而后悔。

好在 2001 年南大的博士指标比较宽裕,一些理工科的老师招收不到学生,就把多余的指标给了文科学院。我因为另两门成绩不错,再加上许志英老师和扬大吴周文老师的说情,最后是跌跌撞撞地进入了董门。那一年董老师本来只招两人,后来竟然连我一起招收了四个博士生。

对我来说,在登堂入室之前,董健老师就给我上了一课,而且是用戏剧的方式充满戏剧性地上了一课,可谓刻骨铭心!!!

其实,我早就听说过董老师的厉害,他做过南大分管文科的副校长,有一定的地位和声望,加之身材魁梧,正气凛然,举止投足自带一股威严。曾听硕士同学议论,他对学生的培养要求很严,对不符合规范和不令他满意的论文枪毙起来毫不手软,铁面无私,坊间有"董大刀"之称。2001 年秋,我们入学的四个博士生去看望董老师,董老师对我们说:"外国的博士一般都要读 4 到 5 年,你们要有心理准备。"令我不寒而栗!

但除此之外,整个读博期间,董老师给我的印象是善良的、和蔼的、宽厚的。见面时,他对我们都很客气,没有跟我们发过火或动过怒,遇到节假日,他跟师娘还主动请我们吃饭,说这是师门遗风——他读研究生的时候,他的老师陈中凡先生就经常请他吃饭,师生几个聚在一起吃饭、喝酒,谈笑风生,展示了董老师温情脉脉的另一面。我猜想这当然跟我们几个人读博时都不是应届生,年龄不小又总体用功有关,更主要的是董老师带我们时年纪已高,对晚辈多了一份护犊式的关爱。我的一个佐证是,同样年事已高的许志英老师有事没事总是喜欢往陶园二栋博士生宿舍里跑,他喜欢跟我们天南地北地闲聊,看我们的神情就像一位慈祥的爷爷看他的二代孙那样充满怜惜和疼爱,场面温馨动人!

细究起来,董老师对我治学的影响不在其要求严格或系统的知识技能的传授,而在其对我思想上的激荡和思维方式上的点化。我是一个性格上不无内向的人,按照心理学对人的气质类型的划分,我应该介于黏液质和抑郁质之间,而董老师则在胆汁质和多血质之间徘徊,董老师眼光犀利、思维活跃、敢想敢说、直言不讳给了我精神上很大的刺激,促使我主体意识更加独立和自主,表现在治学中则是学会思考和质疑。我在我的第一本书《工与悟——中国现当代戏剧论稿》(安徽大学出版社2009年版)的"后记"中曾这样写道:"反观自己的学术道路,我觉得'工'与'悟'的消长正好划分出我两个不同的学术阶段(注:本书中的"工"指一定的工作量或劳绩,也指技术和技术修养;'悟'则指怀疑和思考):读硕士时,是'工'大于'悟'。那时的我精力旺盛、兴趣广泛、跃跃欲试,急于把自己的文字变成铅字,但常因为体悟不深而流于肤浅。这里我要感谢我的硕士导师胡星亮教授的悉心栽培和严格训练,胡老师视野开阔、功力深厚,是他与南大戏剧影视研究所的诸位老师把我引上了正规的学术道路,为我今后的学习深造奠定了一个良好的基础;读博士阶段,则有了'工'消'悟'长的改变。这主要得力于我的博士导师董健教授对我的潜移默化的影响。董老师为人特立独行,不拘小节,对社会、人生与学术都有自己的真知灼见,其论文纵横捭阖、痛快淋漓,能给人强烈的思想上的震撼。尤其是他的授课十分民主与自由,他鼓励学生大胆地发表自己的见解,欢迎任何学术上的交锋与争鸣,他宣称:'写论文就是产生思想!'这一切对我启发很大,使我学术的主体精神得到了空前释放,悟性有了增强。而我的学术用语也经历了从'我们以为'到'我以为'的变化。"董老师的书房里就挂着他请人写的黄宗羲的语录:"小疑则小悟,大疑则大悟,不疑则不悟。"有一次他还亲自给我释义,教育我切忌"泛然而轻信",要杜绝盲从,不轻易接受现成的结论,哪怕是教科书上所谓的权威的结论。他在《学会思考不易》一文中则大胆解剖自己,"我是建国后大学教育的大锅里煮出的一碗'夹生饭'",感慨自己读书太少、思力薄弱,并立志"成为一个会思考、有思想的真正的学人"。这对我触动很大。董老师也给我们开了一门《戏剧理论与戏剧美学》的课,多以讨论为主,先让我们结合给定的专题发表看法,他接着回应,然后再阐述他自己对此问题的思考，上课时可以畅所欲言，同学之间、师生之间往往有思想上的碰撞和交流。我记得有一次董老师就对黑格尔和别林斯基关于悲剧的评价提出异见，黑格尔曾说："悲剧是一切艺术形式中最适合于表现辩证法规律的艺术。"别林斯基也高度评价说："戏剧诗是诗的最高发展阶段，是艺术的冠冕，而悲剧又是戏剧诗的最高阶段的冠冕。"董老师却不同意他们的看法，提出"喜剧高于悲剧"的观点，认为恶魔不怕"哭"，但怕"笑"，笑是理性精神和自由意志的表现，喜剧的笑声会埋葬一切丑恶的事物。他预言：未来的世界将是喜剧的天下！我对董老师的见解不完全同意，觉得体裁本身可能并无高低之分，关键看作品的思想和艺术含量，但仍为董老师敢于提出自己的识见而钦佩，它加深了我们对悲剧和喜剧这两种不同艺术类型的认知和理解。还有一个课堂细节至今记忆犹新，那是2001年9月11日，美国发生了"9·11"恐怖袭击事件，近3000平民遇难，无数家庭遭遇痛苦和不幸，但中国一些城市的网民却在网络上弹冠相庆，幸灾乐祸，觉得这是美国此前轰炸中国驻南斯拉夫大使馆的报应。那天下午董老师正好给我们上课，一开场他就提及此事，并对这种不良文化现象表示自己的愤慨，认为无知透顶，麻木不仁，黑白颠倒，不可理喻，告诫我们要有全人类意识和基本人学立场，搞文学研究的人要尊重生命，以人为本，要有人文关怀和普世的价值观，承认人类共有的价值底线，文学创作和研究不要被政治"绑架"。应该说，这一切都直接作用于我的治学理念和逐渐形成的文学观/戏剧观。人文学科不是以自然和物质世界为主要研究对象，追求通则或规律的实证科学，而是一门关注人的精神和心灵，以"体验"、"移情"和"理解"为基本方法、途径的诠释学，所以研究者要有自己的主观见解和价值判断。我不但自己在研究中努力增加思考的广度和深度，而且要求自己的研究生也要"善思"，研究名家名作时，"要站着写，不要跪着写"；要有问题意识，论文写作最好采用"问题导向型结构"；要"想得深才能写得深，思考得复杂才能写得复杂"，等等，不一而足。

梳理董老师的学术研究，不难发现前后有一个嬗变轨迹：从作家作品论走向文学史/戏剧史研究再走向思想文化批评,从文学审美研究范式转向社会文化研究范式。他的研究还有一个特点:对思想内涵的重视远大于戏剧技法分析,其研究始终贯穿精神领域的对话和探究,如启蒙思想、现代意识、文学精神、主体建设以及真实和真理的探寻等,这可能跟他自身思想较为深邃、心智较为发达,以及对精神史和思想史研究的偏爱有关。从他在扬大文学院做的两场讲座中也可见一斑,两场讲座的题目分为:《大学读书、做学问的文化立场》、《新文化运动百年漫谈——兼谈当前大学学风问题》,前者强调读书、做学问要有自己的价值立场,不人云亦云,要形成自己的价值判断,继承"五四"时期的科学、民主等现代意识、启蒙理性和人文精神等。他提及大学教育的基本理念有两种:一种是"人格教育",一种是"工具教育",大学精神的失落,从根本意义上来说,是大学教育偏离了"人格教育"。后者则剖析当前大学行政化及量化管理体制的弊端,以及教育丧失个性、缺乏科学精神、学风浮躁的现状。同时鼓励大学生和研究生关注当下现实,了解社会与人生,树立独立意识和自由思想,求真务实,不断地去追求真理。2015年9月24日我还在中南财经政法大学听了董老师的一场讲座,题目则是《当前知识分子面临的问题和出路》,董老师先阐释了他所认为的"知识分子"的定义:"在追求真理的道路上始终走在前列的人,才是知识分子。"此后他从当前知识分子的三大弱点即"知识面过窄"、"依附性强"、"研究氛围差"三个方面,和其自身存在的诸如"没有专心做学问"、"价值观失落"、"自我定位不正"等几个问题,深入剖析了中国知识分子的现状。谈及知识分子的出路,董老师认为,知识分子首先应该内省,不被外部力量强迫,亦不被名利所驱使;其次应该对中西文化尤其是外来的文化抱有包容之心,取其精华、去其糟粕,始终保持学习的心态;最重要的是,过简单的生活,无论何时何地都多读书看报,对学问存有敬畏之心,真诚地研究学问。

作为董老师的弟子,我听董老师的课、看董老师的书远较一般听者/读者认真、用心,且会有各种耳提面命的机会,因而接受董老师的影响自然非常人所能比，我想这也是学界和用人单位看重一个学人的出身背景、学缘结构乃至师门的原因，这是有一定的道理的。相比一般的学子，董老师对我的影响更深更多，除了在治学上金针度人以外，在做人方面亦对我产生不小的影响。

前文说过，我的性格有点偏内向，这或许跟我家庭背景有关（当然也可能是天性如此！！！）。我出生在农村，却拥有集镇户口，家庭条件比当地农民要强，但生活总体拮据，靠奶奶打大饼、母亲开小店谋生，父亲也只是一位勉强糊口的穷教书先生。印象中小时候家里很少动荤，而自己又特别嘴馋，可巧的是，我家的对门是做卤猪头营生的，有时家里没菜，我吃不下饭，奶奶就捧起我的饭碗，去对门讨一点卤汁泡饭，于是我吃饭似有神助，如风卷残云一般一扫而光，一旁的奶奶则不停地喊：慢点吃！慢点吃！即使工作以后我多次去县城，因为工资有限，腰包里钱不多，舍不得用，回来的路上总是把钱紧紧攥在掌心里，因为手心有汗，回到家里才发现钞票都是湿的。钱是人的"胆"，没有钱，性格上也豪爽、洒脱不起来！更谈不上武侠或历史演义小说中所描绘的一些英雄侠客散尽家财、义薄云天、意气风发、豪情万丈等壮举了，反而处处约束、时时拘谨、事事小心！

中师毕业后，我曾有十年的时光在乡下初中度过，开始工作的学校是由一所尼姑庵改建的，周边都是农田，不远处散落着几户人家，学校也只有十来个教师，我经常坐在庵堂遗留物——一把太师椅上备课、看书。学校离家较远，我晚上就住在学校宿舍里，白天因为有学生在，校园还有些喧嚣和生气，夜晚则寂静得可怕，生活平淡如水，日复一日。这期间我切身体会到农村教师的地位不高、收入低下，有点后悔自己读师范做教师（当时也是懵懵懂懂地听了父亲的话，觉得考上中师是一件荣光的事情，父母也希望我早点工作，为他们分忧解难）。因为我是城镇户口，完全可以像我家的亲戚那样，通过招工考试安排在供销社、粮站等在当时非常"吃香"的部门工作，那时考中师的多为一心"跳农门"的农村学子。而就在我完成中师学业参加工作时，我往昔的初中同学有不少考上了大学，他们当初的成绩还不如我，却比我有更好的发展空间，我多少心有不甘，很想放弃工作重新参加高考，并借了一些高中的教材开始自学，但真正下决断时，我性格上的弱点就来了！内心患得患失，优柔寡断，对于我来说，在农村初中教书有点像"鸡肋"，食之无味、弃之可惜！内心意识到工作没有盼头，却又怕失去这份工作！毕竟考上中师也不容易，最起码有一个稳定的饭碗！加之父母也不支持，最终只能叹息作罢。好多个晚上，我枯坐在油灯之下，对自己的未来深感迷茫。最后觉得还是边工作边参加本科函授比较保险。现在回想起来，由我的父母、我整个家庭和亲友、我接触的工作/生活环境构筑的世界就是一个封闭的带有点褪色的堡垒，它多少养成了我谨小慎微、懦弱内敛的性格。

但就是在扬州师范学院读本科函授期间，我打开了眼界，知道外面的世界很大、很精彩，并萌生出考研的想法。因为起点低，先后经历四次考研才获成功。硕士毕业那年其实是可以继续考博的，这样可以节省时间，赢得空间，也能解决现实问题，但我性格上的弱点使我有强烈的求稳意识，觉得好不容易从农村跳出来，先有一个现实改变再说，分到扬大文学院跟我在乡镇中学教书比已经是有天壤之别！而且这样对我父母也有一个交代，他们一直反对我读研，如果能给他们看到眼前现实的利益，他们的想法也会改变……总之，我反思起来，觉得自己不怕吃苦，也有恒心和毅力，缺少的是更高的视野、更大的空间和助力以及更坚定的克服性格上的弱点的决心。当然这需要一个历练和蜕变的过程，这其中董健老师、许志英老师都是对我的性格和命运有重大转变和提升的人。

记得博士毕业时，董健老师曾跟我说：博士毕业意味着你已经学有所长，在南大这样的名校打下一个学术研究的基础，出发点还是不错的，但未来学术道路仍然艰阻且长，还有很多路要走，而在他看来，很多博士就是因为分到工作单位后，放松了、懈怠了甚至荒废了，最后不能脱颖而出、学有所成！所以我到了扬大文学院后一直自我加压，在学术研究上奋力前行。我知道在扬大文学院这样有传承和实力的学院要想脱颖而出并不容易，我只能用大家理解和承认的方式来立足,我教的是中国现代文学,研究领域是中国话剧史论,但我的论文不能只在戏剧刊物上发,而要尽可能在中国语言文学刊物上发,所以我先后在文学类权威期刊《文学评论》上发了四篇,非戏剧类 CSSCI 刊物也有不少。我在扬大申报的 2 个国家社科基金项目都不是艺术学专项,都是在中国现代文学方向申报的。这就犹如讲好中国故事要用外国人能听懂的方式去讲,讲好自己的故事也同样要让他人能够了解和接受。2010 年我做了分管科研和行政的副院长,记得告诉董老师时,董老师既不赞成也不反对,只是告诫我不要放弃学术,把官当官做,如果真想做官就不要在学校里做,做官只是一时之举,学问则是安身立命的地方!同时,提醒我要尊重人文学科的管理规律,不要过于急功近利,"屁股决定脑袋"。有政策不对的地方也要站在教师的立场,敢于仗义执言。受董老师的影响,我尽可能认真做事、踏实做人,分管的科研工作亦取得不俗的业绩。当然,在行政位置上,免不了托人情、走关系,但我知道董老师的做人原则,基本上不麻烦他,董老师没有帮我发表一篇论文,也没有为我给评委打过任何招呼。2016 年换届时,我毅然辞去了副院长职务,校领导找我谈话要我继续做,我也拒绝了。这里我不讳言,如果能够往上做还是会做的,但因为 6 年来被行政工作牵扯了太多精力,直接影响到自己的科研,感觉会开得多,书读得少,论文发表也大打折扣,就想回归专业和学术。在一个综合性大学混一个副院长也很不容易,周围的同事就有对我的行为表示不解,认为我太要面子,到这个份上放弃了有点可惜了!他们可能并不知道,我能够做出这样果敢的行动是跟董老师、许老师包括胡老师对我的影响分不开的。那一段时期,我一直在思考:自己内心的真正需要是什么?做了领导怎么样?不做领导又怎样?以前做领导现在不做领导怎样?现在做领导以后不做领导又怎样?……最终能够改变自己性格上的弱点,坚定地做出自己的抉择。晋傅玄《太子少傅箴》云:"故近朱者赤,近墨者黑;声和则响清,形正则影直。"因为跟董老师接近,我感到自己生命的底色已被赋色很多,它不再单一、单调,而有了变色和杂彩,虽然我的性格无法做到像董老师那样刚硬强悍,不拘权势、张扬自我,但仍有自己的尊严、坚守和固执,并渴望做到自立自强!2017年,当上海戏剧学院向我伸出橄榄枝时,尽管我的家人明确表示反对,我自己也感到前途莫测、"压力山大",但我还是克服内心的犹豫和纠结,决定给自己这辈子换一种活法,呈现了我决绝坚毅的另一面。

如今我年过半百,已到了"知天命"的年龄,不知为什么,我越来越有一种宿命论的感觉。我们无法改变过去,只能改变未来!君不见"人心曲曲弯弯水,世事重重叠叠山","人情相见不如初,多少贤良在困途!"所以我感到自己是非常幸运的,在我人生向上的过程中,遇到董老师、许老师这些贵人相助,才使我一步步地活出自己的境界。

去年5月份,董老师不幸离开了我们,我感到曾给我们带来阴凉和庇护的一棵大树倒了!我从上海赶往南京参加董老师的告别仪式,我跟随人流围绕董老师的遗体绕走一圈,禁不住地泪目。如今他终于可以休息了,希望董老师在天堂能无忧无虑、自由自在!

董老师不朽!!!

于上海市愚园路愚园坊
2020年5月10日
(陈军:上海戏剧学院戏剧文学系教授)

王 勇

忆董师

　　人是一种奇怪的动物。地理上——某个本来并不起眼的地方或地名,对于一些人来说毫不起眼,仅是一个抽象的名词或概念;但对于另一些人来说,则会因为某个人的存在(或生活于此),而变得有了情感、温度、色彩,有了想象、回忆和牵挂。

　　丹麦,因为有安徒生这个人,它就变成了童话一般神奇而美丽的国度。它的古老城市的每一扇门里都会走出精灵,它的森林里的小木屋是用面粉、奶油和巧克力做成的。国内的某一个城市,因为某个或某几个好朋友生活于此,你就会觉得这个城市即使偶尔想起来,也会备感亲切。更不要说坐车路过,即使不下车,也会忍不住发条微信、打个电话。即使因为某个特殊的原因,什么也不去做,心中也自然会因为这位朋友的存在而生出一份思想,并倍觉温暖或温馨。即使是同一个城市,某些地方也会因为某一些特殊的人的存在和某一段特殊的记忆,而觉得一切与众不同。比如,每每坐车或开车经过龙江小区,我就会想起我的硕导胡若定老师和很多老师大致还生活于此。偶尔从北阴阳营的门前道路经过,我会不自觉地寻找和辨认它那不易察觉的大门,因为包忠文先生曾经久居住于此,虽然他搬离这里已有很多个年头了。而每次从北京西路经过南大二号新村,特别是南大北门与二条巷之间的那道斑马线时,我就会想起董健先生。我曾经多少次从此经过,等候红绿灯,拐进狭小且拥挤的二条巷,大概前后 300 米左右,即拐弯爬上一个小坡,进入二号新村的大门,停车,上楼,敲门……如果是白天,我知道董健先生可能正在他那狭小的客厅或书房里;如果是傍晚,我会猜想,董健先生也有可能与师母华老师在小区里散步,或者正在吃他们简单得近于寒伧的晚餐;如果夜更深一些,我知道有一个亮着灯光的窗口,是属于董健先生的,他在阅读或者写作。尽管每次都是因办事而在匆忙间经过,一次也没有打电话,或者拐弯上楼去看他,但我知道董健先生就在那里——而且,似乎永远都会在那里。这是一种非常特殊的情感体验。每次都是如此。

1

最初知道董健先生,大概是 1991 年。我准备报考南京大学中文系现当代文学专业的硕士研究生,根据李冯和张生二位学长的推荐,我在南大出版社购买了一套名为"新时期小说研究"的丛书,它们分别是:胡若定教授的《新时期小说论评》、丁柏铨和周晓扬教授的《新时期小说思潮和小说流变》、黄政枢的《新时期小说的美学特征》。其中,《新时期小说论评》的作者胡若定先生,即是我后来的硕士导师。

这一套丛书的阅读,让我视野大开,对于新时期文学特别是小说有了较为系统的认知,弥补了在知识结构上的诸多不足和盲点,收获良多。这套丛书的"序言"系董健先生所作。"序言"没有标题,也就是简单的"序言"二字。但对于我来说,这篇文字篇幅较长的"序言"让我深受震撼——不是一般意义上的"醍醐灌顶",而是有如电闪雷鸣、五雷轰顶之感。

在这篇长序里,董健先生讲到了思想解放运动、新时期文学的时代精神以及启蒙问题。他说:"什么是新时期文学的时代精神呢?我认为,这种时代以社会主义对'人'的发现和思想的新觉醒为前提,以认识和提高国民文化心态为要义,以马克思主义的理性原则为基石的新人本主义和新启蒙主义精神。"他认为,"思想解放就是启蒙,就是人的新觉醒"。同时,他还提出:"从中国的情况来看,启蒙有两种类型:一曰感性的、政治行动导向型的启蒙,一曰理性的、文化心态塑造型的启蒙。前者是初级的启蒙,见效快而不彻底,可以在全民文化素质低的基础上进行;后者是高层次的启蒙,见效慢而彻底,只有在全民文化素质较高的基础上才能进行。"其时,我正在乡下教书,自命自己是一名"倪焕之"式的现代"启蒙者",并自创一套启蒙"细胞分裂"学说,聊以自我安慰或自我激励。但是,作为一群乡间童蒙的"句读之师",我的"启蒙"理想不仅起点太低,而且显得太过艰难,几无成效,自己却因此陷入窘迫之境。董健先生的这些思想对于我来说,如同拨云见日。"我认识到,我现在所做或试图做的,过多着重于现实层面的工作,只是属于'感性'的启蒙;而从思想研究方面入手,从事'文化心态塑造型'的启蒙,才更有意义和价值。如果要做到这一点,我就必须考上研究生,从而获得进一步深造的机会,也才能获得从事'文化心态塑造型'启蒙的资格。于是,考研的最大意义在此得到体现。我明白了,考研不仅是为了摆脱目前的困境,也不仅仅是为了当一名学者或者作家,而是为了更好地为启蒙事业添砖加瓦。"(《一个诗人的启蒙札记》,博士论文《激流与残冰——启蒙视域中的 1990 年代中国大陆戏剧》的"后记")这套丛书以及这篇长序,让我坚定了报考南大的决心,并在将来能在更高的层面上致力于理性、文化心态塑造型的启蒙。

这是董健先生对我最初施加的影响,或者说是"启蒙"吧。启蒙,字面意义即:让光亮照进黑暗之所在。但对我来说,这光,不是一般的灯光或阳光,而是有如一道伴随着霹雳之声的蛇形闪电。

2

我没有想到的是，在十数年之后，我能成为董健先生的博士研究生。2003年，董健最后一次招收博士生。他那年有三个名额，但仅招收了我一人。于是，我成了人们常说的所谓"关门弟子"。

关于董健先生，有两个看似相反的传说。一是江湖上的传说，董健先生对学生极其严格，有"董大刀"之称。据说，学生都很"怕"他。二是我的师兄、师姐们的说法，我们能够读董健先生的博士，这都是前世修来的福报啊。这就是"敬"他了。这两者合起来，也就是所谓"敬畏"了。

我很快就体验到了董健先生对学生的严格和对学术的严谨，没有任何勉强和放任。我有几个小故事，从中可见一斑。第一个故事，关于研究方向和论文选题，我一直在电影和戏剧之间有一些摇摆不定。而且，我私心里有些偏爱电影，至少比戏剧容易看到。有一次，我向董健先生请教。他很简洁而明确地回答我，与戏剧相比，电影的文学因素相对较少。如果仅从文学角度来研究电影，写硕士论文尚可，但不足以写作博士论文，除非从表导演的角度。一切不言而喻。我确实不具备从表导演角度研究电影的知识准备和功底。这里没有任何商量和妥协的余地。从此，我不再作他想，一心在戏剧里做文章。

第二个故事，我的论文第一稿。我的论文初稿写好以后，因为自觉非常不成熟，一直不敢拿给董健先生看。但因为三年的毕业期限在即，时间非常紧迫，董老师开始催要了。我说，论文还太凌乱，不成形，不成熟。董老师说，你让我先看一下吧。我想，董老师肯定是心里对我没有底，才要先了解一下论文的实际进展情况。于是，我把论文稍作修改，编排后打印了厚厚的一份。我也没敢直接面交，而是放在他在南大文学院的个人邮箱里。过了十天左右时间，董健先生打电话约我面谈。我到了董老师家里，他把论文初稿直接递给了我,只简单地说了一句话:"这个论文不行!"就这一句话,其他什么也没说。他没有批评我,也没有提什么具体的指导意见。这就是说,我被一刀斩于马下。但这也是意料之中的事情。

第三个故事,关于博士论文里的一个注释。我引用了鲁迅的杂文《娜拉走后怎样》里的一段话,注释引自《鲁迅选集》。但我所用的版本是西藏人民出版社的,这是1997年我在北京劳动人民文化宫的一个图书展销会上买的,价格便宜,但印刷错误不少。董健先生认为这个版本不权威,至少应该使用人民文学出版社的版本,即使不引自该文的原刊。同样,他的语调平缓,没有命令,没有强制要求,但一切却是不容置疑。本来,我可以到图书馆查阅并做上注解。但是,作为一个文学研究者没有一个权威的《鲁迅全集》版本,确实有些说不过去了。正好青岛路上的万象书店还剩最后一套,我花了将近1000元钱购买回来,版本、印刷、装帧确实都非常精美。根据这个版本,做完了这条注解,我心中大安。如今,我每次翻阅这套《鲁迅全集》,都会想起这段往事。董老师的严谨和严格,细到论文里一条注释的引用版本。

3

对于董健先生,我们所有的学生几乎都怀着敬畏之心。至少,我是这样的吧。

我记得刚入学的时候,第一次与董老师见面。他没有说太多的话。这也是董健先生的风格,总是简洁、明确,直击本质。他给了我一张书单。这是博士期间必须要读的一些书。除了中外戏剧作品、戏剧史、戏剧理论之外,还包括哲学方面的一些书目,比如黑格尔等的相关著作。应该说,这个书单包含文、史、哲等方面诸多内容。"这上面的书都要读的",他递给我书单时,很平静地说。话很简洁,甚至简洁到没有加上修饰的"认真"二字。一个陈述句式,我听出了祈使句的意味。这是命令,不是通知,更不是协商。他没有谈什么读书的重要性、意义,也没有说读博的其他要求,甚至连勉励我的话都没有一句。第一次见面就这样结束了。我心里明白,这个书单至少够我读上一两年的。

董健先生指导学生采取的是让学生独立思考并"授之以渔"的方法,对于一些有争议或探讨空间的问题,他自己往往不做任何结论。除了他所认为的原则性问题,才会表明自己的态度。因此,平时的学术指导,往往以聊天和讨论的方式进行,不像是在上课或辅导,且一般都没有现成的答案或结论性的回答,这有助于学生的独立思考和研究。我的博士论文选题"启蒙视域中的1990年代中国大陆戏剧",即源于董健先生的一篇文章以及一次聊天所受到的启发。当然,"启蒙视域"是后来所加,最初只是"1990年代中国大陆戏剧"。

在写作过程中,遇到了一些问题,董健先生会主动给我推荐一些书籍和文章。我在读了以后,自然会受到启发。比如说,董健先生先后给我推荐了陈乐民先生的《启蒙札记》、《对话欧洲》等书,还有许苏民的文章《祛魅·立人·改制——中国早期启蒙思潮的三大思想主题》等,这些书、文均对我的写作和思考大有启发和助益。

4

董健先生很严肃,是一个不苟言笑的人,似乎也从没看过他跟别人开过任何玩笑。对于学生来说,他很少会直接批评,但也很少表扬。他是一个有独立价值判断的人,观点鲜明;同时,他又具有学术民主和学术宽容的精神,允许不同观点之间的讨论和争论。因此,他在学术界和思想界有着很高的学术威望和影响力,但绝不是有人说的所谓"学霸"或"学阀"。

我的论文选题的确定,一下子就得到了董健先生的首肯。最初,我觉得异常兴奋,感觉这个选题并不难做:一是1990年代相去时间不远,资料易于收集;二是我的硕士论文也是涉及1990年代的,虽是关于新时期小说的作家作品论,其间尚有相通之处。但这种兴奋在不长的时间里,即消逝得无影无踪,代之而起的是巨大的困惑和迷惘。这就是1990年代的全部复杂性。正如我在论文的"导论"中所说:"如果说,用一句话来概括或描述1990年代的总体时代特征,那将是十分困难的。这是一个特殊的年代,这是一个世纪的结束语,也是一个新的时代的开篇。这是一个多元化和全球化的时代,是一本多声部的乐章。这也是一个社会发生剧烈变革和重大转型的年代。一方面激流喷涌,一方面残冰未化;一方面充满了革命性的变化和变数,一方面又弥漫着保守和反动的迷雾。它充满着喧哗与骚动,痛苦与迷惘,选择与无奈,坚守与放弃,旧死与新生,批判与继承,保守与激进,革命与反动,变化与恒常。"

我一下子身陷于历史、现实以及思想的激流与漩涡之中,晕头转向,无法自控,有如一片秋叶。在这个情况下,我找到了"启蒙"这根救命稻草。"对于1990年代戏剧的研究,作者认为,除了把握1990年代社会转型和多元化的大背景外,最为关键和紧迫的问题是,必须找到一个正确、有效的价值标准或者说价值尺度。这个价值尺度并不难找到,那就是以'人'的自由解放为核心和唯一指归的现代启蒙主义思想。"(《激流与残冰——启蒙视域中的1990年代戏剧·导论》)然而,启蒙并不是我所一知半解的那个"启蒙"。在我当时所能找到的评论资料里,对于1990年代的文学艺术作品多是批判为主,即使以启蒙为价值尺度也是如此。主要把1990年代与此1980年代进行纵向对比研究,肯定1980年代,基本否定1990年代,认为1990年代及其作品总体上是物质的、欲望的、堕落的。而我从自己的直觉出发,认为这种物质化和欲望化正是时代的一种特征和需求,它是中国社会发展之所必需,是个人解放之重要基础。其实,它应是文艺复兴运动的主要内容之一,而中国在"文化舶来"的过程中,"后发劣势"导致了文化选择上的偏差或偏颇,"五四"新文化运动更多地强调了18世纪以来的欧洲启蒙运动,而忽略了文艺复兴运动这个欧洲启蒙运动的前提和基础。于是，我提出了"感性启蒙"（"肉身化启蒙"）的概念，以此与"理性启蒙"相对应。我的基本认知是，1990年代是一个"感性启蒙"的时代，是"五四"新文化运动以来的启蒙"补课"，这是启蒙一个不可或缺的重要组成部分。

我仿佛发现了"新大陆"似的，把我的这些想法向董健先生汇报。我以为这会得到董健先生的大加肯定和赞扬，但没有想到他听完之后，略为沉默了一会儿，说：启蒙都是理性的，怎么可以说"感性启蒙"呢？"感性的启蒙"就不能说是启蒙。于是，我争辩说，"感性启蒙"的表现形式是感性的，但其内核当然是理性的。比如，人不吃饭就会死，没有性爱人类就不能繁衍并最终灭绝。这些都是最大的理性，无需证明和争辩的理性。其实，我当时的思想还是很有一些混乱，也难以一下子把所有的东西都表达得十分清晰和富有逻辑性吧。再说，这个"感性启蒙"概念的提出，似乎也是"颠覆"中国"五四"新文化运动以来传统的启蒙概念和定义。我与董健先生发生了"争执"，我认为自己是正确的，只是表述上不够清楚，但事实就在那里，真理就是真理；而董健先生对我很重的一句评价是，"你这是胡说八道"。在不自觉之中，我们两人的嗓门越来越大。这时候，师母华老师从隔壁房间走过来，从门口探出头来，用质询的眼光看着我们，说："你们师生两个在干嘛？"我这才意识到我说话的嗓门大了，惊动了华老师。正在我不知如何作答的时候，董健先生轻描淡写地说："我们在讨论问题呢。"意思是，这没有什么大惊小怪的。于是，师母又用狐疑的眼光打量了我们一眼，然后退了出去。我想，师母的潜台词一定是，有这么大声讨论问题的吗？

最后，董健先生说，你提出新的观点没有问题，只要符合学理、自圆其说就行。他没有否定我，没有叫停。于是，我继续沿着这个方向向前拓进，目标就是让它既符合"学理"，又符合现实。在这个痛苦的自我折磨的过程中，董健先生给我很大帮助，他建议我把"感性启蒙"（"肉身化启蒙"）改成"世俗化启蒙"。这是一个非常了不起的概念，它既与文艺复兴运动相打通，又规避了启蒙的"理性"精神内核问题,避免了相关概念内涵、外延上可能的"歧义"和"旁逸"。

在很久以后的有一次闲聊中,董健先生突然对我说:你是对的。我知道,他说的是什么意思。我心里猛然一震,眼泪差点流了下来。接着,董健先生还援引了一些亲身经历的事例,讲述了自己对此问题的一些感受和思考。在给我的最后论文评语中,董健先生写下了这样一段话:"'世俗化'启蒙和'双重祛魅'问题的提出,具有重要学术价值,为当代戏剧研究打开了新的思想通道。"从争论,到宽容,再到最后的认可,这个"三步曲"充分体现了董健先生的学术品格、学术精神和崇高的人格力量。

5

"启蒙视域中的1990年代中国大陆戏剧"——这个论文选题耗费了我的大量时间和心力。其实,我对于1990年代戏剧以及启蒙问题,均缺少深入的研究和思考。因此,要完成这个课题即意味着"双重补课"。我花了差不多两年时间,阅读哲学,特别是西方哲学。一个文学专业,几乎读成了哲学专业。我是三年的学制。结果,我读了整整六年。这也是后来我想读博士后时,董健先生说,你读哲学吧,文学没必要再读了。

在这个过程中,董健先生的眼睛不行了。在我的论文写成之后,他已经无法正常阅读了。因此,我的论文是一句句地读给董健先生听的。我来到南大二号新村董健先生的家,两个人坐在客厅里,我读一段,董先生听一段。没有什么问题,继续读下去;如果有问题,董健先生就会马上喊停,指导几句,或者让我再读一遍。董健先生在椅子上坐得笔直的,像往常一样,无论是坐着或是走路,他总是挺直着腰背,像是一个军人一样。他就这样坐着听我读自己的论文,往往一坐就是几个小时。我真的很是惭愧。许多次,我会悄悄抹去自己眼角无意中渗出的某些水分,虽然我知道他并不能清楚地看见。我觉得,由于我论文的延迟,让董健先生跟着一起受罪。我觉得我是不可原谅的。这样的时间,延续了很久。每次,约好了见面的时间,我即开车来到董健先生家里。我读论文,董健先生听论文;他指导,我记录,其间,还有一些讨论和交流。我几乎是董健先生手把手教出来的。在所有的师兄师姐中,我可能是与董健先生相处时间最久也最多的一个。我真的不知道,这是我最大的幸运,还是极端的不堪。

我听师母华老师说过,董健先生因为眼疾的问题,在家中有时也会情绪和脾气不好。这是可以理解的,董健先生是性格刚强的人,他怎么能安心接受命运这沉重和意外的打击呢?但是,在论文指导的过程中,董健先生竟然一次没有跟我发过火,就连带情绪的或重一点的话也没有说过。董健先生是一个意志力和自控能力很强的人。因为看病难,我曾提出开车送他去医院看病,或者帮他挂号,他竟然一次也没有答应或给我打过电话。他是不要学生帮他做任何事情的,这与我们日常把导师称作"老板",完全不是一个概念。

董健先生即使患有眼疾,仍然坚持读书和写作。有时候,是系里安排的研究生给他读书、读报;更多的时候,是师母华老师直接给他读。他们两人相互依伴,在晚年的时候,师母变成了他的"眼睛"和拐杖。当然,我也主动提出来给他读书、读报,但他坚决不肯答应。他说,你好好写论文吧。因此,每次与董健先生聊天,他对最近国际国内发生的大事件,包括学术圈里的那些事情,他都了如指掌,并有自己独到的观点和评价。而每有学术会议,董健先生也都尽力参加,不让自己与学术前沿相脱节。偶尔,我与董健先生在会议上相遇,在走路时,每遇到上台阶或者道路不平时,我想上去扶他,他都坚决予以拒绝。他说,我走路还是看得见的。我知道,他是一个十分要强和倔强的人,不想让自己像个病人一样,需要别人去加以照顾和帮助。

6

董健先生不仅教给学生知识、思想和学术能力，更着意培养学生的人格和品格。这一点，他的身教胜于言传，率身垂范。他一身正气，有胆有识，敢于批评。因此，他很多时候的"不合时宜"，正是一名现代知识分子良心和良知的体现，更是他对于自己的国家和民族的拳拳之心。他是优秀的学术专家，也是思想家、教育家，优秀的中共党员和高校领导者。

我听过很多关于董健先生的故事或传说。他的正直和耿介，他的无畏与无私，在这些故事里均有具体体现。这些故事，都是我听来的，不需要我来书写。

这篇题为《思想者的独语——读董健〈跬步斋读思录续集〉》的书评，写于2006年7月，可以代表我对董健先生的思想和人格评价。该文曾发表于《扬子晚报》"读书"栏目。

《跬步斋读思录续集》是南京大学出版社继"中国思想家评传丛书"之后出版的又一本好书。该书面市后，不仅获得很多好评，而且销售很快。

该书也是董健先生《跬步斋读思录》（江苏教育出版社，2001年7月）之后的第二本评论、随笔集，分为"说大学精神"、"招戏剧之魂"、"世相偶揭"、"谈文说史"、"序文选编"五个部分。

作为曾经的大学领导者，董健先生以正直、刚正而闻名；作为著名的学者和戏剧理论家，董健先生以严谨、求实而著称；而作为一位具有启蒙主义或人文主义倾向的思想者，董健先生则显示了他的犀利、敏锐和深刻，具有他所积极倡导的怀疑精神、批判精神、战斗精神和忧患意识。

作者提出"'立人'则为大学之本"的命题（《"立人"为大学之本——

写在南京大学百年校庆的日子里》),又说"大学之大,不是大在高楼大厦,不是大在办学规模大,而是大在学术独立、思想自由,精神创造的空间大。"(《教育忧愤录》)他批判中国当代戏剧精神的萎缩(《论中国当代戏剧精神的萎缩》),批判流行的清官皇帝等影视剧对公民意识的颠覆(《流行影视剧对公民意识的颠覆》),批判学术的腐败和堕落(《抄袭:精神的疲软与麻木》)。他站在启蒙者的立场上,批判一时非常时髦又极具蛊惑性的"二新"、"二后"(新儒学、新左派、后现代、后殖民)的理论及其鼓吹者,揭示它们其中包含的反现代思想。他重提"五四"启蒙主题,呼唤"立人"和"人的现代化"。

  这本书充分显示了作者作为时代思想者的可贵品格。在我们这个物质化、身体化、娱乐化的时代,心灵日益成为荒漠,灵魂变成空壳,思想成为孤独、疲软和苍白的代名词。作为思想者,他要用他高贵而圣洁的思想,充实虚无的现实空间;要用心灵的一抹鲜红,点染时代的苍白。正如著名戏剧家沙叶新《知识分子能感动中国吗》的序中所说:"凡此种种,无一不显示了作者的公共性和批判性,显现充沛的人文主义。"这本书带给我们的不仅是感动,更是理性的穿透。

  正因为这些思想,这本书似乎带有了几分"危险",几分"火药味",甚至还有几分不合时宜的"偏执"。这是对我们习以为常的保守和平庸的一种挑战,而思想者的勇气和胆识,也就自在其中。巫术和迷信当道的时代,自然科学无法发展。试想,没有独立而自由的思想,没有批判和怀疑的精神,又何谈人文社会学科的繁荣呢?

  这些文章是跬步斋里孤独的自言自语,而一旦公开发表和出版,它们就成为一声声的呐喊,成为穿透云隙的太阳的光芒。

  但愿它们能震撼我们的时代,但愿它们能感动更多的心灵,但愿它们的启蒙主义的思想之光,照亮我们灵魂中的幽暗。

7

董健先生是学问家和思想家,也是教育家。他是一个努力实践的人。在"知"与"行"之间,董健先生主张努力实践,避免坐而论道。大概是2006年,南京大学与上海戏剧学院联合召开了一次戏剧国际学术研究会。会议结束,在上海开往南京的火车上,董健先生说过这样一个话题:要培养"学生官"。他的意思并不是让学生去"读书做官",而是说,学生不能只是关起门来自己做学问,也要尽力做一些行政工作,从而在实践中有所作为。事实上,在学术研究之外,他自己也是做行政的人,曾长期担任南京大学中文系系主任、文学院院长和分管文科的副校长。

自从毕业之后,我几乎每年都要到二号新村去看一两次董健先生。他的思维清晰,除了眼睛之外,身体也十分硬朗。这让我特别感到放心和欣慰,觉得像他这样的身体,活到九十岁、一百岁都不成很大问题。去年春天,我正忙着新闻学江苏省品牌专业的结项工作,一直拖着没有能去看董健先生。我准备了一盒"明前茶",也一直没有能够带去。直到有一天,我正在家中写作品牌专业的评审材料,突然收到蒋广学老师的微信:"王勇同志:董健老师于昨日上午逝世,明日火化。"在卧室里(写作时,为了避免打扰,我把手机放在了卧室),我很平静地读完了这条短信,很短很短的一条短信。然后,我转身去了书房。我从烟盒里取出一根烟,点燃,刚刚轻吸了一口,我的眼泪就在突然之间滚滚而下,不可遏制。我明白了一个事实,董健先生在突然之间永远离开了我们。我们再也看不到他了。

8

董健先生的追悼会,并没有公开的通知,只是私传。因为,根据董健先生的生前遗嘱，不搞追悼形式。但是，他的许多师友以及学生还是从四面八方赶到了南京，包括那些远在海外的人们。许多高校、研究机构都发来了唁电，给予董健先生极高的评价。据说，董健先生的去世，一切都没有预兆，一切都很突然，让人猝不及防。

在追悼会上，我看到了师母华老师。她由两个人搀扶着，显得十分衰老和虚弱。她是南京大学外国语学院的西班牙语教授，本身也是优秀的学者。她与董健先生朝夕相处，伉俪情深，相互扶持。每次，在我们去他们家里的时候，师母华老师都会给我们倒茶，削水果，然后一个人悄悄地退了出去。她几乎从来不参加我们的谈话或者讨论。

在董健先生去世数月之后，丁芳芳、胡静和我相约去看师母华老师。这时，她已经从南大二号新村搬到五台山的一个小区。这一次，我的印象是，华老师显得十分乐观，她平静且微笑着，谈到董健先生去世的事情。其实，我们在心里深深地知道，华老师只是做出十分乐观的姿态，好让我们放心她。我们心里很难过。董健先生的去世，对她来说，打击和损失都是不可估量的，不可能在短短的时间里就从这样的悲痛和悲哀之中轻易地走出来。至少，每当红日西沉，黄昏降临的时候，董健先生不能再陪她在二号新村狭窄的道路上，散步、聊天了。

董健先生已经去世一年多了。世界一切照常，日升月落，秋草春花，人来车往，上班吃饭，功名利禄，爱恨情仇，躲进小楼成一统，三观对立又何妨，滚滚红尘里，依旧是那个人间。许多大事小情，几乎每天都在发生，又迅速地成为过去，痛苦也好，快乐也罢，都被人们迅速地遗忘。一些人在艰难挣扎，一些人在浑浑噩噩，一些人在醉生梦死；一些人依旧蒙昧和野蛮，启蒙之光始终无法照亮他们心灵中的黑暗；一些人虽自诩精英，却化为了真正的现世妖孽，制造着各种乱象；一些人在沉默中一天天消沉，失去了思想、行动的勇气与能力……另一些人，虽然是极少数的一群人，却在认真地生活、思考和战斗，或在愤怒中拍案而起,或在痛苦中陷入沉思。

  我还会经常路过北京西路。我知道,在南大新闻大楼的对面,就是二号新村。在我的幻觉里,董健先生还住在那里,每天听人读书、写作、会客、散步。但我的理智知道,他已经不在了。这个时候,我往往悲从心来。因为,不仅是我们作为学生,失去了敬爱的老师;中国,也因此失去了一位铮铮铁骨、释放出灼灼思想光华的人文知识分子。

2020 年 3 月 24 日—8 月 5 日于北书房

(王勇:三江学院文学院教授)

杨　柳

跬步斋里听风雨
——缅怀董健老师

2020年5月12日,董健老师离开我们一整年了。最近格外怀念他,时常想起他对我的那些潜移默化的影响和不经意间的教诲。

严谨地说,我可能算不上是董健老师的学生,或者只能算是他的半个学生。他真正的弟子中有好几位是我现如今的同事和前辈,反倒因此经常和我逗趣,说"防火防盗防师兄!没有正式入门,挺好!"回想起来,2009年的初夏,是我第一次见到董老师。那时的我在北京师范大学博士刚毕业,向全国多所高校投了简历,恰好有机会来南大文学院戏剧与影视艺术系求职。面试那天清晨,我走在南方植物掩映下的湿黏校园小路上,突然就像是大白天做了一个预知梦,在恍惚间看到了自己在教学楼里给学生们上课的画面。这种陌生又熟悉、惶恐又渴望的感觉在我人生中还是第一次!后来试讲的细节现在已经忘得差不多了,只记得台下坐着近十位系里的老师,董健老师坐在第一排,整个过程他听得很认真。

等待结果的日子,总是特别难熬。虽然也有两所早先面试过的高校可以和我签约，但心里还是放不下那个"白日梦"。一周后等来了系主任吕效平老师的电话。他说："很可惜，因为名额非常有限，你无法直接入职；但系里觉得你有潜力，董健老师愿意接收你做他的博士后，你考虑看看要不要来。"最后吕老师还鼓励我说如果能来，就好好工作和出成果，争取将来再留校。撂下电话，我几乎不假思索就拒绝了去其他学校当讲师的机会，欢欣雀跃地申请了博士后这个为期两年的科研工作岗位。感谢董老师和吕老师的赏识，让我那个梦境成真了一小半。

刚进入博士后流动站，我就开始思考将来要完成的出站报告。当时自己也不知道从哪里来的一股子意气风发又十分笃定的劲头，立志要在"东欧电影"这个之前从未涉足过的新研究领域搞出一番天地！带着这样的"雄心壮志"，我第一次以博士后的身份与我的导师见面了。出乎意料的是，董老师并不支持我的研究计划。他认为如果只是根据一时兴趣，"辞旧迎新"，很可能得到的结果是：一方面，我抛弃了过去博士论文的研究方向，不再继续做深入的探讨和推进，必然会影响产出优质而系统的学术成果；另一方面，短短两年内，在一个全新的领域里垦荒，任我再努力钻研，恐怕也难以做出扎实又有锐气的好文章。现在想来，其实董老师说的是一个"时间与时机"的问题。一位学者的学术生涯也许很长，但需要把握住一个或几个机会，先跨入这段治学的旅程，然后才可能在其中纵横遨游。董老师的一番话，让我重新斟酌选题，放下了急于一时的执念，把已有的研究基础和做博士后期间的科研计划做了更深远的结合。正如他的判断，在接下来的两三年内，我在一直耕耘的领域里，连续发表了几篇有一定的原创性和学术价值的中英文论文，其中两篇被人大复印资料全文转载了。再加上我给本科生开设的核心课程《外国电影（上）（下）》连续几次在学生打分系统中成绩都不错，所以做完博士后我就通过了学校人事处的考核，留在系里成了讲师。后来我时常感叹董老师的智慧和经验，更感谢他的直言不讳，没有让我一时头脑发热，冲入一个自以为是短跑场地的马拉松赛道。那个在清晨的校园中袭来的不靠谱的白日梦，居然在两年后未脱轨地变成了现实。

我跟随董老师做博士后才得知，其实在几年前，他已经患有严重的眼疾。对于一位在专业素养和思想上都积淀到成熟醇厚期的人文学者来说，由此带来的阅读和写作上的巨大不便，是很打击学术生命的。但学术兴趣是疾病偷不走的，董老师就每天请师母为他读一些大部头的文学作品集。师母退休前也是大学老师，可能由于长年的职业伤害，她的眼睛到后来也出现了问题。董老师就再请一些我们系里的研究生来家里为他读专业书籍。他的家就在学校小北门的对面，从鼓楼校区文学院走过去，也就十几分钟的路程。那些年，有不少学生在他的书房跬步斋里，伴着茶香和董老师一起读了一本本的好书。在电子产品还不发达的时代，直到2010年前后，董老师才拥有了一台电子阅读器。记得阅读器刚拿到手，他就迫不及待地开始钻研起具体用法，又焦虑要如何找书来看，其实他还是怕麻烦学生为他读书。得知他的想法后，我和我先生就主动请缨，让董老师开书单，这样每隔一两个月，我们就为他在网上找一批能够匹配阅读器的电子书籍，就这样解决了他一大部分的读书困扰。至今我们还会谈起董老师在读到一本渴望已久的好书时兴奋惊喜的样子，还有他听书时闭起眼睛、嘴角上扬的神情，那种毫无功利地沉浸在阅读和学习中的快乐，特别单纯却有感染力。至少在我懒散不想读书时，一想起董老师求知若渴的精神，当下就不敢怠惰了。

在我做博士后期间和留校工作的几年里，董老师也一直在持续发表学术性的散文、思想性很强的杂文和回忆录。其中有不少文章都是经由他口述，我来整理成文字再发表的。记得每次用录音笔记录之后，我都是先在电脑中敲出电子版，之后打印成最大字的纸本，再拿给他看。他每次都是用放大镜边读边做一些改动，把过于口语的部分转化为书面语，有时也进行大刀阔斧的修改甚至要重写一些段落。然后我再整理文字和打印，他再校对两到三次，直至定稿。在这些对一篇篇具体文章的反复修改过程中，我收获甚多，董老师的学术思维、写作的逻辑以及语言语感都给了我很多启发。能协助他做这些工作,是我的幸运。董老师治学之严谨,对文字的精准表述要求之高,仅从他患眼疾后依然对自己的思想成果丝毫不马虎懈怠,便可以窥其学术生涯之全貌。而且他的认真和负责是慷慨惠及学生的,即便眼疾越来越严重,在我博士后的出站报告快完成时,他还是坚持让我把其中最重要的两章打印成最大字的版本给他。一周后,在跬步斋,董老师和我面谈了一个多小时,给了我非常详细的建议。在返回的打印稿上,满是他用铅笔写的多个长文批注,我很难想象他得倾注多少眼力和精力在我那粗糙稚拙的两章里!至今仍很感激董老师对我的指导和帮助,这种做人做事的言传身教,对求知、求真的渴望和对学术工作极度严谨的态度,都是润物无声却能渗透到学生骨髓里的力量。在我成为学者和老师之后,也在不知不觉间,总想模仿他治学和带学生的精气神。

在多次拜访中,我先生也与董老师和师母逐渐成了忘年之交。我们经常一起去老师家里坐坐,一起聊书籍、聊时事、聊历史,我们也有幸从董老师口中得知了更多的"南大传奇"。他曾经很骄傲地和我们谈起,在上世纪九十年代初,他与中文系的系主任许志英老师如何抵制了当时极"左"思潮对南大文科的"清理",保护了一些老师和学生免遭涂炭,从而保留了人文学科的传统和优势。他也给我们讲过许志英老师在一次学术会议上怎样拒绝与一位沽名钓誉、追逐权势的学者握手等南大中文系的轶事。记得还有一次,我们谈到了"营救高尔泰"的事件。在北京读书期间,我就很喜欢读高尔泰的《寻找家园》,在其中就有一篇文章提到了1989年他曾在调任南大的过程中遭到误抓,董老师和当时的中文系领导想方设法搭救他的经历。每当董老师和我们讲起这些震撼人心的高光时刻,既让人对过去那代学者的一些遭遇感到愤懑不公,也折服于他们作为知识分子的风骨与担当。我每每听得激动又感慨,希望这些人和事可以被更多的后人知晓。董老师也将其中的不少往事写进了文章。他往往先是毫不客气地反思和批评自己没能跳出时代的局限和思想的桎梏,再展开对某些历史事件和文艺现象的真知灼见,非常的诚恳、坦荡和睿智。他捍卫的始终是大学的自由意志,以及知识分子批判和怀疑的精神。记得在董老师家的客厅里有一幅水墨画,画中是一位大醉和尚骑在一只下山的猛虎背上。据说是当年高尔泰赠送的,并笑言董老师就是那个醉和尚,哪一天不小心恐怕就要被老虎吃掉了!让我欣慰的是,董老师最终没有被老虎"吃掉"。只是过了这许多年之后,他曾经批判的那些"老虎",似乎仍在人间横行,是不是还要吃人呢?

董老师在去年春天与世长辞,我的心情很沉痛。因为就在那之前的两个多月,他说起肠胃不好,我给他送去几瓶保护肠道的益生菌,当天我们聊了不少,他的精神还很矍铄。再两三个星期后我又打电话询问他的身体状况,他在电话那头仍然声若洪钟,谁能想到这竟然是我们之间的最后一次对话。董老师驾鹤西去后,我把他当年送给我的《跬步斋读思录》和《跬步斋读思录续集》放在手边,时常拿起来读一读,想从他的文字里再回看和品味他的学术思考、性情人格以及更深邃的信仰。在乌云蔽日的时候,他就像是雾霭弥漫的大海上的一座灯塔,为我指引航向。安息吧,董老师,我永远的精神导师。

(杨柳:南京大学文学院副教授)

焦素娥

师恩难忘
——写给敬爱的董健老师

我一直觉得董老师没有离开我们,他依然那么温和地爽朗地侃侃而谈,谈文学、谈戏剧、谈教育……睿智而清醒、风趣而真诚。作为董老师的一个特殊学生,我虽然跟董老师学习的时间不长,但20多年来联系未断,董老师其实就是我一生的导师。

1993年春天,我还是一个地方高校的普通讲师,因对南京大学充满了向往,就申请了当年的高校青年骨干教师国内访学项目,期待能去南大的校园里读书学习。由于事先需要自己联系一位导师同意接纳,我就冒昧地给时任南京大学副校长的董健老师写了一封信,恳请董老师同意我前去拜他为师。没想到很快便收到了董老师的回信,欢迎我去做他的学生。终于等到了开学的时间,我带着这封珍贵的回信,乘坐长途大巴辗转十个多小时,来到位于鼓楼区汉口路22号的南京大学报到,住进了南园8舍一幢古旧温馨的女生宿舍楼。

我至今清晰地记得第一次拜访董老师的情景:那天下着毛毛细雨,我在陈咏芹博士的带领下,穿过几条曲曲折折的胡同,叩响了北京西路家属院董老师的家门。一进屋便听到了董老师、华老师爽朗的笑声。华老师看我比较拘束和紧张,立刻拉着我坐在她旁边,询问起我的家庭和工作情况,还不停地拿水果、瓜子给我吃,瞬间我的敬畏里又多了份感激。从那时起,他们的慈祥和蔼、善良亲切深刻地印在我的脑海里,悄然改变了我的为师与做人之道。

为了让我能够尽快熟悉环境、适应学习,董老师特意安排人带我去中文系报到,并介绍我是"来访学者"。于是,我从一个学习者变成学者,有幸享受到了中文系教师的"待遇",可以自由出入图书馆和资料室,可以参与戏研所的学术活动,也可以随意旁听中文系老师的课……于是,我结识了很多优秀的学者和博士,他们中的一些人也成了我一生的朋友。

我第一次参与董老师主持的项目,是做《中国现代戏剧总目提要》的资料整理。因之前很少关注中国话剧方面的史料,这个工作对我来说几乎从零开始。为此,我每天往返于中文系资料室和南大图书馆,查阅并复印了大量的图书报刊文献,逐渐完成了对中国现代戏剧作家作品的系统学习和理论思考。后来,因参加胡星亮老师主编的《中国电影史》和《中国电视史》,我的兴趣点逐渐转向影视,并开始了在影视方面的探索和研究。

在南大图书馆里,我开始思考当时中国学术界争议不断的关于电影的艺术性与娱乐化问题。我把写好的论文战战兢兢地交给董老师审阅,两天后收到了董老师从题目到内容详细批改的样稿,密密麻麻刚劲有力的红字不仅点亮和提升了文章的核心与层次,也让我看到了一个学术大家的胸怀与精神。

我的学习在匆忙和充实中很快结束。临走的时候,我带着积攒在心中的很多感谢的话语去跟董老师、华老师辞行,可一到董老师面前,连"谢谢"两个字都没有说出口。董老师拿出事先准备好的几本书递给我,依旧用他略带山东口音的洪亮清晰的语调,讲述自己的读书之道,我牢牢记住了一句话:"做学问要沉住气,好好读书。"接过董老师手中沉甸甸的书籍转身离开的时候,飘来华老师亲切温婉的声音:"以后常来啊……"这声音始终回荡在我的耳边,至今依然那么亲切和温暖。

一年时间弥足珍贵,细数起来有很多难忘的瞬间,但最难忘的还是董老师、华老师的细心照顾和耐心指引。正是在董老师的指导和感召下,我才一步步踏上了学术之路,找到了自己的学术方向。以后的日子里,因各种原因,我很少去南京看望董老师和华老师,但时常会收到董老师寄来或托人转交的书籍,包括《中国现代戏剧史稿》《中国当代戏剧史稿》《田汉传》《戏剧与时代》《戏剧艺术十五讲》《跬步斋读思录》《跬步斋读思录续集》《弦歌一堂论戏剧》《董健文集》等,每一本书的扉页上都会有董老师飘逸洒脱的题字:"焦素娥仁弟留念"。董老师也许不知道,因为这几个字,我的每一步都走得坚定而扎实。当我的学生陆续考上南大研究生时,当我从一个普通的讲师成为省级教学名师时,当我自己撰写的书摆在了南大图书馆的书架上时,我只想跟董老师说:多亏了您! 您的唤醒、引导和推动是我成长的动力和源泉。

2015年11月8日,带着来自南大文学院的邀请函,我专程前往南京参加"董健学术思想暨南京大学戏剧影视学科传统研讨会",又一次见到了八十高龄的董老师和华老师。董老师依然是那么睿智、谦逊地向来自全国各地的弟子们传递着他的思想和智慧:选择书就一定要选择真实的书,这个真实包括历史的真实、细节的真实、灵魂的真实,追求历史真实就是追求真理。

"追求真实就是追求真理",这是一种信仰更是一种境界,它会像一粒种子,在每一个弟子心中扎下根来,蓬勃生长,薪火相传。从这个意义讲,董老师并没有离开我们,而且也永远不会离开我们。

2020年6月20日

(焦素娥:信阳师范学院传媒学院教授)

庞瑞垠

诗一首

高山流水情，
弦断有谁听？
翰墨留余迹，
目染悲难禁。

结交 52 年，往事历历在目，悲痛难以言表，兄长一路走好！天国无关真伪、正邪、是非，旷达、闲适地作逍遥游，兄之为人为文已载入史册，夫复何求？云山苍苍，江水泱泱，先生之风，山高水长。乌呼矣哉！

（庞瑞垠：江苏省文联作家）

陈凤英　庄灿远

悼念董健老师

眼前耳边

一路走来

数十年

校园情浓浓

手挥目送

终程远去

一瞬间

思念梦深深

（陈凤英　庄灿远：南京大学外国语学院教师）

蒋广学

不是悼文的悼文：送董健

对于一般文人，死只是换了一块新的精神家园；而对于董健，那是一片不息的热土。亲人们不必悲伤，朋友们不必惊惶。但神交已久的人握握手，约约下次会见的地点还是必要的。昨天，我乘着宪章的车来到了最后交心的地方。那里来了许多人，有我认识的，更多是不认识的。但没有签到簿，来者都成了无名无姓的人，也好。没有哀乐，无悲无伤，也好。没有悼词，无善无恶，无功无过，也好。我走近他遗体，一副皮包骨头的脸，深深的黑眼窝，但仍然保留着略带笑容的嘴角。啊，千秋功罪，就是这张嘴啊。我想拍下他，但不合礼制被止。不久，来人散尽，一张我手写的挽联仍然装在口袋里：

悼念董大教授：
　大地为文天启章，时矣命矣；
　黎民不皇心逐浪，志也情也。
　蒋广学挽　己亥四月初十

（蒋广学：《南京大学学报》编审）

邢小群

悼念董健老师

5月12日,惊闻董健老师与世长辞,享年83岁。我心中百感交集,画了这幅素描。

我虽然没有在董健老师门下读书,但心中视董先生为我的业师。

初识董健老师,是1979年长春召开的当代文学研讨会上。这是我走上大学讲坛后第一次参加学术会议,也是在"文革"后,中国当代文学专业第一次全国性学术会议。当时,我怀着六个月的身孕,与会的老师们对我这个年轻教师非常照顾。那次会上,成立了中国当代文学研究会,并确定一些高校联合起来写一部中国当代文学史。当时,我就感受到南京大学的董健老师思想解放,立于本学科的学术前沿。

我在教授"十七年"戏剧(1949—1966年)时,重点讲"第四种剧本"。它们是在"双百"方针影响下出现的一批剧作。有杨履方的《布谷鸟又叫了》、海默的《洞箫横吹》、岳野的《同甘共苦》等。我之所以重视这类剧作,是因为它们对现实生活有质疑和反思。例如,《同甘共苦》的故事是一个老干部离弃糟糠之妻另娶；继而又想离婚，与前妻再婚，背景是对合作化的认识。主人公是个高级干部。此剧表现他政治正确，但道德上有问题。作者揭示了这个高级干部对女性居高临下的取舍态度，是夫权观念的当代演绎。我认为表现男主人公这个形象，是对1949年后干部第一次离婚潮的独立反思。我把这些思考写成了一篇论文《〈同甘共苦〉再认识》，在《山西大学学报》上发表。我想起了在长春认识的董健老师是研究当代戏剧的专家，于是将这篇论文寄给他指教。他很快回信给予肯定，而且同意我报考他的研究生。投师到董老师门下，当然求之不得。可惜我外语不行，没敢报考，辜负了董老师的一片好意。但董老师的文章和著作，我一直留意拜读，使我在教学上颇为受益。

我最后一次见董老师是2006年。当时我和丁东请好友王彬彬教授一起，到董老师家拜访，相谈甚欢。董老师还赠送我们一册他刚刚出版的《跬步斋读思录续集》。

我回去后捧读这本书，发现不是一般的随笔集，而是董老师晚年精神追求的集中展示，让我对他更加肃然起敬。此书让我进一步理解，董健老师不但是中国现当代文学、戏剧历史与理论领域的学术带头人，而且是一位卓尔不群的教育家。他1988年出任南京大学副校长，因为工作关系，在90年代初和教育主管部门的官员有过几次冲突。一次是他当面向一位司长反映："现在评博士学位点，有的学校由校长带着四处活动，贿赂说情。"那位司长很不以为然地说："主动出去疏通疏通，使评委了解情况，还是必要的嘛。"一次是在成都开会，部里要求进行文科清查，从教师和研究生的讲稿、讲义、学术专著、学术论文里发现资产阶级自由化，决不放过任何一个角落，未经清查的大学不准招收新研究生。他善意地提出，能不能把"清查"改为"建设"，一搞清查，就在事实上与师生为敌，不会有好的效果；讲建设，师生也是主体，尊重文科特点，不会伤人。当时遭到严厉的斥责。一次是邓小平南方谈话后不久，部里一位官员带着一名北大教授，来南京大学说，"修正主义要上台了"，北京大学已经成立了北方的"青年马克思主义学会"，希望南京大学发起成立南方的"青年马克思主义学会",作"反修"的准备。为此,董健当面向国家教委主任提出批评。他还组织文章在《南京大学学报》发表,公开驳斥了当时的极"左"思潮。这些细节,在书中都有直言不讳的记录。沙叶新在序言中评价董健是一位老而弥坚、感动中国的知识分子。

三十年来,中国的高等院校腐败丛生,校风沉沦,江河日下,有识之士莫不痛心疾首。但剖析问题的根源,揭示深层的症结,有一个特殊人群的声音却别具分量,那就是来自大学校长的反思。他们之中有担任过武汉大学校长的刘道玉,有担任过华中师范大学校长的章开沅,有担任过中国科技大学校长的朱清时,也有担任过南京大学副校长的董健。董健老师一再发声,反思失魂的大学,从事实到理论,从历史到现实,鞭辟入里,至今读来仍然让人荡气回肠,振聋发聩。这些曾经的校长们虽然不能挽狂澜于既倒,却为后世重振中国大学精神留下了宝贵的思想资源。

云山苍苍,江水泱泱。先生之风,山高水长。董健老师千古!

2019 年 6 月 22 日

(邢小群:中国青年政治学院中文系教授)

周晓陆

悼董健副校长

知名却在北游后，
愧作南雍桀傲生。
五次浪潮潮顶立，
几声呼唤唤长鲸。
史文成烛能驱鬼，
校务飘霖敢作盟。
我在浙江为吊客，
太炎秋瑾共尊醒。

（董健老师的大作言谈，微吾只在90年代之后才关心，每有过瘾感，也知以南大学生身份作他的学生，或资格有差。闻小虎兄之唁告，觉大伤心！草诗为悼。句末字无异义，醉昏荒糊态也。小鹿于钱江侧）

（周晓陆：南京大学历史学院教授）

张 生

岂因烟瘴回锋锐,常为光明作斗争
——悼董健老师

中国共产党党员,南京大学原副校长、教育部人文社会科学重点研究基地"中国新文学研究中心"原主任,我国著名戏剧学家、文学史家、南京大学人文社会科学荣誉资深教授董健,因病于2019年5月12日16时20分在南京逝世,享年83岁。

昨天深夜从杭州回来,临睡前看到我的博士导师丁帆老师发送的消息,得知董健老师去世,有点意外和震惊。今日稍微平复了一下,看到朋友圈里很多师友都在表达对董老师的哀思,想起十多年前我在交大中文系工作时曾邀请董老师来讲座,当时的讲座信息还登在了《东方早报》上,可董老师因为临时要去韩国出差,没有来成。为此他不仅当时就打电话向我致歉,后来见到我还是一再向我表示歉意,说欠我一个讲座。可如今这个"债"董老师再也不可能还了。

很遗憾。

我在南大中文系读书时,听过董老师的课,我的好朋友张扬华是他的爱徒。扬华后来旅居美国洛杉矶,我到美国去做访问学者时,我们经常在加州的蓝天下一起聊董老师。因为我们觉得,南大中文系现当代文学和戏剧专业所追求的自由主义与启蒙精神,在董老师身上得到了最为集中的体现,这从董老师的各种著作中都可以看到,已无须多言。董老师主要研究中国现代戏剧,他对田汉情有独钟,曾写过《田汉传》。而此时此刻,我觉得田汉的一句诗用在他身上特别合适:

岂因烟瘴回锋锐,常为光明作斗争!

相信董老师生前一定看过这首诗。

谨以此诗悼念董老师。

2019 年 5 月 13 日草于上海五角场
(张生:同济大学人文学院教授)

周安华

倔行者
——哭董师

题记:我1985年从西北边地考入南大读研究生,上的第一堂课就是董健师的《现代戏剧家》,印象深刻。10年后,已博士毕业数年的我,被董健师调入南京大学戏剧影视研究所,出任第一任副所长,自此时时聆听教诲,受教甚多。董健师仙逝,心头痛楚,辗转难眠,吟小诗一首深切缅怀。

执拗地,昂首而去,
你总是这样,
硬朗朗的背影,
从不回头,
梗着脖子,
生生地踏开一道曲径。

信奉启蒙,

呼唤自然，
每棵草、每支花都开放，
你就这样喊，
　　声嘶力竭的，
让高墙经院的人们揪心。

终于，
偪行化为你的程式，
　　你的标识，
　　　　你站着的意义。

于是，偪行也成为你，
倒下依然像一棵树、
　　一块礁石、
　　　　一道闪电、
　　　　　　一阵疾风的原因。

2019 年 5 月 16 日
（周安华：南京大学文学院教授）

张光芒

您就是那束永远不灭的"启蒙之光"
——深切缅怀敬爱的董健先生

一

2019年5月12日下午,敬爱的董健先生遽然离去,惊悉噩耗之际,那意外的悲痛和打击无以复加,难以言表。董先生身体一直比较硬朗,很少生病住院。虽然眼睛不好,但身体素质和身体机能都很好。关键是董先生晚年思维的敏捷、思想的活跃、记忆的准确以及理论的深刻一如既往,从无退化的迹象。我与董先生见面的机会比较多,对此特别有感触。就在近两三年,还刚刚发表了题为《在不断的自我反思中追求真理》的长篇访谈录。而且就在几个月前,我还去董先生家专门商量了下次谈话的题目、提纲与详细计划。聊完后,健谈的董先生意犹未尽,精力很好,我还陪同先生在他家旁边的湖边散步。可是,先生就这么突然地走了,即便用天妒大师、生命无常这样的慨叹之语也无法索解这意外带来的震撼。先生逝世后,每每思及,总是痛苦难耐,顿处悲恸之中,写不了一个思念的字。一年来,在董先生身边近二十年的点点滴滴,一次次聆听教诲所受到的无穷教益,不时浮现在脑海中,是那么清晰,又那么令人心痛。一次次受教的情景如在眼前,但又确实只能出现在记忆中了,这又加剧了心痛的感觉,如此循环往复,痛彻肺腑。

虽然我没有能够直接做过董先生的弟子,但有幸得到董先生无数的厚爱和耳提面命的教诲,应该早就算是先生的编外弟子和助手。而且这许多年间,我虽在董先生面始终执弟子礼,但董先生对我从来不端架子,几乎是无话不谈,一任性情挥洒。可是,这种特殊的和深厚的感情,以后只能在冥想中与天堂里的董先生畅叙了。

说起来,我与先生的特殊感情也有着深厚的渊源。我的导师朱德发先生与董先生是多年的老朋友。2001年我进入南京大学中国语言文学系博士后流动站工作时,董先生是流动站的站长。因此,朱先生除了向我的博士后联系导师叶子铭先生推荐我外,也向董先生作了介绍。记得2014那一年我在韩国外国语大学做客座教授,9月份专程回国参加在济南举办的"朱德发及山师学术团队与现代中国文学研究"学术研讨会。那一次回国还有一个重要任务,就是全程陪同董健先生往返济南与南京,董先生是那次会议特邀的少数外地专家之一,也是中国现当代文学学科共和国第二代学者的重要代表人物。那次活动先是学术研讨会,研讨会结束后,留下朱先生与弟子们再举行小型的以畅叙师生情谊为主题的活动。董先生除了参加学术研讨会,也兴致勃勃地参加了这次师生欢聚活动。董先生不时插话,幽默风趣,性情率真,他的友情出场使会场增添了很多欢乐的笑声。回想起来,能够与敬爱的健康的恩师们一起开怀笑谈,这是多么奢侈的人间幸福啊!

记得我有一个在出版社工作的同门师弟,业余钻研中医数年,颇有心得,而且对自己的医术比较自信。晚饭后,我还专门请他为董先生把脉,他很肯定地说董先生的身体机能健康、有力,只是有少许不成气候的小问题,平时注意调理就可,并口述了一个调理的方子。我听后非常高兴,董先生也很认同我师弟对他身体状况的分析,认真地记住了方子,也答应回去后一定按该方调理。

而2015年11月,"董健学术思想暨南京大学戏剧影视学科传统研讨会"在南京大学仙林校区举办,朱德发先生也是唯一从外地特邀的董先生的老朋友的代表。那次来南京,朱先生入住鼓楼校区的宾馆,与仙林校区距离比较远。会议前一晚,朱先生不但精心准备了发言稿,还再三叮嘱我次日早晨一定不要因为早高峰堵车而迟到。我深知朱先生过度的担心是因为太重视这次会议了。为了让朱先生放宽心,我提前几个小时开车把朱先生接到仙林校区,在我的办公室里等待。二位先生之间的深情厚谊由此可见一斑。尤其令人心痛的是,虽然朱先生来南京多次,但2015年11月是朱先生最后一次来南京,也是我最后一次在南京陪同朱先生。这次朱先生到南京,仍然是精力很充沛的样子,我不但陪他转了好几个地方,而且还颇有兴致地参观了我的新家。但这次我也发现了一点小问题,就是朱先生去厕所的频率明显比以前高。但朱先生很肯定地表示自己没什么健康问题,我想那可能就是老年人常见的尿频现象。而且我们还说好来年本专业有个较重要的学术会议,届时请先生拨冗前来,也可与董先生再见面叙旧。后来方得知,那时朱先生身体已经有较严重的隐患,无情的病魔阻止了这一愿望。

我对董先生深厚特殊的感情还有另一个缘由,同为山东人,生活习惯接近。我们都很喜欢吃山东的煎饼。有时候山东有亲友来南京时带些当地的煎饼,我就会送到董先生那里一点,每次师母华老师都开玩笑说,董老师吃起煎饼来收不住嘴,老是吃得太多。有时候董先生家里有了山东过来的煎饼时,也会分给我一点,我更是如获至宝。我们还都特别喜欢早餐时吃油条。每次与董先生出差时,师母华老师会嘱咐一下,看着点,别让董老师吃油条和喝酒,对身体很不好。但是"兵在外将命有所不受",只要到了外地,虽然不能尽兴,早餐时我们还是抵抗不了从小养成的胃口的诱惑,吃点油条。董先生偶尔也会喝二三两白酒,适可而止,身体反应也很好。

而且更为巧合的是董先生年轻的时候就在我老家工作过。有时候，兴致来了，董先生会详细地与我聊起当年的情况。董先生出生于山东寿光。1951年，也就是15岁读初中二年级的时候，他报名参加政府公务员培训班，经一个月"政治培训"后于1951年8月被分配至山东省人民政府沂水区专员公署民政科当文书，管文件收发保管及抄抄写写等文书任务。董先生说，当时作为一个"地主出身"的15岁少年，成为政府的干部，穿干部制服，吃"供给制"，未受歧视（周围都是年长的"大哥"、"大姐"或者老干部），"心情一时颇愉快"。他还清楚地记得，第一次参加机关政治学习，学的是苏共十九大文件，讨论马林科夫的政治报告。"共产主义理想"这些概念，深深地扎根在他的脑海里。列宁、斯大林等名字，成为心中不可动摇的偶像。是年11月，还加入了共青团。

两年后，沂水专区与临沂专区合并，也就是董先生17岁的时候进入临沂地区干部学校接受政治培训，然后被分配至临沂专署卫生科任文书。考虑到自己中学未毕业就从政，遂入机关干部业余文化补习学校高中班学习，力争二至三年内补上高中文科课程。同时于这一年开始业余学习俄语。那时全国掀起俄语热，各地电台都有俄语广播学校。董先生非常用功，自费订阅了中国出的俄文报纸《友好报》、《少先队员》等，于1955年居然拿到了上海俄语广播学校的毕业文凭。正是因为这几年的刻苦，1956年国家号召"向科学进军"，鼓励机关年轻干部报考大学，董先生赶上这一波幸运的潮流，于9月以第一志愿考入北京俄语学院，享受"调干生"待遇。董先生多次开玩笑说，要不是搭上这一班车，很可能现在还在我的老家临沂工作，当然很可能也是有一定级别的官员。

二

对董先生最为感恩的是他对我关于启蒙问题的研究方向和基本价值立

场的鼓励、启发和教诲。在我来南京大学的近二十年中,每当我有问题要请教,或者有话题要讨论,包括有事情请先生帮助和提携,董先生从来是有求必应,从无例外。因此,我也成为先生家中的常客。有好几次这样的情境让我特别难忘:早饭后,我来到先生的书房,师母提前泡好了一大壶茶,两个杯子,一个热水瓶。董先生说这是一种特殊的喝茶的方式。不需要像一般茶道那样不断地冲热水,倒来倒去,很费时间。只需要从大茶壶里取一杯,如果嫌凉就从热水瓶里兑点热水,夏天的时候喝温凉一点的茶则有助于降温解暑。然后就是我与先生请教、交谈和讨论的幸福时光。有时候为了讨论或者解决问题,过了吃中午饭的时间。有几次,我突然发现时间太晚了起身告辞的时候,华老师把一包装好的午饭递给我,让我带着吃。原来细心的师母不忍心打断谈话,也提前给我准备好了午饭。先生仙逝后,我每当想起那一次次闲谈中所受到的精神上的震撼,一次次讨论中所领受的莫大的学术上的教益,都会有一种揪心的痛苦袭来,"一夜思师泪,天明又复收",此恩此情,让人如何放得下。

近二十年来,或因参加会议或专程陪同,我与董先生一起外出过多次,但其中有三次北京之行,具有特别的意义。这三次北京之行都与教育部哲学社会科学研究重大课题攻关项目"现代启蒙思潮与百年中国文学"有关。早在2005年5月,教育部启动哲学社会科学研究重大课题攻关项目的选题征集工作,丁帆先生鉴于南京大学中国现代文学研究中心的研究传统、学术立场、研究优势,同时根据对中国现当代文学领域研究现状与研究趋势的判断,与我商议设计了这一课题上报。2005年10月,该课题正式列入教育部重大课题招标项目。应该说这是有关现代启蒙思潮的文学研究首次列入国家级的重大课题,在一定程度上标志了中国现当代文学研究的领域和视野得到了突破性的拓展。而且那个时候,国家级的重大课题处于起步阶段,课题量非常少,国家社科基金规划办的重大项目类型也尚未开始。因此,全国各大高校、学术团队与重量级的学者对教育部重大课题招标项目极其重视,不但精心组织攻关团队,严密设计课题内容,而且常常是很多团队竞争一个项目。果然,该课题立标后,直接参加竞标的高校团队就有8个,好几个团队的首席专家都是三十年代出生的本学科权威专家,竞争非常激烈。丁帆先生请董健先生担任了该项目的首席专家,时势使然,董先生欣然负责起来。首先组织起了一个跨学校、跨领域和跨国家的研究团队。论证工作的准备阶段也非常充分,仅学校社科部门组织论证就有两次,而且社科处处长也带人与课题组的竞标人员一起赴京提供必要的支持。

第一次赴北京是2005年11月29日。董健先生、丁帆先生与我一起赴北京参加了投标工作。记得在竞标现场,我们三人一字排开,董先生负责答疑,丁先生负责汇报,我负责技术操作。在激烈的投标竞争中,本团队最终胜出,获准立项。第二次北京之行是2007年7月,董健先生、王彬彬先生与我一行三人代表课题组赴北京,按重大课题攻关项目的管理要求,接受中期检查评估。顺利通过中期考核。重大课题从启动到完成时隔5年,按教育部要求参加现场鉴定会答辩,于是有了第三次北京之行,即2010年5月28日。董健先生、王彬彬先生与我带着课题组的最终成果与相关材料赴北京,记得入住的是北京永兴花园饭店。经过几个小时的汇报、答辩和鉴定专家组的充分评议,顺利通过结项。围绕着董先生主持的"现代启蒙思潮与百年中国文学"的研究工作,还有非常多的值得怀念的事情。比如,2006年6月25日,在南京大学举行了隆重的开题报告会。2008年3月在南京国际会议中心召开了大规模的"启蒙思潮与百年中国文学"国际学术研讨会,在学界产生了较热烈的反响。再比如,2010年10月,作为项目研究中期成果的近百万字的《启蒙文献资料选编》分"中国卷"与"外国卷"由上海人民出版社出版。

在持续数年的整个项目工作和研究过程中,我作为子课题负责人之一,同时作为董先生的助手,有幸全程参与各个环节。也正是在这一过程中,我有了更多的机会管窥董先生的满腹学问与精神状貌,悟到了很多很多东西,也学到了很多很多东西。特别是那种发自性情的对于学问的执着与严谨,那种远离世俗与世故的纯粹的学者情怀,那种基于现代启蒙立场的知识分子精神,那种敏锐地提出问题严肃地解决问题的现实感,等等,于长期的潜移默化中深刻地影响着我、引领着我和塑造着我。

能够有较多的时间伴随在董先生身边,还来源于另一种与工作联系在一起的机会。2007年的时候,董健先生提出从江苏省当代文学研究会会长的位置上退下来,经过该年度学会会员代表大会的选举,王彬彬教授担任研究会会长,董先生担任名誉会长。在会长的提议下,我担任了该学会的秘书长,具体负责会务工作。虽然董先生退居二线,但是每一年的学术会议仍然应邀积极参加,这一习惯在董先生患上眼疾以后仍然延续了好几年。董先生不辞辛苦,不计功利,从行动上无私地支持和提携更多的后辈学者成长。

三

无论何时何地,向董健先生请教,与董先生聊天,或者跟董先生讨论问题,总能收获莫大的启发、激励。记得早在新世纪初,有一次向董先生请教后,按捺不住激动,整理了一篇题为《启蒙:未完成的现代化课题——访南京大学文学院院长董健教授》(《现代教育导报》2002年5月2日)的访谈。在该文中,董先生及时、敏锐地总结了上世纪90年代以降思想界出现的几个潮流及其存在的问题。

长期在董先生身边工作,我渐渐发现董先生在思维上有着鲜明的特点,也有着许多让人可望而不可即的过人之处。第一点就是,董先生的记忆力惊人。这种惊人的记忆力不是表现在生活琐事上,也不是那种单纯的死记硬背的能力,而是一种他把握人文思想的独特逻辑的过人能力。不论是与学问相涉的思想观点,还是与社会问题相关的现象,不管是自身经历过的历史变迁,还是研读过的理论与文本,董先生随口提起时,常常清晰、准确得如数家珍,甚至像从电脑网络中查找出来一样。记得有一次我们要准备讨论文学的价值观问题,董先生建议应该涉及对主流意识形态倡导的社会主义核心价值观与价值体系的分析。当时,董先生因眼疾已经不方便读书看报,我便在一次外出开会散步时,将查到的准确内容给董先生读了一遍,文字很长,但是董先生只听了一遍就准确无误地复述了出来。后来,我们在一起正式讨论时,董先生也会随时一字不差地引用。因为我自己对有些绕来绕去的话语总是记不准确,哪怕刻意去背也达不到准确无误的程度。对于董先生过目(耳)不忘的功夫,我不得不暗暗称奇。

第二个特点也许能够部分地解释第一点,那就是董先生的话语逻辑之鲜明之严密,极为突出,在我能够接触到的先生同代人中无出其右者。这不仅表现在他的演讲和报告中,也体现在文章写作中。也因此,董先生的许多观点总是既具有强大的穿透力和感染力,又让人印象深刻,心服口服。而且,董先生在任何场合讲话时,几乎从来不使用稿子,凭着惊人的记忆力和强大的逻辑,信口道来却不散漫,枝蔓全无而自成一体。很多听过董先生讲演的人聊起董先生的时候,无不对先生的话语天才久久难忘。

第三个特点是董先生在学术理论上自成体系,与此有着内在相关的表现就是他对研究现状的把握高屋建瓴,对于学术界诸多浮泛的现象有自己独特的洞见,并且能够一针见血地抓住问题的本质。记得很多年以前,有一次董先生与我聊到我一篇论文的观点和思路时,特别指出我文章中使用的一个称为"前启蒙"的表达方式不太合适,可以考虑换个别的说法。类似"前现代"的说法在理论上是通的,因为从时间性上来说,"前现代"是存在的,这样的说法也是合理的。但"启蒙"作为人类的一种智慧启迪和自我觉醒,很早就存在,并非是从哪一个时代才完全开始。在西方,并非从启蒙时代才有了启蒙;在中国,也并非从"五四"时期才开始有了启蒙。我们只能说,"五四"时期开启了现代启蒙。我在用"前启蒙"这一概念的时候,主要受"后启蒙"说法的影响,没想这么多。经董先生指正出来,我才恍然大悟。由此可见,对任何一个概念的使用必须充满敬畏感。如果想创造一个概念或话语,就必须在学术理论上讲得通,然后才能谈得上创新的问题。

　　董先生患上眼疾以后,不方便阅读,更不方便写作。但是先生的思维和创造力并不受影响。这样由先生口述再由学生整理,或者以对话、访谈的形式请先生留下更多的学术观点,就成为非常重要也极为必要的方式。我与董先生商量过一个比较长远的计划,列了一系列比较重要的话题。其中有的对话话题则是由好几位刊物主编分别通过我向董先生约定的。每次对话的流程是先确定讨论的题目,然后分头思考和准备,再集中时间讨论,后根据录音和记录整理成长篇对话文章。像《东吴学术》主编林建法先生约的长篇对话《文学创作与文学研究中的价值观问题》,发表于2012年第3期。该讨论从四个层面对该论题进行了分析和构建:"文学中的价值观内涵及其当下性"、"价值观的混乱及其社会历史根源"、"文学中的价值观问题及其表现"以及"如何重构文学的价值观"等。

　　董先生感兴趣的往往都是学术性与思想性相结合的重大课题,基本上都属于针对当下某一突出现象同时在某一学术层面上又具有重要建构价值的话题。比如有一次我们有感于民族主义文化思潮的兴起及其所存在的问题,便选定为讨论的对象。后来我整理后,发现我与董先生的思考都有相对完整的思路,便以一组论题两篇论文的形式发表在《探索与争鸣》2013年第4期。董先生论文题为《民族主义文化情结:消解启蒙理性,阻挠人的现代化》,我的题为《民族主义文化思潮新面孔及价值乖谬》。二者在具体的论题、思路与观点方面彼此呼应,形成互补之势,其中渗透了先生许许多多的心血。比较近的一篇访谈发表于《新文学评论》2016年第4期,题为《在不断的自我反思中追求真理——董健先生访谈录》,在该文中,董先生以一个文学史家的身份从"如何走上文学史研究道路"、"文学史研究道路以及对文学史研究的反思"和"当代文学史研究过程中存在的问题与困境"三个方面系统地进行了回顾和总结,较完整地展现了一位资深文学史家的大智慧和风采。

　　尽管近些年大家都知道董先生患有眼疾,但由于董健先生巨大的学术影响力和社会影响力,依然有不少大刊物的主编向先生约稿。有的主编通过我约董先生,并直接告诉我只要董先生能够答应,身体情况能够允许,就以访谈的形式或者对话体都可,他们"都将荣幸之至"。实际上,我在董先生身边的近二十年中,凡有真诚约稿的,我能够看到和知道的,董先生未曾拒绝过一次。董先生深知,办刊不容易,办刊有自己的思想理念和价值立场更是让人尊敬,而自己亦应有思想者的使命和担当,因此总是不辞辛苦去完成。写到此处,我突然一阵鼻子发酸。因为,还有好几个计划,有好几个约稿,我与董先生已经商量好,要做下去的。按照董先生的脾气,答应好的事,是一定要完成的。可是⋯⋯

每当想起与董先生在一起的这些年,每当想起董先生给我的莫大教益,一幕幕场景如在眼前,一句句话语如在耳边,缅怀之情难以排解,感恩之心无从寄托。想起2006年董先生给拙著撰写序言,借用了歌德临终时说的话作为题目:"打开窗户,让更多的光进来!"在我心中,董先生就是那束光,就是那束永远不灭的"启蒙之光"!

(张光芒:南京大学文学院教授)

李　开

从古典学走进现代文化学
——董健老师学术文化思想一则

我认识董健(1936.1.3—2019.5.12)老师是考上南大中文系之后的1963年上半年。那时,在听过朱月瑾(1933.5.26—2002.7.21)老师讲过"五四"以来的"文明戏"(话剧)之后,陈瘦竹(1909.10.17—1990.6.2)先生给我们62级上现代戏剧理论课。瘦竹先生上课早已名声在外,逻辑性很强,条理清晰,语言表达准确精炼,要是你把陈先生的讲课内容记录下来,无需增改一字,即可拿去发表,准是一篇精美的学术论文。那时,董健老师也刚考上陈中凡(1888—1982)的研究生(1962),与他的同学梁淑安、杨崇礼一起来听课,总是坐在靠着墙的最后一排,也不傍课桌,听得很认真,不时做些记录。六十年代初的大学生的心情,是今天的学生无法体会,也无法理解的。那时大学生最大的奢望就是开学要见到一张课程表,这个学期能把公布的课程学完。而事实上总是事与愿违:课程表总算见到了,心头好一阵喜悦,但多半没上完就被停课干别的事去了,下乡劳动,参加政治运动,业务课被停被冲是常事。瘦竹先生这一次开设的课是个惊喜,是善始善终的,难得满足了学生们的奢望,董健老师他们也抱着同样的心情来享受这次来之不易的文化大餐,自然和我们这些刚入学不久的本科生、还从未听过名师授课的人一样倍加珍惜。后来,听人说,董来听课听得那么认真,还做记录,是有目的的,是来搜集批判陈的炮弹的。我认为这完全是胡扯!在"左"的年代,人性都被扭曲了,以"左"的眼光看人,要么诬其"左",要么陷其"右",将人妖魔化,是常有的事。一位胸襟坦荡如砥、性格快人快语的青年才俊,是不可能做出如此小人的事情的。多年之后,大约是1990年代,在一次集会上,我亲耳听到董老师讲:"陈瘦竹先生是我的老师,可是他的学问我没有学到,黄斑变性倒被我学来了。"虽然是一句打趣自嘲的话,但董对瘦竹先生的崇敬之情溢于言表。

2004年新学年伊始,南京大学中文系庆祝建系九十周年(1914.9—2004.9),时任系主任的莫砺锋教授主编《南京大学中文系九十周年系庆论文集》,我作为具体落实其事的编纂者之一,一天收到了董老师的文章《论礼乐精神的文化价值》(原载《南京大学学报》1994年第2期),心里有点纳闷,心想:虽说董老师是国学大师陈中凡先生的研究生,但一直以来董是以现代学名家的,收进系庆论文集的代表作,他应该挑一篇现代学的。当时也曾想过,日后有机会问问董老师本人,为什么不选一篇现代文学或戏剧学的论文作为代表作收进系庆论文集。后来也没有合适的机会,如今天壤永隔,问道无从了。经过重新学习董著,方知这是一篇占先机的充满正能量的代表作。

董著写于上世纪九十年代早期,文化价值观问题尚未引起重视。众所周知,"文化热"的出现是美国总统杜鲁门的冷战战略告结、苏联解体后的事。1993年夏,美国《外交》杂志发表了亨廷顿的《文明的冲突》,提出了冷战结束后政治认同以文明为基础。但中文版直到2013年1月才问世。亨廷顿指出:"这一模式强调文化在塑造全球政治中的主要作用,它唤起了人们对文化因素的注意。"但亨廷顿同时又认为"中国的兴起"是新时期"文明的冲突"的主要根源,产生这一荒谬论调的根源在于他对中华文明重视"和为贵"全然无知。

一般认为,改革开放后西方文化潮水般地涌入中国,重提以中国文化为主流文化,重新重视传统文化研究,也有三个时间节点:一个是1993年冬湖北省荆门市出土楚简(《郭店楚墓竹简》,文物出版社1998年版),新儒学的代表,哈佛大学教授杜维明2016年8月提出,因郭店简的出土,要重写中国哲学史和中国学术史。郭店简的最大特点是它的原始儒学与后世用于官方统治儒学的不同。例如"仁"字,郭店简一律写作"身"字加"心"字的上下结构的会意兼形声字(身为声旁,身,上古音书纽真部,仁,日纽真部,二字不仅古韵同部,且书纽、日纽为旁纽),《论语》等一律写作"二人为仁"的"仁"字。这不仅是文字形体上的不同,更是思想理念上的不同。前者表明原始儒学字的"仁"是指主体自我、自身心性世界内的仁意识、仁修身,传统官方儒学的"仁"是"人与人之间的关系"准则。郭店简的出土、出版引起海内外学术文化界的超级震动,杜维明说起了助推的作用。乃至在南京大学留学生群体中也引发反响,有多名留学生提出要座谈郭店简的学术文化价值。当时我在留学生部主事,随即邀请莫砺锋教授、许结教授来部与留学生座谈,许结教授最后还作了"郭店楚墓竹简与中国传统文化"的简短小结性发言,座谈会满足了留学生们的文化求知欲。

此外,还有两个时间节点,杜维明(1996)和汤一介(1999)受德国历史哲学家、存在主义思想家雅思贝尔斯关于人类"轴心时代"说的影响,提出"新轴心时代"概念。杜维明主张当今"新轴心时代"的文化出现了"全球化"与"现代化"的"趋同"特征的不同面向,是个复杂化、差异化的过程;汤一介则强调"新轴心时代"应建立多元文化相互交流,相互影响的世界新格局。无论是杜的"改写"说,"新轴心时代"的"趋同"多面向说,还是汤的"新轴心时代"多元文化说,乃至郭店简的出版和解读,虽然对促进中华文化热的形成有重要作用,但都大大晚于董老师的"礼乐精神文化价值"说(1994)。在"一式"(亨廷顿文明冲突新范式)、"三儒学"(郭店简原始儒学问世、杜维明新儒学、汤一介新儒学)的维度下审视董老师的"礼乐精神价值"说,可知董说的先在性及其无与伦比的学术史价值，可知其对中华文化热的本体发展的合乎规范的引领作用。

综观董老师的全文，条理清晰，思致缜密，文笔洗练，气势恢宏，表达煽情，无不达于炉火纯青，真可谓"风格即人"，快人快语，尽皆言臻意尽而后止。这自然让人想起董老师和胡若定老师曾经作为代表南大水平，省里"两支笔"的文字砥砺工夫和文章构境功力。这些语文学造诣暂且按下不表。

就文章思想内容而言，董文一开始就确定"礼乐精神"的地位，并在本体系统中寻找"礼"和"乐"这一对文化形态的来源，这就把研究对象置于一个新的高度，这一高度可与前述"一式三儒学"媲美并先在于彼。文章说："礼乐精神，作为人类精神文明的一种独特表现，在中国传统文化中占有重要地位。有时，礼乐简直就是整个精神文明的代表。"这说得很到位，唐代学者孔颖达就把"华夏"的"夏"解释成"有礼义之大"。可贵的是，董文随即对"'礼'和'乐'这一对文化形态"作本体追溯。它的"创立"起源于"古代祭祀仪式"，它的"文化内涵的拓展"则"基于先哲对人性的认识"。"人性的认识"的深入，则又鞭辟至于人类社会物质生产和精神生产两大分野，人性则有物质欲与精神欲"两欲"，亦即物欲（肉欲）与灵欲。由本体而功能言之："两欲"调节得当有利于社会的发展，禁锢或放任会窒息社会，成为众乱之由。将本体与功能相结合：可知宗教和艺术的产生，源于对"两欲"调节和引导，古希腊有"日神"和"酒神"，中国古代有"礼"和"乐"。董文说："将'礼'和'乐'这一对互不相同而又互相联系的文化符号系统组成一种调适人性的文化手段，这是中国传统文化的独特创造。"由以上可知，董文不仅阐说了"礼乐精神"的崇高地位，而且建构了"礼乐精神"的本体和功能相结合逻辑系统和"文化符号系统"，无不彰显出董老师哲人思维的特质。在社会学的评价上，它正可说明"礼乐精神"对建设当代精神文明的作用，其文化价值显然；而"文化符号"在确立民族自觉的过程中始终发挥着潜移默化的作用。最直接的"文化符号"是汉字，但董老师1994年版"文化符号系统"决不限于汉字，而是包括"礼乐精神"的方方面面，包括"礼乐皆得，谓之有德"的"德"，如此等等。

关于礼乐文化的应用，因其本体性来源于对人性的认识，对人与自然关系的认识，以及由此而产生的"礼""乐"二元对待的性质，"这一对相反相成，对立统一，形态各异的文化手段"，决定了"礼"和"乐"的作用各不相同但又互相联系、互相补充。董文列表缕述古代礼、乐各自为用的十九个方面三十八条，在此基础上觅得礼乐应用的三大领域：在人与自然关系的处理中、在人与人之间关系的处理中、在个人的自我修养中。董文还提炼出礼乐精神五原则：两者区别与联系相统一、秩序与变化相统一、人与人之间的"相恭"与"相亲"亦即"敬"与"爱"相统一、明"理"与达"情"相统一、外貌表现形式与内心修养相统一。这五大"统一"中，礼乐精神"和为贵"是其始终如一的逻辑贯穿。以上可知，董文对古代礼乐文化的应用问题提出了系统看法和深度解读，从而让"应用"这样的具体的实际问题获得"抽象具体"的品格，并将其严格置于学术视域。

最后就其现实应用提出了灼见。董文说："我们今天对传统的礼乐文化，不应该此表面形式上照搬，而应取其精华。"并引用恩格斯的话，来说明对礼乐文化"进行一番历史的再认识"的必要性：对原本的意义进行"扬弃"，"救出通过这个形式获得的新内容"。具体来说，古代礼乐文化中的和谐、强调自我修养，特别是"和而不同"，"是与当代民主意识相通的"；如前述礼乐精神的"五原则"中的对待统一，和谐精神，"为建立中国特色的文化生态学（cultural ecology）提供了理论模式的借鉴"；礼乐精神涉及的观念、文献都为建立"中国独特的美学体系"提供了"不少可资借鉴的思想资料"，且以"文以载道"、移风易俗等的时代精神为中心形成区块而展开。十分明显，这三点应用对策，其语义指向都是服务于社会主义制度下构建和创新当代文化价值观的话语体系，与中国特色社会主义理论中的文化建设理论保持一致的，承载着满满的正能量。

2020 年 6 月

（李开：南京大学文学院教授）

胡星亮

董健先生的学术道路与学术思想

　　董健先生是戏剧学家、文学史家,在"戏剧历史与理论"和"中国现当代文学"研究领域成就卓著。先后出版《陈白尘创作历程论》(1985)、《田汉传》(1996)、《戏剧艺术十五讲》(2004)等学术专著,《文学与历史》(1991)、《跬步斋读思录》(2001)、《戏剧与时代》(2004)、《跬步斋读思录续集》(2006)等学术论文(及随笔)集,参与主编《中国当代文学史初稿》(1980)、《中国现代戏剧史稿》(1989)、《中国当代文学史新稿》(2005)、《中国当代戏剧史稿》(2008)等著作,及大型工具书《中国现代戏剧总目提要》(2003)、《中国当代戏剧总目提要》(2013),获得学术界的充分肯定和高度评价。

　　虽然1965年研究生毕业之后就留在南京大学中文系任教,但董健的学术之旅真正进入正常发展期开始于1978年。30年来,这位年轻时就"一心想攀登山顶去摘学术之果"且"至今还未死心"的学者,在新时期思想解放伟大运动推涌下,立志"成为一个会思考、有思想的真正的学人"①,不断突破长期以来"左"倾教条倾向、政治实用主义有形或无形的束缚,不断探索现代意识、启蒙理性、人文精神的学术立场和价值评判,追求真理,提出了一系列具有创造性的思想和观点,有力地推进了20世纪中国戏剧及文学的研究。

一

1978年至1984年前后,可以看作董健先生新时期以来学术之旅的第一期。

这一阶段董健学术研究的主要特点,是批判极"左"思潮、教条主义长期以来对文学、戏剧的种种束缚,寻找学术研究的"真理的阳光",努力用真理的阳光"照亮"自己因为长期受"左"倾教条束缚而愚昧、混沌的头脑。这些研究对过去有重大突破,然而对于董健的学术理想和追求来说还没有真正地实现;学术观点也多有创新,但渗透于其中的思想理念、文化价值标准还没有彻底改变。与当时整个社会处于拨乱反正的情形相似,他此期的学术研究也处于新旧转型阶段:从"天亮而梦未醒"走来,去追寻"真理的阳光"。

董健生于1936年,到1978年已年过"不惑"。然而他1956年考入大学接受本科和研究生教育,大部分时间却是在政治运动、体力劳动的"阶级斗争"、"反修防修"中度过的;留校任教后又逢"文革"十年,整个社会的动乱、愚昧更使他踏上了精神蒙蔽奴役之路。该上的课没有上(或不准上),该读的书没有读(或不准读),该学会思考时不准思考,所以尽管1978年他已年逾"不惑",但他感到思想上仍然在惑。董健把这种当时具有普遍性的社会现象,称作"天亮而梦未醒"状态。是1978年开始的"真理标准"讨论和思想解放伟大运动,给他的学术研究带来了思想上的启蒙。这是他平生第一次感受到思想

---

① 董健:《学会思考不易》,《跬步斋读思录》,江苏教育出版社2001年版,第37、41页。

启蒙的"真理的阳光"。也让这位当时即在江苏省颇有名气的"笔杆子",这位凭其天赋此前常被"重用"而"狂"过的青年教师,第一次感受到自己知识残缺,由衷地感慨自己"是建国后大学教育的大锅里煮出的一碗'夹生饭'"[①]。于是,他开始读书大"恶补",着重在思想启蒙、知识结构两方面大量阅读古今中外各种经典著作。

董健这一阶段学术研究主要有两个课题:一是参与《中国当代文学史初稿》的编写,二是撰著《陈白尘创作历程论》。

《中国当代文学史初稿》是北京师范大学、南京大学、武汉大学等十所高校教师集体编撰的。董健执笔其中"十七年"文艺运动与文艺思想斗争、田汉、老舍等章节,并参与全书的统稿及主编,体现出他对当代中国某些文学现象、作家作品的认识。然而更能代表他此期理论思考的,是他在该书编写过程中(及之后)对某些问题深入探讨而形成的一批论文,如《论长篇历史小说〈李自成〉》、《论一九五六年至一九五七年中国文艺运动中的几个问题》、《对〈红旗谱〉思想和艺术的再认识》、《关于中国当代文学史的分期问题》[②],等等。

《论长篇历史小说〈李自成〉》、《对〈红旗谱〉思想和艺术的再认识》等文,既是董健力求科学地、实事求是地进行学术研究的开始,也是他对当时"天亮而梦未醒"社会现象对文学创作严重危害的敏锐发现和尖锐批判。他对姚雪垠的《李自成》第一、第二卷运用历史唯物主义观点,通过宏阔的情节结构和鲜明的艺术形象去描写历史,及其所达到的历史真实性和审美艺术性给予了充分肯定。但在当时对《李自成》的一片赞扬声中,董健也对此书第一卷的1978年修改版和1978年推出的第二卷因为受"左"倾教条影响,而或拔高和"现代化"历史人物,或回避和抹煞农民起义英雄身上某些阶级特点等倾向提出了批评。同样地,梁斌的《红旗谱》作为当代优秀长篇小说却在"文革"中遭

---

① 董健:《学会思考不易》,《跬步斋读思录》,江苏教育出版社2001年版,第37页。
② 后收入作者论文集《文学与历史》,江苏文艺出版社1992年版。

到批判和否定,董健高度评价它通过朱老忠、严志和等形象的成功塑造,揭示了新民主主义革命中农民历史命运的深刻性和丰富性,认为这是一部具有鲜明民族风格与气派的"农民运动的史诗",并在新文学发展的广阔背景上分析了其艺术创造的独特贡献与地位。然而同时,他也指出该书1978年修改版带有"文革"中被精神折磨的创伤——按批判者的"调子"进行"辩诬"性修改以加强"革命性",而削弱了原作的真实性和艺术完整性。"天亮而梦未醒",董健的发现具有丰富的概括力,而他欲摆脱长期以来"左"倾教条束缚的努力,在当时文艺界、学术界也具有普遍意义。

更能体现董健此时学术研究的思考特点和理论深度的是《论一九五六年至一九五七年中国文艺运动中的几个问题》一文。作者肯定当年的思想解放"在文艺批评和文艺理论研究上,突出地表现为联系实际、摆脱教条、冲破禁区、大胆探索的精神",肯定当年的思想解放对文艺创作的深刻影响,在扩大生活观察视野、批判官僚主义等现实阴暗面、开掘生活真实性和人物精神世界的丰富性等方面的深入探索。严厉批判"左"倾教条阻挠思想解放运动,以及这场运动流产之后,"左"倾思潮泛滥而扼杀解放思想、敢讲真话、大胆探索的精神和文艺界在歌颂与暴露、真实性、文艺民主与自由等问题上的简单粗暴。强调新时期文学发展必须汲取历史经验教训,要批判"左"倾教条,保证学术民主,尤其要坚持思想解放——"即使当思想解放作为一个大规模运动的高潮已经过去的时候,解放思想的要求也不应该取消,它应是持续不断、日新月异的"[①]。此文因为对1956年思想解放运动"悲剧性地流产"经验教训的深入阐释,和对新时期思想解放运动的推进而在学术界产生重大影响。它充沛盎然的气势、饱蘸情感的文笔和敏锐犀利的论述,也初显董健的学术风格。

1980年完成《中国当代文学史初稿》的编写、统稿之后,因为南京大学要延续从吴梅、卢冀野、陈中凡等以来历史悠久的戏剧研究传统,董健的科研和

---

① 董健:《论一九五六年至一九五七年中国文艺运动中的几个问题》,《文学评论》1979年第5期。

教学重点开始转到戏剧方面来。适逢中国戏剧出版社约请撰写陈白尘研究专著,此后三年,他主要投入《陈白尘创作历程论》的写作。这部功力精深的作家专论有几点值得注意。一是从创作出发,赋予研究以整体性和历史感。长期以来陈白尘只是作为剧作家被写入文学史,该书则联系中国现代社会历史进程和现代戏剧及文学的发展,把陈白尘的戏剧、小说、散文作为一个艺术整体进行系统的研究;又从陈白尘丰富的艺术世界中,发现他始终是以喜剧家的眼光观察社会人生并予以喜剧审美艺术表现,因而抓住此艺术个性的形成和发展来论述其创作历程,在历史长河中挖掘出属于陈白尘的独特艺术风采。二是突破以往单一的社会学批评方法,展开细致绵密的艺术分析。纵向考察,它分析了随着社会发展和作家的艰辛探索,陈白尘创作的时代品格、历史品格与喜剧品格、美的品格如何逐渐完善;横向审视,它对作家每一部重要作品都有深入的专论,尤其对以《升官图》为代表的喜剧美学的论述见解独到,指出陈白尘喜剧创作的重要艺术价值和悠深的艺术生命力①。三是该书"不论是对作家的成就还是对他的问题进行分析时,都尽量把眼界扩展到当时整个文艺运动和社会思潮,试图从历史的土壤里挖掘出它们形成的原因"②,在陈白尘的个案解读中,就包含着对中国现当代戏剧及文学发展中某些重大问题的深刻思考。特别是直面陈白尘1949年以后近30年当"空头文学家"的悲剧,作者以犀利的笔锋抨击"左"倾思潮的禁锢,令人深思。该书出版后得到学术界好评,获江苏省哲学社会科学优秀成果二等奖,苏联汉学家尼科尔斯卡娅还在《远东问题》(俄文)杂志发表书评予以推荐。

学术研究要以扎实的史料为基础,要有敏锐精深的艺术分析,尤其要有

---

① 董健在其学术之旅第二期,因为思想理念的发展,对陈白尘的创作又有新认识。除早先从陈白尘作品中发现喜剧具有独特的审美穿透力而执著地呼唤喜剧精神之外,还突出了陈白尘创作的"刺官"意识(批判官僚政治的民主精神)和人文思想(反对市侩主义的坚贞自守精神)。参见董健《论陈白尘剧作中的两种可贵精神》(《剧艺百家》1988年第2期)、《中国的果戈理》(《中国文化报》1998年3月24日)等文。
② 匡亚明:"序",《陈白尘创作历程论》,中国戏剧出版社1985年版,第4页。

"真理的阳光"的穿透力,上述论著,清晰地突现出董健这一阶段不断摸索的学术追求。毋庸讳言,董健此期的学术研究仍然有束缚。比如对历史发展还遵循"阶级斗争红线"观,对农民起义还少有深刻的思索和批判,对"十七年"中国社会和文艺的认识有时还依从主流。但是同时也是更重要的,他以"思想解放"批判"左"倾教条与封建传统合流及其对文学创作和评论的戕害,强调作家作为精神创造者的独立人格和艺术独创,强调文学创作的人道、人情与人性内涵,强调文学研究要从完整的艺术形象体系去分析作品描写生活的广度与深度等,可以看出,董健正在努力挣脱种种束缚而去追求真正的学术研究。

二

董健先生真正挣脱长期以来"左"倾教条束缚,而建立和完善其学术研究的思想理念与文化价值标准,并形成其独特的学术风格、在学术界产生重大的影响,是在1984年前后至1990年代后期。具体地说,是以《中国现代戏剧史稿》(与陈白尘先生共同主编)、《田汉传》二书和《关于中国现代戏剧史的几个问题》、《〈中国新文学大系1937—1949·戏剧卷〉导论》、《中国戏剧现代化的艰难历程——二十世纪中国戏剧回顾》、《田汉论》、《南国社述评》、《20世纪中国戏剧:脸谱的消解与重构》、《找回历史感——关于20世纪中国文学的几个问题》等论文为标志,构成他学术之旅的第二期。

《中国现代戏剧史稿》是国家"六五"哲学社会科学重点研究项目。该书共分八章,以"文明新戏——新兴话剧的萌芽"(1899—1918)、"现代戏剧观念的确立与新兴话剧的发展"(1918—1929)、"中国戏剧现代化的曲折进程和话剧艺术的成熟"(1930—1937)、"现代戏剧的黄金时代"(1937—1949)、"江西苏区和延安解放区的戏剧"(1930—1949)和中国现代著名剧作家田汉、曹禺、夏衍等专章,全面、系统地梳理了20世纪上半叶中国戏剧运动和思潮,深入、细致地分析了重要剧作家的创作,阐释了戏剧发展的历史规律,总结了其中值得记取并令人深思的经验教训。此书作为教材在许多高等学校使用,并获江苏省哲学社会科学优秀成果一等奖和全国高等学校优秀教材特等奖。参与此书的撰写和主编,董健的学术研究从早先的作品论、思潮论和作家论,逐步地、扎实地扩展到整个中国现代戏剧史,这是一次飞跃。更重要的是,该书撰写中遭遇了中国社会的思想解放与"反自由化"冲突,而在夏衍、陈白尘等老一辈戏剧家启蒙精神的引导下,编写组坚持了现代、科学、人道、民主等价值观念。这保证了该书的学术价值,也使主编之一的董健在前一阶段思想解放基础上,不断启蒙,深入思考,在思想精神和学术探索两方面都有重要突破和升华。

撰著北京十月文艺出版社约稿的《田汉传》,在董健学术之旅中是又一次重要的超越。田汉是20世纪中国伟大的戏剧家和诗人,在他身上,最典型、最突出地体现着中国现当代戏剧及文学的发展历程和精神特质。对于董健来说,写作《田汉传》是他"重新学习历史、研究文学和戏剧","重新认识人、认识社会、认识自我"的过程。① 跟随着田汉,董健更深入地走进"五四",走进20世纪的中国。在详尽史料基础上,《田汉传》以历史和细节的真实呈现田汉真实的灵魂,展示田汉的艺术个性和人格力量,写出一个活生生的田汉。它作为田汉研究中最有分量的著作而获得学术界高度评价。作者赞颂田汉是真正的"时代之子",其创作把国气与民心融入自己灵魂之中,他在20世纪中国戏剧现代化进程中的历史地位是无人可与比肩、无人可以替代的。进一步,作者在田汉复杂曲折的艺术生涯中,挖掘出其独特的戏剧精神和人格魅力:富有现代民主意识、属于人民大众的"在野"精神,充溢着艺术"慕道者"、"殉道者"傻气的苦干精神,崇诚、唯善、求美而又天真、幼稚和迂阔的诗人气质。当然更重要的,是作者注重在传主真实的"魂"与"神"中,去思考和

---

① 董健:"后记",《田汉传》,北京十月文艺出版社1996年版,第885页。

探索中国戏剧现代化的艰难历史进程。因为田汉的"经历与著作、成就与贡献、经验与教训当中蕴藏着十分丰富的历史信息","中国戏剧现代化进程中遇到的几个关键问题及其在实践中被探索被解决的历史轨迹均与田汉紧密相关"①。

董健此期其他学术论文,都可以看作《中国现代戏剧史稿》、《田汉传》上述思考的发挥或深化。它们在以下几个方面体现出董健系统而深入的理论探索。

首先,董健强调20世纪中国戏剧带有全局性和根本性的变化,是它由传统向现代的历史性转型,强调中国戏剧转型的根本标志是"现代性"追求,它推动中国戏剧面貌一新地汇入世界戏剧潮流。在中国现代戏剧及文学研究界,《中国现代戏剧史稿》较早明确地提出了"现代性"、"现代意识"概念。该书"绪论"开宗明义,强调"现代性——历史使然",认为:"基于历史要求的戏剧思潮和戏剧观念的根本转变,或者说戏剧现代意识的强化,是中国戏剧脱离古典时期、进入现代时期的基本标志。"②并从戏剧的价值观念、思想内容、舞台形象体系和艺术表现形态等方面,论述了中国戏剧的现代性转向。此后,"现代性"就作为20世纪中国戏剧与文学的精神特质,成为董健学术研究最重要的价值评判。它准确、深刻地把握住了20世纪中国戏剧与文学的根本和实质,使董健的学术研究充溢着深刻的思想力和丰富的精神内涵。

其次,董健强调20世纪中国戏剧的生态格局已从传统的"戏曲"一元结构发展为"话剧(及新歌剧)—戏曲"二元结构,并认为,话剧在此艺术生态构成中引领着戏剧发展的新潮流。此即《中国现代戏剧史稿·绪论》开篇所言:"中国现代戏剧史不仅是新兴话剧产生、发展的历史,而且包括传统旧戏在新的历史条件下革新演变的历史和新歌剧、新舞剧产生、发展的历史。但是,不

---

① 董健:《田汉论》,《南京大学学报》1998年第1期。
② 陈白尘、董健主编:《中国现代戏剧史稿》,中国戏剧出版社1989年版,第2页。该书"绪论"由董健执笔。

论从戏剧思潮和戏剧观念之转变的现代性和世界性来看,还是从戏剧运动与我国民主主义革命的紧密联系来看,或者从大批优秀剧作家的涌现及其在创作上的重大贡献来看,真正在漫长的中国戏剧史上开辟了一个崭新历史阶段,在新文化运动中占有突出的历史地位,并在现代戏剧史上起着主导作用的,则是新兴的话剧。"①戏剧界至今还有不少人仅仅把话剧看作中国数百个剧种之一,看不到话剧与众多戏曲剧种在戏剧观念、艺术价值、美学体系上的根本差别,遂导致对中国戏剧现代化理解之盲目性。董健此论述对于人们正确认识20世纪以来中国戏剧的生态结构,和推进中国戏剧现代化具有重要意义。

再次,董健强调20世纪中国戏剧的现代性追求,着重表现为精神内涵的现代意识。这也是"话剧—戏曲"二元结构的精神支撑。因此,《中国现代戏剧史稿·绪论》对晚清以来以京剧为代表的传统旧戏有一个特别的批判性论述:"它一方面把多年积累的唱腔和表演艺术发展到烂熟的程度,一方面却使戏剧的文学性和思想内容大大'贫困化'。戏剧越来越宫廷化和商业化,越来越脱离现实生活和时代的要求。没有卓越的剧作家问世,也没有堪称文学名著的剧本产生。片面追求以演员为中心的畸形发展,使文学成为表演艺术的可怜的奴婢和附庸。"②董健不仅认为戏剧应提供审美的"艺术享受",他更强调戏剧的"精神内涵",强调通过戏剧实现人在精神领域的对话和交流,以沟通人的生活体验并帮助人养成健全的现代人格。也正因为如此,他肯定了体现着历史要求、代表着戏剧新观念的话剧在中国戏剧转型中的地位与价值。认为话剧为主体所张扬的思想解放、个性解放、人道主义、民主、科学等"五四"所创立的现代社会文化价值体系,是20世纪中国戏剧现代意识的核心内容。

戏剧发展的现代性追求,戏剧艺术生态的"话剧—戏曲"二元结构,戏剧

---

① 陈白尘、董健主编:《中国现代戏剧史稿》,中国戏剧出版社1989年版,第1页。
② 陈白尘、董健主编:《中国现代戏剧史稿》,中国戏剧出版社1989年版,第5页。

精神内涵的现代意识,就是董健对于 20 世纪中国戏剧的整体认识和独特而深刻的阐释。

那么,如何才能有力地推进中国戏剧的现代化进程呢？董健在主编《中国现代戏剧史稿》和撰写《田汉传》中,敏锐地发现长期以来困扰着中国戏剧现代化进程的几个重要问题——如何处理古与今、中与西、文与用的关系,强调要保持开放的文化心态,用"现代性"去化解将古与今、中与西、文与用相对立的"死结",以达成戏剧的现代化。

中国戏剧现代化进程中的古与今即旧与新、传统与现代的关系问题,董健认为最突出的有两点:如何对待传统戏曲和传统戏曲自身如何进入现代。前者,戏剧家的认识有一个否定与批判、利用与改造、重估与认同的发展过程;后者,戏剧家在摸索中形成三种不同的路子[①]:"一条路以梅兰芳为代表,他们在物质上利用社会现代化所提供的条件,依靠着文化传统的'心理惯性',以世俗文化的姿态占据文化市场,而在精神上与'现代化'、'启蒙主义'保持着距离,只把功夫下在京剧本身的艺术上";"另一条道路是以田汉为代表的,他极力要将以京剧为代表的传统戏曲与时代结合起来,从'启蒙'与'革命'的需要出发对其进行改革与利用","使只重唱腔、表演而无文学,只重技艺而无意识的畸形的旧京剧开始向更健康、合理的戏曲转化";"还有一条延安的路子。延安路子中有更多的'军事化'、'政治化'的东西"。这是董健关于 20 世纪中国戏曲发展的总体分析,透彻、精辟。

针对 20 世纪中国戏剧在处理中与外、主要是中与西即本土文化与外来异质文化关系上,所出现的"现代化"与"民族化"认识和价值判断的"死结",董健着重批判了长期以来在戏剧创作和研究中存在的两种偏向:一是借口"民族化"而回避或对抗"现代化",并代之以"革命化"来统帅"民族化";二是分而治之,对外来文化"物质上用之,精神上拒之"。指出这两种情形都严重

---

① 参见董健《中国戏剧现代化的艰难历程》(《文学评论》1998 年第 1 期)等文。

阻碍了中国戏剧的现代化进程。他认为，真正的现代化是"民族的现代化"和"现代的民族化"，并以田汉、曹禺等为例，说明如此现代化要以兼容并包、择善而用的胸怀与视野和超越其上、吐纳自如的博大精神，将中西对立改为中西交融与互动并以"现代性"贯穿其中，在"西化"呼唤之中把西方的东西"中国化"，从而使现代化与民族化辩证统一，本土文化与外来异质文化融会贯通。① 如此，才能创造中国现代民族戏剧，才能对世界戏剧的发展做出来自东方的独特贡献。

董健对于"文"与"用"，即 20 世纪中国戏剧与现实社会、特别是与政治的关系，强调戏剧应该"去政治化"，但不能告别思想，要张扬以人道主义、民主主义、爱国主义为核心的现代意识。并且从 1990 年代后期开始，他尤其强调启蒙精神。董健把现代中国的启蒙分为"政治行动导向型"和"文化心态塑造型"两种，指出随着中国革命的发展，前者逐渐压倒后者成为启蒙的全部，因此，负载着启蒙主义精神的现代戏剧也不得不日趋政治化。它制约着戏剧题材、主题的选择和创作方法的运用，使得戏剧发展越来越简单化和贫困化——疏离启蒙精神，疏离人的审美要求，成为"为政治服务"的工具。董健还从社会学意义上的"脸谱"的独特视角，论述 20 世纪以来中国戏剧的"政治化"是如何干扰和钳制它自身的现代化进程，形成了非人化、反自然、反真实的"脸谱主义"。与此相对，董健提出消解脸谱、直面现实的"中国式易卜生主义"的概念，注重戏剧的现实批判精神、思想解放和个性解放意识，加强戏剧的文学性以实现人在精神领域的对话。②

此外，董健还强调现实主义在中国戏剧现代化进程中的重要性。一方面，是现实主义成为 20 世纪中国戏剧发展主潮，使他对现实主义格外关注；另一方面，即如他在《中国戏剧现代化的艰难历程》中指出的，因为"政治化"，在中国"现实主义从来就没有得到过充分的发展"，它与西方"有些现实主义

---

① 参见董健《中国戏剧现代化的艰难历程》、《田汉论》等文。
② 董健：《20 世纪中国戏剧：脸谱的消解与重构》，《戏剧艺术》1999 年第 6 期。

大师是沿着'绚烂之极归于平淡'的自然规律转向现代主义"的情形不同,所以,不能像西方那样以反抗现实主义来发展中国的现代主义。相反,因为中国亟需教国人摆脱愚昧、迷信和封建专制禁锢而获得现代人的觉醒,董健强调,现实主义对于中国戏剧是更为重要的。此观点或可商榷,但是,对于那种认为"反戏剧"的现代主义是中国戏剧发展的唯一出路,和把现实主义当作阻碍现代化的"传统"来贬斥的褊狭和盲目来说,董健的思考是犀利、深刻的。

可见,这一阶段董健学术研究的突出特点,就是强调要从人与戏剧(文学)现代化的总趋势去研究20世纪中国戏剧与文学。这给他的学术研究开辟了一个宏阔的视野,一个深邃的精神空间。董健在大学读书时就非常崇拜俄国批评家别林斯基,经历新时期思想解放伟大运动,他更是立志做一个会思考、有思想的学者。他的这种学术理想,1984年前后完成"转型"之后,在这一阶段得以实现。此时,董健对20世纪中国戏剧及文学了然于心,其思想启蒙和独立思考臻于成熟,对作家作品、思潮流派的思想艺术分析更为精深老到。他于博览古今基础上的精思著述、立论兴说,在中国现当代戏剧研究界已成大家和权威之言。

三

1996年写完《田汉传》,董健陷入痛苦反思之中。反思根源主要有二:一是对1990年代以来中国社会文化环境与人的精神状态以及戏剧、文学发展现状他感到极为不满。那么自己作为人文学者能够做些什么呢?一是《田汉传》写作对他心灵的震撼,因为田汉以"自由精神"为核心的"魂"与"神"也是董健孜孜以求的。那么自己真正做到了吗?把这两点联系起来对他更是深深的触动。"思之再三,觉得自己身上最缺乏的就是使读书之士的脊梁骨坚硬起来的一种'钙'——陈寅恪先生所标举的'独立之精神、自由之思想'。"这当然包含董健的自谦。但他确实是以最大的真诚去追求这种自由精神、独立思考，并希望进入新世纪"能读自己想读的书，说自己想说的话，写自己想写的文章"①。

于是从世纪之交开始，学者董健一方面仍然致力于戏剧与文学研究，另一方面，又努力使自己成为公共性、批判性知识分子和社会的良知。他批判教育腐败、大学失魂，指出教育缺乏独立、学术缺乏个性、思想缺乏自由，使人的精神空间日趋逼仄，人的想象力与创造力逐渐衰微，他批判政治实用主义和经济实用主义的压抑、戕害使作家和学者失去人文主体性，戏剧、文学和人文学科精神萎缩，他批判封建专制主义、政治实用主义、"左"倾教条主义、新市侩主义，以及后现代、后殖民、新左派、新儒学等以"现代"面貌反对现代化潮流的文化复旧，使整个社会文化虚假平庸，国人精神疲软，学界众语喧哗但缺少历史感和现代价值评判。同时，董健也严厉剖示自己过去及现在"奴在身"、"奴在心"的精神状态。他的这些文章以其真诚人格、敏锐思想和深刻揭示而在文化界产生激烈反响。

直面社会和文化转型中的物欲横流、精神萎缩，董健坚决捍卫"五四"现代性传统，张扬启蒙理性，强调人文学者要有怀疑精神、批判精神、超越精神、探求真理的精神，要勇于追求学术独立、思想自由。因此，董健此期的学术研究着眼于当下，并且明显地体现出学术研究与社会批评、文明批评的渗透，有思想的人文学者和作为社会良知的公共知识分子的结合。代表性论著，有《中国当代文学史新稿》（与丁帆、王彬彬共同主编）、《中国当代戏剧史稿》（与胡星亮共同主编）、《戏剧艺术十五讲》（与马俊山合著）等著作，和《论中国当代戏剧中的反现代倾向》、《论中国当代戏剧精神的萎缩》、《现代启蒙精神与中国话剧百年》、《论中国当代戏剧启蒙理性的消解与重建》、《〈中国新文学大系1976—2000·戏剧卷〉导论》、《关于中国当代文学史的几个问题》、《文学创

---

① 董健：《告别"花瓶"情结》，《钟山》2000年第1期。

作与文学研究中的价值观问题》等论文。① 它们构成世纪之交至今董健学术之旅的第三期。

《中国当代文学史新稿》为江苏省社科基金重点项目,是董健在早先参与撰写、统稿、主编《中国当代文学史初稿》之后,再起炉灶、重新主编的一部当代文学史著作。《中国当代戏剧史稿》为国家社科规划项目和教育部重大社科项目,是先前出版的《中国现代戏剧史稿》的后续研究。这两部史著,都力求通过历史线索梳理、作家作品解析、艺术流变阐释、文学或戏剧精神透视,全面、客观、深入地评述中国当代文学、戏剧的发展历史、艺术成就和经验教训,更重要的,是其论述框架和价值观念集中体现了董健长期以来对中国当代文学和戏剧的深刻思考。与此前出版的同类著述相比较,其重大突破主要是:第一,强调要从民族、语言、文化的统一性或同一性来描述文学史、戏剧史,中国当代文学和戏剧应该包括大陆、台湾、香港及澳门几个组成部分。这就突破此前学术界论述当代文学、戏剧,或以"政治性"为据而成为新中国文学或戏剧,或以"地域性"为据而成为中国大陆文学或戏剧的狭窄思路,使得研究趋于全面、完整。第二,强调要把当代文学和戏剧,放在中国社会现代化的历史进程中进行考察,其价值评判标准"就是人、社会和文学的现代化",或曰:"只要没有离开世界公认的现代性与启蒙理性的视角,只要我们是紧紧扣住中国现代化的艰难曲折的历史进程来言说的,那么,无论经济、政治、文化,也无论社会、思想、人,其核心问题都应到'走向现代'这四字真经中去寻找。"② 这就超越了此前学界出现的为制造虚假"繁荣"或美化历史缺陷的"历史补缺主义",将前现代、现代、后现代混乱或颠倒的"历史混合主义",和撇开思想内涵而仅着眼叙述、结构、语言层面的"庸俗技术主义"等不足,牢牢把握

---

① 后收入作者论文(及随笔)集《跬步斋读思录》(江苏教育出版社 2001 年版)、《跬步斋读思录续集》(南京大学出版社 2006 年版)。
② 参见董健、丁帆、王彬彬主编《中国当代文学史新稿》(人民文学出版社 2005 年版)之"绪论"和董健、胡星亮主编《中国当代戏剧史稿》(中国戏剧出版社 2008 年版)之"绪论"。两书绪论均由董健执笔。

住中国当代文学、戏剧的发展,是"五四"启蒙理性与现代意识从淡化、消解到重建,文学和戏剧现代化进程从阻断到续接的基本特征和历史定位。这就从横向和纵向两个方面,极大地拓展、深化了中国当代文学史与戏剧史研究。两部史著在学术界获得了广泛好评。

不难发现,董健始终坚持学术研究的现代性追求,只是现代性的着重点,此期他更强调启蒙理性,或是把启蒙理性视为现代意识、现代性的核心。他认为"五四"精神就是现代启蒙主义精神,而由于 20 世纪中国特殊的历史背景,"五四"精神并没有在中国落户,所以中国文化、文学和戏剧的发展要重返"五四"起跑线,要坚持"五四"新文化运动以"人"为核心的科学、人道、民主、自由等价值观念,要补启蒙的课。尤其是 1990 年代以来出现诸多"新论"要否定"五四"、解构启蒙,进而否定中国戏剧、文学的现代性追求,这更激发起董健维护"五四"、坚持启蒙的学术激情。而无论是早先注重现代意识,还是此期着眼启蒙理性,它们都使董健的学术研究充溢着浓郁的人文精神。

那么何谓"启蒙"呢?董健从西方表达 Enlightenment 意为"照亮",中国古代"祛蔽启蒙"和近代"开启民智"之说,指出"启蒙"在现代可理解为:"把人的思想从非理性的愚昧、黑暗中解放出来,从被束缚的依附状态下解放出来,使之融入个性有自由、国家有民主,这样一种和谐的现代文明,'人'成为现代之'人','国'成为现代国家。"①正因为启蒙的要义是"立人"——人的现代化,故强调启蒙理性,就是要重新确立"人"的文学、"人"的戏剧。这与董健早先所张扬的人道主义、个性解放、民主、科学等现代意识一样,要求文学和戏剧真实描写社会人生,追求人的价值、尊严与权利。以戏剧为例,他说:"人为什么要写戏、演戏、看戏?无非是出自人性的要求,要创造一个精神空间,把可遇而不可求的美好人事与情理立体化地呈现在舞台上,借以张扬生命、慰藉灵魂,体现人的精神自由,扩大人的生存空间。"②这也是此期董健反复强

---

① 董健:《现代启蒙精神与中国百年话剧》,《中国现代文学论丛》2007 年第 1 期。
② 董健:《戏剧的"人学"定位与戏剧精神》,《当代戏剧》2005 年第 3 期。

调的"戏剧精神"之真义所在。

具体而论,董健此期着重思索的仍然是困扰着中国戏剧、文学现代化进程的那些重要方面,在此前深入思考、辨析和阐述的基础上,就古与今、中与西、文与用关系处理中所出现的种种新问题展开进一步的理论探讨。

问题之一,表现在"文"与"用"关系上,是当代戏剧和文学的政治工具性压倒艺术审美性,"人学"定位部分或全部让给"政治"定位,有人遂借口"去政治化"而要解构启蒙。这就出现两个误区:其一,将启蒙与政治混为一谈;其二,笼统否定文艺的教化功能及其与政治的关系。董健指出,启蒙与政治有联系但更有不同:启蒙完全是正面的、积极的、正义的,它只有一个向度:"人"、理性与真理。政治则有两类:正面的与负面的,积极的与消极的,正义的与非正义的。它有两个向度:"人"的与"非人"的、理性的与反理性的、遵从真理的与逆向真理的。开明、进步的政治与启蒙是友,黑暗、反动的政治与启蒙是敌。因此,反对文艺"为政治服务"是理所应当的,但同时要消解现代启蒙价值导向,就会对其发展十分有害。文艺的教化功能及其与政治的关系也是如此。文学、戏剧既然是社会人生的表现,它就不可能完全脱离政治、不问政治。关键不在于文艺与政治是否有关系,而在于这种关系应该是平等的,不能像"工具化"、"政治化"那样政治是主、文艺为奴。同样地,提倡戏剧、文学的教化功能并不等于主张"为政治服务",应该区别它是推动人的素质养成和精神提升的教化,还是那种"洗脑"式的所谓"教化"[①]。"新儒学"把"五四"与"文革"混为一谈而否定"五四"精神,就是没有弄清楚启蒙与政治的差异。"新左派"、"后现代"、"后殖民"又在这里与"新儒学"结成"统一战线",质疑"现代性",攻击"五四"启蒙精神。董健对于专事解构启蒙理性和现代意识的两"新"、两"后"给予了尖锐批判。

问题之二,表现在中与西关系上,是1990年代以来文化民族主义在"左"

---

① 参见董健《中国当代文学史新稿·绪论》、《中国当代戏剧史稿·绪论》。

的保守倾向下抬头,他们宣扬的所谓"民族化",往往变成拒绝外来先进文化的挡箭牌,严重阻碍着中国文学、戏剧的现代化进程。文化民族主义看不到人类文化的共同、相通之处遂把民族的特殊性看成是绝对的,董健因而强调,要把"民族化"放在启蒙理性和现代意识下重新审视。为此,他区分了两种"民族化":一种是积极的、开放型的,它承认人类文化的共同、相通之处,其着眼点在于把那些最优秀的东西"拿来"为我所用;一种是消极的、封闭型的,它否认人类文化的共同价值,其着眼点在于如何以"国粹"对抗先进文化,以"民族化"取代"现代化"。前者借鉴人类共有的精神财富而中国化,后者对外来文化或改写而使之符合中国的"国粹",或割裂而变"器"不变"道"。[①] 所以,以民族主义情结为核心的"民族化",在20世纪中国文艺发展史上有正面建设成就,但也多次出现有违现代化潮流的守旧、复古现象,所以要具体分析。在这个问题上,董健坚持民族主义要与世界主义相统一,尤其是鉴于两"新"、两"后"质疑现代性、攻击"五四"启蒙精神,其骨子里仍是陈旧的民族主义情结,故而他特别强调人类文化的普世性价值观念。

问题之三,是在古与今关系上,突出地表现为在1990年代以来的文化复旧潮中,样板戏作为"红色经典"和京剧发展的"辉煌"重登舞台,还竟然被某些人看作"公序良俗"和"民族精神"的代表。董健坚定地认为,样板戏的出现及其在"文革"时期独霸剧坛和文坛,标志着"五四"文学的现代性传统彻底解体,而样板戏被视为"公序良俗"和"民族精神"的代表,同样说明在社会极"左"思潮下,"五四"现代戏剧精神在当下已被解构得所剩无几。尽管样板戏在"器"的层面上求新求变,但在"道"的层面上既不"革命"也不"现代",充满着血统论、英雄崇拜、个人迷信等反"五四"启蒙精神、反人性、反现代的封建传统文化的东西,非"人"去"真","技术性外壳的现代性掩盖着、装饰着精神

[①] 参见董健《中国当代戏剧史稿·绪论》、《两种文化心态与两种"中国化"》(《东方文化》2001年第1期)等文。

内涵的反现代性"[①],是当代戏剧和文学"失魂"的典型。进一步,董健指出样板戏回潮作为1990年代以来文化复旧现象最具代表性的体现,其深层根源,又是与上述反对人类普世性文化价值、解构"五四"启蒙精神的错误观念相通的,必须彻底批判。

  董健这些理论探讨在学术界产生了激烈反响。多赞誉但也有批评。批评主要有二:一是关于戏曲评价,一是关于启蒙理性。二者有时又有关联。关于戏曲评价,主要因为董健在《中国现代戏剧史稿》"绪论"中对于晚清以来京剧为代表的戏曲艺术的批评颇为激烈,以及该书对"话剧—戏曲"二元结构中的"戏曲"一元阐述不够,导致戏曲界某些人的误解。其实如前所述,董健对于20世纪中国戏曲现代化有细致分析,"三条道路"论精辟深刻。在他看来,中国戏剧现代化的主要途径有二:一是舶来的话剧在民族土壤上扎根,一是传统戏曲在现代社会寻求新的发展。如以此构想对《中国现代戏剧史稿》进行修订,将使之更为完善。关于启蒙理性,那种混淆启蒙与政治遂因"去政治化"也要"反启蒙"的观念当然是糊涂的,而指出戏剧和文学不是只有启蒙理性,或启蒙理性不能包含戏剧和文学全部(如有些传统戏曲突出"美"而不必强求"现代性")的看法则有一定道理。但是,由于20世纪以来政治行动导向型启蒙与文化心态塑造型启蒙的尖锐矛盾,和前现代、现代、后现代在当代中国交错发展的复杂情形,也因为存在着封建传统、现实政治、物质金钱等对人的异化,20世纪中国戏剧和文学缺乏丰盈的启蒙理性、精神价值和人文关怀、理想诗情。这就首先需要继续坚持"五四"现代启蒙精神。包括对人的生存状态、人生命运的关注,批判封建主义和改造国民性,批判束缚人、奴役人的各种异化现象,探求价值、人性和精神的重建,以实现人的个性的全面自由发展和民族国家的现代化。因此在董健先生的偏激之中又有其深刻性。

(胡星亮:南京大学文学院教授)

[①] 董健:《论中国当代戏剧中的反现代倾向》,《戏剧艺术》2002年第3期。

吕效平

关键词:"启蒙主义"和"现代化"
——董健的中国现代戏剧史言说和当代戏剧批评

一

董健先生是1990年以来中国大陆戏剧学界坚持"启蒙主义"立场和理想,坚持中国戏剧"现代化"方向的一面旗帜。虽然早在1980年代,先生已经是国内的著名戏剧学者和评价家,他与陈白尘先生共同主编,并由其执笔撰写《绪论》的《中国现代戏剧史稿》于1989年出版,不久便获得教育部颁发的全国教材特等奖,但是那时"现代化"还是中国戏剧创作、批评和研究的第一关键词,《桑树坪纪事》、《狗儿爷涅槃》这些名震一时的作品,也都是以"启蒙"为己任的,那时,发声反对董健观点的人并不多,他的声音并没有特别地显得令一个时代的戏剧及其评价体系不安,也不会特别地令人感觉酣畅与振奋。90年代以后,董健先生撰写的《田汉传》,和与他的学生共同主编的《中国当代戏剧史稿》、《中国现代戏剧总目提要》(450万字)、《中国当代戏剧总目提要》(520万字)先后出版,尤其是他在世纪之交前后发表的《论中国现代戏剧"两度西潮"的同与异》(《戏剧艺术》1994年第2期)、《中国戏剧现代化的艰难历程——二十世纪中国戏剧回顾》(《文学评论》1998年第1期)、《20世纪中国戏剧:脸谱的消解与重构》(《戏剧艺术》1999年第6期)、《中国戏剧现代化进程中的文化冲突》(《广东文艺》2003年第1期)、《现代启蒙精神与中国话剧百年》(《文学评论》2007年第3期)等一系列振聋发聩的文章,在一个"启蒙主义"被"后殖民"、"新儒学"等思潮污名化,"现代化"作为国家发展方向的第一关键词被置换,政府文化部门指导戏剧创作,使得《桑树坪纪事》被《黄土谣》所取代、《天下第一楼》被《立秋》所取代、《曹操与杨修》被《廉吏于成龙》所取代的平庸的戏剧时代,如中流砥柱,如黄钟大吕,成为令一些人厌恶与不安,又令另一些人欢欣鼓舞,心怀希望的理论存在。

  进入新世纪之初,董健与傅谨教授和王安葵先生有过一场关于启蒙主义与政治功利主义、现代化与民族化的有趣的论争。傅谨教授是一位旗帜鲜明的文化保守主义和文化民族主义学者,我跟他讨论过他对启蒙主义的排斥,几乎到了感情用事的地步:无论好坏,"五四"新文化运动带来的思想启蒙,对于中国的文化艺术、道德人心、乃至政党与制度都发生了深刻和深远的影响,但是在他那本2016年出版的《20世纪中国戏剧史》中,对"五四"新文化运动和出版过两本戏剧专号的《新青年》杂志却只字不提,这大概是一种对于长期以来戏剧史言说的启蒙主义和现代化立场刻意的"矫枉过正"吧。王安葵先生长期供职于艺术研究院戏曲研究所,是一位资深的政府智库学者。如郭汉城先生所说:"张庚同志领导我们所做的一切,都是切实地遵循党所制定的'二为'方向、'双百'方针、推陈出新、古为今用、洋为中用这一整套方针政策,它们本质上就是马克思主义对待民族文化遗产的原理在方针政策上的体现……"[①]

[①] 郭汉城:《张庚与"前海学派"》,《中国戏剧》2011年第11期。

董健先生认为,中国戏剧必须随时代发生现代化的质变,话剧的诞生与成熟是中国戏剧现代化的主要特征与成就;中国戏剧现代化的过程就是它接受启蒙的过程,但是,这个启蒙从"十七年"到"文革"逐渐被中止,政治功利主义的工具化使中国戏剧重新回到"前现代","文革"后"思想解放"的十年,则是中国戏剧重启启蒙和迈向现代化的十年,上世纪 90 年代以后,启蒙和现代化的进程再一次被政治功利主义的工具化所中断,中国戏剧迄今仍然是"古典主义"的,虽然是"社会主义古典主义"。

我没有把握判断傅谨是否接受人类时代的现代与非现代之别,一般我认为是现代与前现代之别的地方,傅谨会认为是中国和西方之别。但是,我知道他是不看重戏剧"现代化"的概念的,他从戏剧的娱乐本质反对"启蒙"说,从中国戏剧的民族性反对"现代"说。他说,董健"一方面不满意于 20 世纪中国戏剧被过分政治化的现实,同时却给予'充满启蒙主义精神(思想解放、个性解放、批判封建专制主义与各种个人迷信思想)的作品'高度肯定,将创作出这样的作品视为'新世纪'戏剧的'新任务'。……董文所反对的只是从极'左'的方面将戏剧政治化,而对于用那些他认为正确的思想倾向——比如说启蒙——政治化艺术,将戏剧当作文化启蒙的工具的功利主义戏剧观,非但不反对,而且还尽力倡导。在董文强调文化启蒙在新世纪的意义,希望文化启蒙能在'文艺创作上发挥应有的威力',希望戏剧能成为进行文化启蒙的重要手段时,我想说,这样的艺术观念,与导致戏剧在 20 世纪在一定程度上被工具化的理论,在本质上是相同的"。①

作为政府智库学者,王安葵先生除了承认样板戏"确实反映出'四人帮'的一些思想和创作观念"之外,对董健所批判的"十七年"戏剧、1990 后戏剧和傅谨所否定的政府指导下的戏曲改革,都是予以辩护的。他认为,董健和傅谨所批判的对象并没有什么根本的,必然的错处,偏差不过出自偶然:有时

---

① 傅谨:《与董健先生商榷:也谈戏剧的政治化与民族化》,《剧影月报》2001 年第 3 期。

把政治和艺术的"关系简单化,甚至用政治取代艺术","特别是有些阶段,政治路线本身是错的,又要文艺去为它服务"。和傅谨一样,王安葵体会不到"启蒙主义"与"政治功利主义"的区别,但他不同意傅谨主张戏剧脱离政治,他认为戏剧总免不了政治:"艺术家在进行创作时又不可能完全摆脱政治。20世纪尤其如此。在国家民族命运面临生死存亡的关头,剧作家怎能无动于衷,置身事外!"①他指出一些傅谨以为脱离了政治的优秀作品,例如黄吉安和成兆才的最好作品,恰恰是反映了"政治情感",甚至直接"干预政治"的。

总之,如果生硬而简单化地概括,就是:傅谨认为,所谓"现代化",不过是董健和王安葵合伙,把中国戏剧"工具化"了;董健认为,王安葵的"政治功利主义"中止了中国戏剧的启蒙进程,使它回到了傅谨所坚持的"前现代";王安葵拒绝董健和傅谨的批评,认为中国戏剧走在戏曲现代化和话剧民族化的康庄大道上,一切很好啊!

三位戏剧学者的这场争论是有代表性的。它清晰地勾勒出了当代中国戏剧学的启蒙主义学者、保守主义和民族主义学者、政府智库学者三方错综的思想边界。通过与保守主义、民族主义戏剧立场和政府智库戏剧立场的对比,会帮助我们更准确地把握董健先生自上世纪90年代以来,所欲澄清的戏剧观问题和他的戏剧思想。

二

傅谨在他那本《20世纪中国戏剧史》中把评、越、楚等新剧种和京剧在上海、粤剧在省港于上世纪初的迅速发展归因为现代都市尤其是租界里戏剧演出市场的自由经营,充分尊重了戏剧的娱乐本质。我在对他的书评中,肯定他这是一种对20世纪中国戏剧的"现代性"描述,可惜他这一描述中的立场

---

① 王安葵:《20世纪中国戏剧的现代化与民族化——与董健、傅谨先生商榷》,《戏曲研究》第58辑,2001年。

"现代性"并不被他自己承认。我说:"傅谨教授非常科学也非常勇敢地把演出票房描述为 20 世纪中国戏剧发展的根本动力,但他不愿承认 20 世纪中国戏剧的票房演出形态与中国古典戏剧的存在形态有什么本质区别,或者说,他不认为这种区别有什么重大意义,他会用娱乐的普遍性掩盖集体信仰的'中世纪'戏剧娱乐方式与个人至上的'现代世纪'戏剧娱乐方式的差异。"①我们在私下讨论的时候,我说到《花花公子》杂志在现代国家的合法地位,他说:"春宫画古已有之,人对这类东西的赏玩之心,古今有别吗?"问题是这种古今无别的赏玩之心在"现代化"之前与之后,却有着非法与合法之别。现代化,除了工业文明、都市文明之外,在社会与伦理观念上,就是把个人(individual)的权利置于群体关于"上帝"、"家族"、"民族"、"国家"的集体(totalitarianism)想象的权威之上。

个人主义(个性主义)是董健先生现代戏剧思想的核心。在这里,先生经常使用的理论资源有三。其一,是马克思主义:

> 代替那存在着阶级和阶级对立的资产阶级旧社会的,将是这样一个联合体,在那里,每个人的自由发展是一切人的自由发展的条件。②

其二,是鲁迅和胡适:

> 个人一语,入中国未三四年,号称识时之士,多引以为大诟,苟被其谥,与民贼同。意者未遑深知明察,而迷误为害人利己之义也欤?夷考其实,至不然矣。

---

① 吕效平:《一种未被自觉到的"现代性"描述——评傅谨〈20 世纪中国戏剧史(上)〉》,《戏剧与影视评论》2017 年第 5 期。
② 马克思、恩格斯:《共产党宣言》,《马克思恩格斯选集》第 1 卷,人民出版社 1973 年版,第 273 页。

> ……
> 则国人之自觉至,个性张,沙聚之邦,由是转为人国……其首在立人,人立而后凡事举;若其道术,乃必尊个性而张精神。①

> 争你们个人的自由,便是为国家争自由! 争你们自己的人格,便是为国家争人格! 自由平等的国家不是一群奴才建造得起来的!②

其三,是当代学者对"totalitarianism"一词的新译:

> 个人从宗族中"解放"出来却落到了不受制约的国家权力的一元化控制之下。应该说这不是民族意义上的国家,而是"totalitarianism",直译就是"整体主义"。就是认为有一个至高无上的整体利益和代表这个利益的、不容置疑的"整体"权力……就给极权主义和伪个人主义的结合提供了一种空间,以至于导致了以追求个性解放始,到极端地压抑个性终,这样的一种"启蒙的悲剧"。③

董健先生的现代戏剧,就是"人"(individualism)的戏剧。

虽然无论"中世纪"戏剧里,还是现代戏剧里,都必然有人,都是在说人的故事,但是在"中世纪",个人的价值和意义是归属于上帝,或者家国("礼")的价值和意义的。人的存在,人的故事,在"中世纪"戏剧里,不过是上帝或者家国伦理的感性显现,他/她只有在符合和证明了上帝与家国伦理的神圣庄严、颠扑不破时,才会被上帝或"礼教"的光辉所照亮,从而获得他们自身的价值和意义。因此,"中世纪"戏剧的人物都是善恶美丑、忠奸贤愚的道德化身,都

---
① 鲁迅:《文化偏至论》,《鲁迅全集》第1卷,人民文学出版社1982年版,第50—57页。
② 胡适:《介绍我自己的思想》,《胡适文集》第5卷,北京大学出版社1998年版,第511—512页。
③ 秦晖:《在继续启蒙中反思启蒙》,《南方周末》2006年6月15日。

有"善有善报,恶有恶报"的结局。那些最优秀的"中世纪"戏剧往往会走到自己时代的边界,然而跨过边界,人物获得上帝和"礼教"所不能阐释的价值和意义时,它便不再属于"中世纪"了。即使被王国维称为"其蹈汤赴火者,仍出于主人翁之意志,即列之于世界大悲剧中,亦无愧色"①的《窦娥冤》与《赵氏孤儿》,其人物也都是礼教伦理的道德榜样,结局也都证明了世界的"天网恢恢,疏而不漏";《牡丹亭》以"情"字为旨归,终是以理性的"礼教"纠正宋明理学的极端化"礼教",男女主人公不但姻缘是五百年前婚姻簿子上注定的,还要各自为未经父母允准的结合受罚;《西厢记》则有老夫人允婚在前,悔婚于后,暂时屏蔽了礼法,赋予了青年男女行动的伦理合法性。

董健先生把"中世纪"戏剧称作"神"的戏剧,而他的"人"的戏剧,则是要冲破礼教的束缚,摆脱家国价值和意义的笼罩,使人(individual)凭借自己个人的行动,获得独立的价值与意义。他说:

> 在前现代、非现代的戏剧舞台上,曾经长期占据首位的是"神"或变相之"神"。皇帝号称"天子",是变相之"神";被崇拜、神化的领袖人物也是变相之"神";甚至那些在"革命样板戏"舞台上占据中心位置的所谓"无产阶级英雄形象",因为已被高度政治化、非人化,也不能不说他(她)们同样是一种变相之"神",所以巴金称他(她)们是"用一片片金叶贴起来的大神"。而在现代戏剧的舞台上,则是以现代意识与启蒙精神来写人,确认人的尊严,崇尚人的个性与自由,并将个人自由与其社会责任感辩证地统一于一种新的社会伦理关系之中。②

董健先生一再讲到,胡适的《易卜生主义》"是我国现代启蒙主义的经典文献

---

① 王国维:《宋元戏曲考》,《王国维戏曲论文集》,中国戏剧出版社1984年版,第85页。
② 董健:《中国戏剧现代化进程中的文化冲突》,《董健文集》卷一,人民文学出版社2015年版,第44—45页。

关键词:"启蒙主义"和"现代化"——董健的中国现代戏剧史言说和当代戏剧批评

之一,也是我们打开现代戏剧精神宝库的一把钥匙"①。紧紧结合易卜生主义,他描述了"人"的戏剧的几个方面:首先,是(作者)要有"批判精神"。"正如鲁迅所说,他们有感于'易卜生敢于攻击社会,敢于独战多数',虽然'觉到悲凉,然而意气是壮盛的'。"其次,是(人物)"思想解放、个性解放"。"解除两千多年来的封建礼教对人的思想与个性的束缚";"第一,须使个人有自由意志。第二,须使个人担干系,负责任"。再次,(功能上)坚持"人在精神领域里的对话"。② 先生希望用这个关于戏剧功能的"补充说明"把中国现代启蒙主义戏剧与政治功利主义戏剧区别开来,同时也与屈从于票房,沦为观众玩物的商业戏剧区别开来。

董健先生最失望和愤怒的,是现代启蒙主义的戏剧被政治功利主义阉割和把持了,然而傅谨教授却说,你那个启蒙主义戏剧就是功利主义的,和政治功利主义"在本质上是相同的"。先生一再强调胡适的《易卜生主义》是中国启蒙主义及其戏剧的经典文献,在这篇文章里,胡适是这样定义"易卜生主义"的:"易卜生把家庭社会的实在情形都写出来,叫人看了动心,叫人看了觉得我们的家庭社会原来是如此黑暗腐败,叫人看了晓得家庭社会真正不得不维新革命:——这就是'易卜生主义'。"③很难让人接受胡适定义的"易卜生主义"里没有功利主义,虽然是"革命"的功利主义。不能说启蒙主义戏剧后来被革命家、政治家所劫持完全是一种纯粹的外因作用,客观地说,在胡适所定义的"易卜生主义"的基因里,已经存在了未来被"工具化"的可能。董健先生要竭力把启蒙主义戏剧与被政治"工具化"的戏剧区别开来,他晚年学术和批评工作最大的内心冲动,就是捍卫启蒙主义戏剧的纯洁性,揭露中国当下

---

① 董健:《现代启蒙精神与中国话剧百年》,《董健文集》卷一,人民文学出版社 2015 年版,第 84 页。
② 董健:《20 世纪中国戏剧:脸谱的消解与重构》,《董健文集》卷一,人民文学出版社 2015 年版,第 30—31 页。
③ 胡适:《易卜生主义》,《胡适文集》第 2 卷,北京大学出版社 1998 年版,第 485 页。

戏剧"政治的附庸和工具"①性质。他的路径,就是论证启蒙主义戏剧"是人在精神领域里的'对话'"和描述"精神领域"之外(我称之为"实践性世界"②)的政治对戏剧的役使。应当说,启蒙主义原木就是有其"战斗性"的,现代启蒙主义就是要推翻"中世纪"的价值观,建立和普及"现代世纪"的价值观。"中世纪"价值观是把社会整体的诉求神圣化,在西方使之成为"上帝",在中国使之成为"礼教",凌驾于个人的权利之上,由其赋予个体生命以意义;"现代世纪"的价值观,则是默认个体生命自身的独立意义,拒绝"整体"诉求的神圣化,承认个人权利与其社会责任的互相制约。用黑格尔的话说,前者是"相信实体性的力量只有一种,它在统治着世间被制造出来的一切人物";后者则是"人物已意识到个人自由独立的原则,或是至少需要已意识到个人有自由自决的权利去对自己的动作及其后果负责"。③ 从董健先生对背叛现代启蒙主义的戏剧的大量分析和批判中,我们还可以总结一条更重要的区别启蒙主义戏剧和政治功利主义戏剧不同本质的界线:在政治功利主义戏剧中,真正的主人公从来就不是"人",而是政治理想和伦理,人不过是理想和伦理的表达工具;而在启蒙主义戏剧中,"人"是真正的主人公,重要的并不是他/她所选择的理想与生活方式,甚至启蒙主义的理想也不是,任何理想与伦理都可能遭到质疑,包括启蒙主义,唯一不受质疑的是他/她选择的权利和他/她必须自己担当这自由选择的后果。《雷雨》的人物就是这样的:他们当中没有一个人受到他/她所选择的生活的褒奖,因此也无法肯定任何一条生活的理想或伦理,真正的价值是他们在选择中所受的人性煎熬。这条"人"的原则,也是现代文学的普遍原则,苏联肖洛赫夫《静静的顿河》比当代中国陈忠实的《白鹿原》更符合这条现代性原则。

---

① 董健:《现代启蒙精神与中国话剧百年》,《董健文集》卷一,人民文学出版社 2015 年版,第 81 页。
② 参阅拙作《对当下正剧创作的质疑与批判》,《中国现代文学论丛》2007 年第 2 期。
③ 黑格尔:《美学》第三卷下册,朱光潜译,商务印书馆 1981 年版,第 297 页。

三

　　董健先生和傅谨教授世界观的差异,既简单,又鲜明。在先生心中,东西方的差异并不是人类文明中的本质差异,并不重要,重要的是"中世纪"与"现代世纪"的差异,这种"神"的时代和"人"的时代的差异,才是人类之不同文明的本质差异。而在傅谨教授看来,所谓现代人和古代人并没有什么本质性的差异,真正本质的差异是东、西方文明的差异。先生认为,中华民族要生存下去和富强起来,必须踏上现代化之路,必须接受和建立现代文明;他接受鲁迅和胡适的思想,坚信摧毁被"神圣化"的"整体权力"(Totalitarian,"上帝"或"天子")对个人的奴役,使个人权利成为社会最基本和最重要的原则,才是现代化社会;作为文学和戏剧学者,先生认为,随着现代化进程的开始,"中世纪"的古典文学和古典戏剧已经终结,"现代世纪"应该拥有自己的现代文学和现代戏剧——启蒙,就是创造现代化的人和现代文学、现代戏剧的必经之路。

　　董健先生一生对于学术和中国戏剧的最大贡献,我认为,便是他对中国现代戏剧现代性的理论描述,尤其是他为捍卫现代戏剧,对于半个多世纪来中国戏剧背离现代化方向的种种情状及其反现代本质的深刻分析和批判。老年以后,董健先生开始质疑话剧的"战斗性",而他自己却愈发像一个战士,在愈来愈浓厚的迷雾中,挥舞着启蒙主义的大旗。

　　毋庸讳言,"革命样板戏"现在仍然是一些人心目中的经典,甚至有些编剧和导演仍然把它们当作创作中的榜样;许多人认为样板戏之错,只是错在被当作党派斗争的工具;另有一些人觉得,样板戏只是把原本正确的创作方法推向了极端。董健先生不这样看,他认为所谓"革命样板戏"根本就是反现代的"新蒙昧主义"与"新愚民主义"的工具。在样板戏里,"人"消失了,人物"只剩下阶级与职业的'身份'(职业身份也是服从阶级身份的),有时再加上一点生理特征(不敢从人性深处挖掘个性,只好以生理特征权充'个性'),而人的无限丰富复杂的精神世界便被淡化以至取消了"①;"展开的是人在政治层面的对话,丝毫不涉及人的精神领域和情感世界。一张张看不见的脸谱把'真人'的面目掩盖了起来。人的个性解放、发展及其尊严已荡然无存,人只是'无产阶级专政'和'革命斗争'机器上的一个齿轮和螺丝钉"②。在每一部样板戏里,取代"人"而成为真正戏剧"主体"的,都只有被神圣化的"领袖"及其无所不在的"思想";人物不具有自己独立的价值和意义,而是根据与领袖及其思想的关系,被赋予或正或负、或大或小的价值和意义。作为一个反现代化的倒退时代的文化产物,"革命样板戏"用来消解和压抑"人"的那些"革命"伦理,也被"门阀观念、血统论、党派性,以及英雄崇拜、个人迷信等"③封建毒素严重地污染,难以剥离。"革命样板戏"也是专制主义者为自己打造的文化专制"工具",是戏剧极端"政治化"的产物。

一直有人觉得"文革""样板戏"是对"十七年"戏剧的背叛,希望回到和坚持"十七年"的文艺路线上去。董健先生不这样看,他说:"其实'文革'所执行的文艺路线的源头正是来自'十七年',可谓一脉相承……并无本质上的不同。"④先生的根据,就是五十年代初以后,戏剧中个人的权利逐渐被降低到"革命"、"主义"、"国家"等的权威之下,失去独立的价值与意义,"人"逐渐消失了,仅剩下由"革命"、"主义"、"国家"定义其价值与意义的"角色",戏剧日益成为政治教育和宣传的工具。先生从《龙须沟》(1951)和《妇女代表》(1953)这样两部最"人"气沛然的剧作中分析了"十七年"戏剧开始整体性背

---

① 董健:《论中国当代戏剧中的反现代化倾向》,《董健文集》卷一,人民文学出版社2015年版,第260页。
② 董健:《20世纪中国戏剧:脸谱的消解与重构》,《董健文集》卷一,人民文学出版社2015年版,第38页。
③ 董健:《中国当代戏剧史稿·绪论》,《中国当代戏剧史稿》,中国戏剧出版社2008年版,第12页。
④ 董健:《〈中国新文学大系1976—2000·戏剧卷〉导言》,《董健文集》卷一,人民文学出版社2015年版,第200页。

关键词:"启蒙主义"和"现代化"——董健的中国现代戏剧史言说和当代戏剧批评 233

离"现代化"的走向。《妇女代表》中女主人公从旧社会的蒙昧妇女觉悟到"我是国家的人",在这个"觉悟"里,"便埋下了以'国家'名义压抑以致毁灭人的个性的种子,显然,这与启蒙理性是相违背的"①。在《龙须沟》里,对新政府、新社会的歌颂与"人"的描写并不冲突,主人公的价值与意义主要并未由此歌颂而定义,但"此后几十年供奉政治的'歌颂剧'(颂党、颂政、颂领袖)之风便由此而始"②。董健先生高度评价"1956年至1957年短暂的思想解放中出现的'第四种剧本'③",称赞《布谷鸟又叫了》"像易卜生笔下的娜拉或我们'五四'时期追求个性的人物那样,摆脱对一种异己力量的依附,冲破精神束缚,起而捍卫自己人格的尊严"④。1957年以后,国家进一步迷失"现代化方向","第四种剧本"受到批判和禁止,不久中国大陆戏剧经《霓虹灯下的哨兵》、《雷锋》、《年青的一代》、《千万不要忘记》等"阶级斗争"、"反修防修"戏之后,便进入了"革命样板戏"时代。对这类戏中艺术上最有成就的《霓虹灯下的哨兵》,先生评论道:"这样描写人物比较生动、细节比较真实的戏,也脱不了'阶级斗争'的政治训诫的路数,而且将大城市'资产阶级'的'香风'视为使人堕落的妖魔,流露出对现代城市文明的一种莫名的恐惧和仇视。"⑤

董健先生把"文革"结束以后直至上世纪80年代末,这个以"思想解放"为其标志的年代,看作"重建启蒙理性与现代意识、戏剧相对繁荣的'黄金时代'"。⑥ 他用"平庸"作为描述1990年以后中国大陆戏剧的"关键词"。为什

---

① 董健:《现代启蒙精神与中国话剧百年》,《董健文集》卷一,人民文学出版社2015年版,第88页。
② 董健:《中国当代戏剧史稿·绪论》,《中国当代戏剧史稿》,中国戏剧出版社2008年版,第9页。
③ 源于1957年刘川的评论文章《第四种剧本——评〈布谷鸟又叫了〉》的概念,意指描写工人、农民、军人这三类剧本以外的另一种剧本。
④ 董健:《现代启蒙精神与中国话剧百年》,《董健文集》卷一,人民文学出版社2015年版,第89页。
⑤ 董健:《现代启蒙精神与中国话剧百年》,《董健文集》卷一,人民文学出版社2015年版,第90页。
⑥ 董健:《中国当代戏剧史稿·绪论》,《中国当代戏剧史稿》,中国戏剧出版社2008年版,第12页。

么是"平庸"呢？即如本文开头所说，《桑树坪纪事》、《天下第一楼》、《曹操与杨修》里那些具有善恶无从评价的复杂人性的农民、商人和君臣，终被《黄土谣》、《立秋》、《廉吏于成龙》里那些为农民、商人和官员而立的道德榜样所取代，个人的权利再一次在一个时代的主流戏剧中屈从于意识形态的训诫。但是，1990年代以后的这些"歌功颂德"戏和"好人好事"戏作为宣传教育的工具，已经很少能够吸引观众，感动观众，很少有效力了，它们主要的作用不过是标志着今日戏剧的仍然存在和繁荣。1990年以后，另一类戏剧的商业化倾向成为董健先生的新忧虑。他说："戏剧要保住自己艺术的思想力，即保住自己的'脑袋'，第一不能做金钱的奴隶，沦为观众的玩物——在这里，在'上帝'面前下跪与在赵公元帅面前下跪是一回事；第二不能做某种政治的工具，成为简单化的宣传品。"①

根据"政治宣传戏"、"阶级斗争戏"、"歌功颂德戏"、"反修防修戏""好人好事戏"……压抑人性的共同特征，董健先生引用英国艺术批评家赫伯特·里德(Herbert Read，1893—1968)对古典主义的阐释，定义了它们。赫伯特·里德说：

> 假如要一语道破古典主义内涵的话，在我们看来，它现在，而且一贯都曾表现着压抑。古典主义是政治专制的精神同伙（它的种种模式和条规不过是）用来控制和压抑人的活生生本能的精神概念……所以这些东西绝不会表现任何自由决定后的愉快，只代表一种强加于人的理想。②

---

① 董健：《历史的转折与戏剧的命运——从中国现代戏剧史看今天的戏剧危机》，《董健文集》卷一，人民文学出版社2015年版，第228页。
② [美]赫伯特·马尔库塞：《审美之维》，李小兵译，第151页。引自英国批评家赫伯特·里德所编《超现实主义》一书之言，广西师范大学出版社2001年版。

先生把这些在社会主义时代消解了"现代性"的戏剧,定义为"社会主义古典主义"或"社会古典主义"戏剧。① 这是董健先生贡献给我们认识中国大陆当代戏剧的一个非常重要的理论概念。

四

董健先生是我的恩师。很惭愧,因为我的悲观主义,我不能成为先生那样的启蒙斗士。先生相信,启蒙和现代化应该使人类更高尚,而我不能相信人类在历史上某一个时期,或者未来的某一个时代可以称得上"高尚"。我认为西方社会选择了个人主义的价值观,并不是追求高尚的结果,只是因为工业化生产和资本的运作需要把"上帝"庇护下的个人,变为更纯粹的个人,非此则不能获得最大的竞争力。中国的"礼教"——农业文明,在遭遇个人主义—工业文明的扩张、挑战时,不堪一击,鸦片战争以后,中华民族从器物到制度,从制度到精神开始了现代化的自觉进程,然而这一切也不过是为了民族的生存。个性解放,人的现代化,仅仅意味着个人的权利优先于人类集体关于"上帝"、关于"宗族"和"国家"的共同幻想的权威,它并不意味着"人"的高尚,在"人"所要求的权利中,必然地含有肉身的欲望及其粗俗。因此,比较启蒙主义戏剧中那些仅仅诉诸人的精神的高尚内容,平等地看待人们追求肉身快乐的个人权利也许更具推动现代化的持久功效。现代都市资本经营的,由个人购票消费戏剧商品的方式,对于现代戏剧生长、成熟的推动力,可能比启蒙主义者的呐喊更有效。在傅谨批评董健先生"启蒙主义工具主义"时,先生的答复永远是:我们是精神层面的,诉诸人的精神的,不同于"政治功利主义"诉诸人的生活层面和政治立场,先生一次也没有说过"启蒙主义戏剧也要

---

① 董健:《中国当代戏剧史稿·绪论》,《中国当代戏剧史稿》,中国戏剧出版社2008年版,第5页。

娱乐的"。在先生对于启蒙主义戏剧的描述中,总是暗示我们启蒙主义戏剧是不卖钱的,但是中国启蒙主义者所高度评价的《雷雨》,却长时间有过最好的票房收入。我们是否应该把《雷雨》的商业成功也看作启蒙主义的成就呢?莎士比亚并不是一个自觉的启蒙者,人类现代戏剧的艺术峰巅,并不是启蒙主义戏剧家创造的,而是由英国伊丽莎白时代生机勃勃的戏剧票房创造的。如果说当今中国国营戏剧的创作内容停留于"中世纪",那么与之相配的演出方式也是"节"、"展"、"庆典"、"汇演"这种"中世纪"式的集体娱乐方式。真正的商业戏剧,不管它混杂了多少粗俗,它都是对抗"中世纪"戏剧最有力的方式,这种个人权利至上的真正现代戏剧方式,一定会催生现代戏剧的内容。如前所说,"现代世纪"并不是一个更高尚的社会,现代戏剧的个人娱乐消费方式也一定会障碍它的艺术发展,到它不能自我调节和修复,丧失了创造力的时候,自有"后现代"的艺术来处理它。从启蒙主义戏剧诉诸"人"的精神层面的"工具论"到"社会古典主义"戏剧诉诸人的政治层面的"工具论"并不像先生想象得那样遥远,事实上,当文化专制主义者以"社会古典主义"戏剧取代启蒙主义戏剧的时候,后者几乎没有抗争的能量,原因之一,也是中国启蒙主义戏剧没有从娱乐和现代商业的一面拥有更多理论和作品的资源。我注意到,自觉的启蒙主义剧作家,哪怕是莱辛、狄德罗,都没有写出一流的戏剧作品来,而创作了一流戏剧作品的莎士比亚、契诃夫都不是自觉的启蒙主义者。[1] 因为要在精神层面提高人的启蒙主义者相信这个世界可以被"搞定",而且自己已经掌握了"搞定"世界的办法,这样他们创作的戏剧作品就都是正剧,表现人类有限性的悲剧和喜剧[2]是他们写不出来的。然而,黑格尔说:正剧"没有多大的根本的重要性"[3]。只有超越包括"启蒙主义功利主义"在内

---

[1] 易卜生只有在中国新文化和戏剧语境下才是启蒙主义者,他从来不把自己当作一个启蒙主义者,他最好的作品与其说是启蒙的,不如说是怀疑启蒙的。
[2] 意指黑格尔所定义的,排除了"可笑性"(即讽刺)的喜剧。
[3] 黑格尔:《美学》第三卷下册,朱光潜译,商务印书馆1981年版,第294页。

的一切功利主义,才能像莎士比亚和契诃夫那样,把人类的有限性既当作精神的养料,又当作情感的消费对象,创作出具有无比的剧场审美能量的悲剧和喜剧作品来。

(吕效平:南京大学文学院教授)

陈咏芹

启蒙理性、历史反思与现实批判精神
——董健先生学术特质散论

董健先生的学术研究,始于 1960 年代攻读中国古典戏曲专业副博士学位研究生时期,真正绽放出异彩、结出丰硕果实,如同他同时代学人那样,则要等到 1978 年思想解放运动之后。1970 年代末至 1980 年代初,董健先生陆续发表了一批很有影响的中国当代文学批评与研究论文,并与人合作主编由人民文学出版社出版的高等学校文科教材《中国当代文学史初稿》。嗣后,董健先生被称为文学批评家和中国当代文学史家。1980 年代中期之后,董健先生与陈白尘先生联袂主编《中国现代戏剧史稿》,培养中国现代戏剧历史与理论(后称戏剧学)专业硕士、博士学位研究生,出版《陈白尘创作历程论》、《文学与历史》、《田汉传》、《戏剧与时代》和《戏剧艺术十五讲》等著作。这时期的董健先生又是以戏剧学家的身份活跃于学术界。1990 年代中期之后,董健先生陆续发表了大量针砭时弊、反思传统、重申现代启蒙理性的社会批评与文化批评随笔,因其思想的深刻和彻底唯物主义者的无畏胆识,又很自然地被人称为文化批评家。

虽然近四十年来董健先生在学术界和思想文化界的身份发生了上述阶段性的变化，但是我们仍然可以在其精神世界里，发现有一种一以贯之的特质，那就是：无论是作为文学批评家、文学史家、戏剧学家，还是作为文化批评家，其理论思维并不局限于具体的论说对象或研究领域，而是具有越来越弘阔的人文科学视野。或者说，董健先生并不纯粹是上述某一具体学科或具体领域的专门家。贯通上述具体学科或具体领域的，是其既冷峻反思历史又热切关注当代社会与思想文化问题的强烈社会责任感，是其所始终秉持的现代启蒙主义立场。

无论是在中国当代文学批评与历史研究中对"左"倾教条主义、政治实用主义和经济实用主义的批判，还是在戏剧理论中对戏剧学首先是人学的强调，抑或是为当代大学招自由自主地想象与创造之魂，都清晰地显示了董健先生作为见识深广、勇于担当、高扬现代启蒙理性的人文主义知识分子的精神风貌。从这个视界出发，或许能够认识董健先生的论著在中国当代学术史与思想文化史上的意义。

一

董健先生的论著以史论结合见长。无论是其文学史、戏剧史著作，还是戏剧理论著作，抑或是文化随笔，都洋溢着尊重史实、审辨史实的史学精神，洋溢着立足现实、反思历史的理论激情，洋溢着透过现象看本质的理论概括力。读董健先生的论著，人们会强烈地感受到，他总是能够高屋建瓴地从丰富翔实的史料中，提炼出发人深省的问题，从繁杂纷纭的历史现象中发现历史的本质，而且他所提炼出来的问题和所发现的历史本质，大都又是制约着文学史、戏剧史或戏剧理论全局的重大问题。这种思维特质赋予了他的论著以弘阔的人文科学视野、巨大的理论概括力与见微知著的历史洞察力。

我们不妨从中国现当代文学史研究、中国现当代戏剧史研究与戏剧学基础理论研究三个方面来说明。

董健先生最早的学术建树是在中国现当代文学史研究领域。比如对1956年至1957年中国当代文学所经历的那场具有历史转折性的巨大变化,1970年代末期的学术界一般只是就事论事,不予深究。而董健先生却将其置于国际共产主义运动和国内文艺界思想解放运动的政治与文化历史语境中,并且从启蒙主义的自由、民主、科学精神的高度,对史料进行重新审视,将其认定为一场曾经让"无数的作家、艺术家""看到了我国社会主义文艺的新的希望,焕发了极大的积极性和创造性"的思想解放运动①。在这篇题为《论1956年至1957年中国文学运动中的几个问题》的著名论文中,董健先生为这次"悲剧性地流产"了的思想解放运动而扼腕叹息。他认为历史的惨痛教训是:"思想解放的要求""应是持续不断、日新月异的";"要永远坚持在真理面前人人平等、充分保证在艺术上和科学上的民主和自由"。② 这种历史的洞见不要说出现在1980年代初期,即使是在今天也是令人茅塞顿开的。而论文中所表现出来捍卫自由、民主与科学的现代启蒙主义精神,则从此成为董健先生所秉持的思想立场。后来,在论及建国后"十七年"文学的历史地位时,董健先生更是高瞻远瞩地将其纳入新中国同时期经济、政治和文化的整体系统中加以考察。他将这一时期比作中华人民共和国的童年,而"历史童年中发生的现象有三类:一,崭新的生命力;二,合乎历史发展要求的'幼稚';三,难以避免的失误"。③ 正是捕捉到共和国新经济、新政治和新文化的这种历史规定性,董健先生对这一时期文学作出了具有说服力的结论:"十七年不是中国当代文学的黄金时代,仅仅是当代文学向前发展的第一阶段。"④这种论断,在1980年代中期的历史语境中,一方面实事求是地正视"十七年"文学

---

① 董健:《董健文集》卷二,人民文学出版社2015年版,第103页。
② 董健:《董健文集》卷二,人民文学出版社2015年版,第126页。
③ 董健:《董健文集》卷二,人民文学出版社2015年版,第128页。
④ 董健:《董健文集》卷二,人民文学出版社2015年版,第128页。

在开掘新题材、表现新内容、塑造新形象、追求新基调等方面所具有的"崭新的社会主义文学"的历史新质;另一方面又从现代启蒙理性和文学创作规律的高度,提醒人们注意"左"倾教条主义和政治实用主义造成作家在政治激情与艺术思考、艺术表现之间呈现不平衡状态,造成作家失去自我及其艺术立足点,造成作家的"非思想家化"倾向等方面的消极影响。值得注意的是,董健先生并不纯粹是为学术而学术,他研究历史的立足点是现时代。因此,他还特别强调对建国后"十七年"文学历史的考察与反省,目的是"使今天的文学运动迈出更坚实的步子,避免穿起现代的服装演出历史的旧剧"①。

进入二十一世纪,董健先生又在宏观上将中国现当代文学史研究朝着纵深方向推进。他在《关于中国当代文学史的几个问题》中,继续遵循以自由、民主和科学为核心内容的现代启蒙主义精神,从人、社会和文学诸方面现代化的基本价值标准出发,明确指出考察中国当代文学在经历"五四"启蒙精神与"五四"新文学传统从消解到复归、文学现代化进程从阻断到续接的"之"字形的历史曲折进程时,要特别注意三个贯穿始终的重大问题。一是"文学工具化与文学自觉的对立"。② 文学工具化主要表现为政治实用主义与"左"倾教条主义,1990年代之后则与市场经济条件下的"经济实用主义"密切相关。二是"文学的'民族情结'与文学的世界眼光和启蒙意识"。③ 董健先生的理论概括力,在这里表现为所向披靡的雄辩能力。他提醒人们注意"'民族化'的要求本来就是'五四'文学现代化追求本身中的应有之义,'民族化'并不是'现代化'的对立面('现代化'的对立面是'前现代'、'反现代'或曰农业社会的封建体制);'现代化'也不是要反对'民族化'(反对的只是一切保守、落后的反人类、反文明的东西)。将两者对立起来的思想源于对'五四'启蒙主义与'五四'新文化的抵拒,这种抵拒除了与'国粹'派复古主义有关之外,也与

---

① 董健:《董健文集》卷二,人民文学出版社2015年版,第128页。
② 董健:《董健文集》卷二,人民文学出版社2015年版,第88页。
③ 董健:《董健文集》卷二,人民文学出版社2015年版,第90页。

上述政治实用主义的民族狭隘性出自一途"①。三是"作家的精神状态与人民大众的精神生活"②。中国现代文学区别于此前旧文学的标志,就是"作家独立人格的建立与作家创作主体性的发挥"③。唯其如此,它才能真正深刻地表现并且满足人民大众丰富的精神生活。上述三个互为关联的问题的核心就是人的现代化、社会的现代化和文学的现代化问题;而能否解决好这些问题,则关系到在新的历史条件下能否坚持"五四"启蒙主义传统与中国文学现代化发展方向的问题。④ 这些论断是建立在对中国社会迈入二十一世纪之后经济、政治与文化历史转型的总体把握和深层次理解的基础之上的。

在中国现当代戏剧史研究领域中,董健先生的成果更为丰硕。他先后与陈白尘先生合作主编《中国现代戏剧史稿》,与胡星亮先生合作主编《中国当代戏剧史稿》,为这两部史著撰写绪论,为《中国新文学大系(1937—1949)·戏剧卷》和《中国新文学大系(1976—2000)·戏剧卷》撰写导论,并且还发表《论中国现代戏剧"两度西潮"的同与异》、《现代启蒙精神与中国话剧百年》、《中国戏剧现代化的艰难历程》、《20世纪中国戏剧:脸谱的消解与重构》、《论中国当代戏剧中的反现代倾向》、《田汉论》等论文。这些论著着重"从纷繁复杂的历史现象中"捕捉出在历史上"反复出现过的,带有普遍性的,制约过昨天也影响到今天和明天的问题"⑤。董健先生这种戏剧史研究的思维路向,实际上蕴涵着对历史进行长时段全局性研究的历史观和方法论。事实上,正是沿着这种研究思路,董健先生才能抓住制约中国现代戏剧史的关键问题,把握其发展的来龙去脉,从而认清其整体面貌。可以说,上述综论二十世纪中国戏剧史的论著,是最能表现董健先生纵横捭阖的理论概括能力和透过现象看本质的历史洞察能力的了。在论述二十世纪中国戏剧现代化历程的问

---

① 董健:《董健文集》卷二,人民文学出版社2015年版,第90页。
② 董健:《董健文集》卷二,人民文学出版社2015年版,第93页。
③ 董健:《董健文集》卷二,人民文学出版社2015年版,第93页。
④ 董健:《董健文集》卷二,人民文学出版社2015年版,第86—96页。
⑤ 董健:《董健文集》卷一,人民文学出版社2015年版,第1页。

题时,董健先生紧扣中国戏剧在二十世纪世界戏剧"多元"与"多变"的总潮流中究竟发生了哪些"根本性的即带有文化转型性的变化"以及"这些变化是如何发生的"问题为主线,分别从文化进化论、文化传播学和文化功能论等三个方面的有机联系中,进行综合性、立体化的考察。他指出,"有三个问题始终制约着、刺激着、也可以说是困扰着中国戏剧现代化的进程":"第一个问题是如何处理古与今、新与旧、传统与现代的关系问题,这是从纵的、历时性的角度亦即从文化进化(Evolution)的角度来看的";"第二个问题是如何处理中与外、主要是中与西即本土文化与外来异质文化的关系问题,这是从横的、共时性的角度亦即从文化传播(Diffusion)的角度来看的";"第三个问题是从上述纵与横、时与空的交叉亦即文化功能(Function)的角度来看的,这是如何处理'文'与'用'的关系,也就是戏剧与中国现实社会的关系,而在二十世纪的中国,最突出的则是戏剧与政治的关系问题"[①]。正是由于从浩如烟海的史料中捕捉到上述纵横交织在整个二十世纪中国戏剧史中的三个根本性问题,并且从历史、时代与美学的维度对其进行理论透视,才真正科学地阐明了二十世纪中国戏剧现代化历史进程中理论论争、思潮演变与创作得失等方面的问题。这篇题为《中国戏剧现代化的艰难历程》的论文,充分地表现了董健先生融历史思维与逻辑思维于一体的学术思维特质。他先是从二十世纪中国戏剧繁纷的史实与史实之间的联系中,发现其中内蕴着的严密的历史逻辑,接着由此建构起全局性、动态化的历史骨架,最后是对历史进行科学的理论阐释。这种思维路径,既有利于他对历史脉络进行全局性把握,又有利于他对历史内在规律进行思辨性的透视,还有利于他对时代思潮进行有针对性的回应。这篇论文就是这样以其历史与逻辑的统一,达到了历史著述"通古今之变"的境界。

大者能够见其大,小者也能够见其大。董健先生这种融汇历史与逻辑于

[①] 董健:《董健文集》卷一,人民文学出版社 2015 年版,第 1—2 页。

一体的学术思维特质,使其在论述相对小的问题时也能够见微知著,能见学术界所不能见。比如对话剧的重新命名,董健先生就能够出人意料地从"五四"时期《新青年》派对传统戏曲的彻底否定与猛烈批判,到1920年代末期以田汉、洪深为代表的中国新兴话剧奠基人对传统戏曲的利用与改造的历史发展过程中,发现其中所蕴涵的戏剧美学意义与文化转型意义。他指出,在戏剧美学方面,话剧的命名表现出田汉、洪深等人"力图沟通中西戏剧美学,把西方最新的方法嫁接到中国传统戏曲最古老的艺术上","把传统戏曲的艺术'基因'移植到新兴话剧的创作中"的"求新求变"的艺术创造的雄心。① 在文化转型方面,话剧的命名标志着"五四"时期《新青年》派以"西"为"新"、以"中"为"旧"、中西对立的文化绝对主义的"死结"被解开,标志着嗣后田汉等人以其艺术实践建构"话剧—戏曲二元结构"的崭新的戏剧文化生态的历史开端。② 从一则史实,引发出如此之多的问题,而且是关乎中国现代戏剧如何处理民族传统戏曲与外来话剧关系,如何解开文化绝对主义之"死结"等带有全局性、根本性的重大问题。我们不妨试想一下,如果缺乏对中国现代戏剧史内在发展脉络的准确把握,如果缺乏对中国传统戏曲与西方近代写实戏剧(话剧)历史与美学的深刻理解,如果缺乏对中外文化交流历史及其由此所生成的文化新质的广博见识,上述问题是根本不可能提出,更不可能从历史与逻辑相统一的层面,从中西文化融会与贯通的层面做出令人信服的学术结论了。

在戏剧学基础理论研究方面,董健先生的论著既表现出弘阔的人文科学视野,也表现出"慎思之、明辨之"的理论辨析能力。比如,他提出了戏剧学是人学的命题。针对当代中国的戏剧现状,董健先生认为"概括着戏剧的基本特征和规律,规范着戏剧艺术的实践活动"的,具有真正现代意义的戏剧

---

① 董健:《董健文集》卷一,人民文学出版社2015年版,第329页。
② 董健:《董健文集》卷一,人民文学出版社2015年版,第329页。

学①,必须高扬"作为戏剧之魂"的、"反映着一个时代一个民族的基本价值倾向与精神状态"的戏剧精神。戏剧学虽然要涉及戏剧艺术的一切方面,但应有其重心,这种重心就是戏剧精神,而戏剧精神的核心就是"人学"精神,就是"尊重人的本性与艺术的自由"②。近年来中国戏剧发展的要害问题就是"戏剧精神的萎缩",就是没有真正认识到戏剧学首先是人学的要义。③这个论断,表现出董健先生超越一般戏剧学家的人文科学的弘阔视野。也正是从这个论断出发,董健先生向人们发出警告:1990年代以来,中国戏剧正在走向以舞台装饰的华丽奇观掩盖戏剧精神内涵的贫弱或荒谬、以舞台性的强化排拒作为思想载体的文学、以无限膨胀其娱乐功能削弱其审美教育功能的歧途。在这种情况下,"五四"以来以"人"为本的现实主义传统被消解,只剩下可以称之为"拟"的或"伪"的"现实主义"了。④

在戏剧学基础理论中,戏剧性是一个关键性的概念,同时又是一个众说纷纭并且经常自相混淆、自相矛盾的概念。为了解决这个学术问题,董健先生创造性地将戏剧性区分为"文学构成中的戏剧性(dramatic dramatism)"与"舞台呈现中的戏剧性(theatrical theatricality)"两种。他首先对"戏剧性"这一概念的历史演变进行了梳理与辨析。他指出亚里士多德在《诗学》中使用"戏剧"(drama)的两个形容词:"戏剧化的"(dramatised)与"戏剧式的"(dramatic),就有将戏剧性分为"着眼于文学的构成(戏剧化的情节)"和"着眼于舞台的呈现"这两种兼具联系与差异的涵义。接着,他发现"后世论戏剧性者,大都是沿着这两条线索来进行思考与论述的"⑤。"着眼于文学构成的戏剧性,在西方用 dramatic 和 dramatism 表示,前者是戏剧——drama 的形容词,后者是德国浪漫主义美学创造的一个专表戏剧性的概念;而着眼于舞台

---

① 董健:《董健文集》卷一,人民文学出版社2015年版,第271—273页。
② 董健:《董健文集》卷一,人民文学出版社2015年版,第270页。
③ 董健:《董健文集》卷一,人民文学出版社2015年版,第272—276页。
④ 董健:《董健文集》卷一,人民文学出版社2015年版,第189页。
⑤ 董健、马俊山:《戏剧艺术十五讲》,北京大学出版社2004年版,第66—67页。

呈现的戏剧性,在西方则用 theatrical 和 theatricality 表示,前者是戏剧(剧场)——theatre 的形容词,后者是以 theatre 为词根的一个专表戏剧性的概念。"①随后,董健先生又指出:"由于 drama 与 theatre 在中文均被译为'戏剧'(只有在特指演出场所时,theatre 才被译为'剧场'、'剧院'),因而在中文出版物中,'戏剧性'这一概念的使用相当混乱。它有时是指戏剧在文学构成方面(如情节、结构、语言等)的一些特征,有时是指舞台呈现方面的种种特殊要求,有时则是从文学到舞台混杂着讲,以致造成概念上的自相矛盾。如《中国大百科全书·戏剧卷》在'戏剧性'这一词条下注的英文是 theatricality(舞台呈现中的戏剧性),但它所引用的德国理论家奥·史雷格尔与古·弗莱塔克以及英国作家威廉·阿契尔的说法,却都是着重从 dramatic 或 dramatism(文学构成上的戏剧性)的特点来讲的。词条的作者仅从西方学者著作的中译本当然发现不了这一差别,因为这两个不同的概念都被译成了'戏剧性'。也有将 theatrical 与 theatricality 译为'剧场性'的,但中文的'剧场性'多指戏剧演出的某些物质环境,与'戏剧性'这一概念颇有歧义,它顶多不过是与戏剧性的一小部分涵义相通而已。当人们讲生活中的 theatricality 时,是没法将这个词译为'剧场性'的。"②接着,他还用"双刃剑"来比喻戏剧性:"一刃是从文学构成上讲的,一刃是从舞台呈现上讲的,合之双美,便是完整的戏剧性。""当一部完整的戏剧作品被'立'在舞台上时,这两者就完全融为一体,不可分割了。文学构成中的戏剧性为舞台呈现中的戏剧性提供了思想情感的基础、灵感的源泉与行为的动力;后者则赋予了前者以美的、可感知的外形,也可以说,后者为观众进入前者深邃的宅院,提供了一把开门的钥匙。这两者的完美结合,便是戏剧性的最佳状态。"③董健先生从语义学的角度所进行的追根溯源的考证与缜密的辨析,不仅引导人们从具体的历史语境中去认识

---

① 董健、马俊山:《戏剧艺术十五讲》,北京大学出版社 2004 年版,第 67 页。
② 董健、马俊山:《戏剧艺术十五讲》,北京大学出版社 2004 年版,第 67 页。
③ 董健、马俊山:《戏剧艺术十五讲》,北京大学出版社 2004 年版,第 68—69 页。

"戏剧性",澄清了中文著述中对"戏剧性"的种种真伪相混和望文生义的错误,从而达到了对其两个方面内涵与意义的准确认识。

二

董健先生有着极其明确的历史意识,特别注重从历史的维度去考察现实社会与文化现象,并且揭示其成因;他同时还怀抱着极其热烈的现实批判精神,特别注重从现实的维度去洞悉历史的动向。他的论著极为鲜明地体现着历史意识与现实批判精神在深层次上的融合。他先后将自己的两部论文集命名为《文学与历史》和《戏剧与时代》,就是明证。历史维度与现实维度的交汇,历史意识与现实批判精神的融合,还赋予董健先生的论著以相当准确的理论预见性。

注重从广阔的历史联系中科学地探究历史的真相,是文学史家、戏剧史家、文化批评家最起码的,同时也是最高、最为不凡的工作态度和学术追求。也正是如此,在中国史学传统中,求真,被列为历史学家必须应该遵循的"史德"。不过,在历史研究与历史编纂实践中,由于各方面的原因,始终能够恪守这种"史德",真正做到"秉笔直书"的,非常不易。求真,在董健先生的论著中,主要表现为对史料的考辨、对史实的尊重,并且从历史精神的高度、在历史与现实的联系中发现历史的内在规律,从而对史料和史实做出科学的解释两个方面。后者,我们已经在前文论及,这里重点是论述前者。

董健先生早年师从陈中凡先生研究中国古典戏曲。古典文学的学术训练,使他深知求真首先要求史料的真和史实的真,使他深知史料的真和史实的真在学术研究中的基础地位。他曾经撰文呼吁话剧研究要补史料学的课,因为史料学"是百年话剧研究的最弱项"。[①] 他先后主编了大型文献性工具

---

① 董健:《戏剧与时代》,人民文学出版社2004年版,第134页。

书《中国现代戏剧总目提要》、《中国当代戏剧总目提要》，和大型戏剧选集《中国新文学大系(1937—1949)·戏剧卷》、《中国新文学大系(1976—2000)·戏剧卷》。他在《中国现代戏剧总目提要》的序中指出史料建设工作的意义："长期以来，我国人文科学和社会科学的研究工作，由于受到庸俗社会学、政治实用主义和'左'倾教条主义的不良影响，往往忽视第一手资料的搜集整理工作，习惯于不顾事实地讲大话、空话、套话，八股气十足，这是一种极坏的学风。""翔实客观而丰富的史料，能堵住那些说大话、空话、套话者的口，能叫那些出于某种政治目的或者由于学风的虚夸不实而把历史当作泥团来任意捏弄的人难行其道，能叫那些建立在沙滩上的理论'框架'、'体系'顷刻坍塌。"①

董健先生在著述过程中，对待史料（包括作家的作品文本）都是尽可能广博地搜集，并且做出精密的考辨。比如，他在写作《田汉传》时，曾就田汉被迫害致死之日的天气情况，特别请南京大学气象系教授代为查阅北京当天的气温、阴晴、风向、风速、高空气压等方面的数据。他还非常注意对文献进行考辨，甚至一个词语也不放过。也是在写作《田汉传》时，因为《三叶集》中田汉给郭沫若信中的"法悦"一词，专门请南京大学古典文学教授最终考证出此乃佛家用语，表示一种超然物外的心灵感受，与"怡悦"之境相去甚远，从而纠正了此前学术界（包括其师辈学者）望文生义地擅自将其更改为"怡悦"的错误。《田汉传》中，经过如此考证的史实，有时以叙述的形式来记载，有时以人物对话（包括争论）的形式来记载，看似信手拈来，漫不经意，实际上离不开董健先生对史料的长期积累，离不开他对史料所进行的严格鉴别、考订、校勘，离不开他对史料之间内在联系的发现和贯通，总之，这其实是他对史料驾轻就熟的结果。正是这种严谨朴实的治学态度，正是这种注重对史料进行精审考辨的学术基本功，使得董健先生的论著具有极其扎实的史学基础。董健先生信

---

① 董健主编：《中国现代戏剧总目提要》，南京大学出版社2003年版，第1页。

奉追求真实就是追求真理,而追求史料的真实就是通往追求真实、追求真理的必由之路。他论著中犀利深刻的论断都是来源于史料的真实,都是与史料的真实浑然一体的,真可谓言之有据、言之凿凿也。《田汉传》之所以能够写出田汉的心史,一个重要的原因就是以经过精审考辨的第一手传记材料为依据,以田汉本人文学创作的文本为依据,以田汉与二十世纪中国社会历史与艺术历史的关系为依据。由于尊重史料、尊重史实,《田汉传》既写出了田汉的真诚、对艺术的赤子之心,也写出了田汉的矛盾、困惑,写出了田汉在政治上的幼稚、在爱情上的犹疑,更写出了田汉的悲剧命运。从根本上说,《田汉传》所塑造的田汉形象的逼真性,就是来源于史料的真实性。

为了求真、求实,为了逼近历史的真相,董健先生在其著作中即使涉及与自己有关系的历史人物时,也能够做到不虚美、不隐恶、不为贤者讳。比如《田汉传》中对曾经写过《"有鬼无害"论》的梁璧辉的批评。梁璧辉是曾以中共江苏省委宣传部部长的身份兼任南京大学中文系主任俞铭璜的化名。俞铭璜在南京大学做过一些培养人才、有益于学科发展的事情,也曾以自己的方式在力所能及的范围内保护过陈中凡、胡小石等老一辈学者,至今仍被南大中文人视为贤者。董健先生本人在读本科期间参与写作的几篇文章也曾收入俞铭璜主编的《左联时期无产阶级革命文学》。但董健先生在《田汉传》中,仍然对这位奉中共中央华东局第一书记兼中共上海市委第一书记柯庆施之命撰写《"有鬼无害"论》的中共中央华东局宣传部副部长着实记上了一笔,不仅标明该文"就是江青叫柯庆施组织撰写的",并且做出了实事求是的评论:"此文没有什么学术性可讲,只是把全国对'鬼戏'和廖沫沙为此剧叫好的《'有鬼无害'论》进行了政治陷害性的攻击。这显然是在政治势力的怂恿和保护下向戏剧界射出的一箭。"[1]这篇"攻击"性文章的发表"说明一股可怕的势力已经向整个戏剧界包剿过来了"[2]。后来,董健先生还在其文化随笔《在

---

[1] 董健:《田汉传》,北京十月文艺出版社1996年版,第841—844页。
[2] 董健:《田汉传》,北京十月文艺出版社1996年版,第842页。

发昏发狂的日子里》和《彷徨在"红"与"白"之间》,毫不隐讳地记叙了俞铭璜主持南大中文系工作时的"左"和对某些教师的尖刻。比如记叙俞铭璜为了搞臭"资产阶级知识分子",竟当众羞辱诗人赵瑞蕻副教授"兀台可垮",记叙他发动学生批判罗根泽教授却遭到对方"很有度量与气派"的反击,并因此引起一阵阵热烈的掌声。①

当然这种基于当今思想高度对历史的反省,并非专门针对他人,董健先生对自己更不例外,准确地说更不留情面。在新中国成立后培养出来的同代学者中,董健先生的才、学、识均属为数不多的佼佼者。他是中国古典戏曲专业副博士研究生毕业,通俄语,能用英语阅读。以这种学术背景和专业基础,来研究中国现当代文学、戏剧历史与理论,自然拥有同代学者很难具备的融汇中西、贯通古今的学术思维能力。但他自己并不这么看。恰恰相反,他在很多场合,都真诚地反省自己"是建国后大学教育的大锅里煮出来的一碗'夹生饭'"②;真诚地反省自己"读书太少、知识残缺、基础浅薄、思力贫弱",并且认为此乃自己的"切肤之痛",也是自己学术研究上的"致命伤"③;真诚地反省自己"身上与心上的奴性"④,说自己"长期存在着'以被赏识为荣'的意识,而且还颇强烈"⑤。他还说对自己作为奴隶的人身依附性的认识,开始于1978年的思想解放运动,但二十多年过去了,"如果真正'从灵魂深处'反省起来,奴性似乎并没有减少多少,只是存在的形式有所改变而已"⑥。他在清华园拜读并手抄《海宁王先生之碑铭》后,"思之再三,觉得自己身上最缺乏的就是使读书之士的脊梁骨坚硬起来的一种'钙'——陈寅恪先生所标举的'独

---

① 董健:《董健文集》卷三,人民文学出版社 2015 年版,第 262—263 页。
② 董健:《董健文集》卷三,人民文学出版社 2015 年版,第 265 页。
③ 董健:《董健文集》卷三,人民文学出版社 2015 年版,第 265—266 页。
④ 董健:《董健文集》卷三,人民文学出版社 2015 年版,第 87 页。
⑤ 董健:《董健文集》卷三,人民文学出版社 2015 年版,第 87 页。
⑥ 董健:《董健文集》卷三,人民文学出版社 2015 年版,第 88 页。

立之精神、自由之思想'"①。他甚至由己推人,"慢慢怀疑起中国的知识分子能不能担负起'启蒙'的历史重担了"②。"当我给学生上课,暗暗以'启蒙'者自居时,总想到鲁迅说的那一匹脖子上挂着小铃铛的'带头羊'。它脖子上的铃铛自然就是知识分子的徽章了。以'启蒙者'自诩而自身奴性未除的人,很可能就像这匹带头的山羊,带领大众做奴隶。"③

正是由于这种求实求真的历史意识,崇尚自由、民主与科学的现代启蒙理性,冷峻的历史反思和热烈的现实批判精神,董健先生才能够有勇气、有能力直面历史与现实,直面他人与自我的局限性。我们读董健先生的论著,能够强烈地感觉到他对现实的关切,而这种关切总是与对历史的审视与对现实的批判结合在一起的。董健先生研究中国现当代文学史、戏剧历史与理论,从来就不纯粹是为了研究而研究,从来就不是为了满足历史癖而去堆砌、排比和炫耀自己所掌握的丰富史料,也从来就不是为了沉湎过去而借历史发思古之幽情,而是为了探寻现实与历史之间的内在逻辑联系,是为了立足现实、反思历史和瞻望未来。他的论著显示着他的博学、审问、慎思与明辨,也表现着他强烈的现实批判精神。而这种对历史的审视与对现实的批判的融汇,落实到对未来的瞻望的时候,就会显示出科学的理论预见性。

这里以董健先生的"喜剧主流论"为例。

早在1990年代中期,董健先生就"对喜剧有一种特深的爱和特大的期望"④。董健先生1993年在回答《上海戏剧》第1期"面向二十一世纪——对当代中国戏剧的新思考"专栏的问题时,首次提出未来"喜剧将比悲剧和正剧发达得多"⑤的理论预见。1994年,他在为张健《中国现代喜剧观念研究》所

---

① 董健:《董健文集》卷三,人民文学出版社2015年版,第90—91页。
② 董健:《董健文集》卷三,人民文学出版社2015年版,第92页。
③ 董健:《董健文集》卷三,人民文学出版社2015年版,第92页。
④ 董健:《董健文集》卷三,人民文学出版社2015年版,第326页。
⑤ 董健:《董健文集》卷三,人民文学出版社2015年版,第329页。

作的序中进一步申述:"相信未来的世界一定是喜剧的世界。"①2001年,他在《迈入二十一世纪的中国戏剧》中又作了补充论述,并再次预言"未来的剧场将主要是'笑的剧场'"②。

董健先生的"喜剧主流论"是建立在他对喜剧发生学、喜剧本质论、喜剧功能论的理论认识和对中国当代社会转型与文化转型的现实与未来的历史前瞻的坚实基础上的,因而具有理论与历史的科学性。就喜剧发生学而言,董健先生认为面对世界万象发出笑声,这是人的心理的超脱与解放的表现,是黑格尔所谓人获得"主体的自由权和驾御世界的自觉性"③的表现。由于现代启蒙理性的高扬,自由、民主与科学已经成为新一代人的世界观,他们对世界产生了新的更为深刻的带有巨大超越性的体验,并且以现代批判精神进行冷峻的理性剖析,他们将用喜剧的"笑"去接近或触摸生活的真理,他们"将笑着与自己的过去告别,将笑着把一切陈旧有害的东西(精神的和物质的、经济关系中的和政治关系中的)送进历史的坟墓"④。就喜剧本质论而言,董健先生认为,喜剧是真理对荒谬的蔑视,是真理的光芒对艺术的照耀。他说:"真正喜剧的笑,是'真理在我'的自信心的表现"⑤。由于掌握了真理,创作主体生成了看透并蔑视历史丑角的机智、幽默和讽刺的心理机制。喜剧精神是人类智慧与理性的高度体现,是人类摆脱束缚、追求自由精神的高度体现。因此,"真正的喜剧精神是比悲剧精神更高妙的一种生活态度和审美精神"⑥。这就是黑格尔说"喜剧高于悲剧,理性的幽默高于理性的激情",马克思也表示赞同的原因。⑦ 就喜剧功能而言,董健先生认为,由于"喜剧出自理

---

① 董健:《董健文集》卷三,人民文学出版社2015年版,第329页。
② 董健:《戏剧与时代》,人民文学出版社2004年版,第68页。
③ 黑格尔:《美学》第三卷下册,朱光潜译,商务印书馆1981年版,第297页。
④ 董健:《董健文集》卷三,人民文学出版社2015年版,第329—330页。
⑤ 董健:《董健文集》卷三,人民文学出版社2015年版,第329页。
⑥ 董健:《董健文集》卷三,人民文学出版社2015年版,第328页。
⑦ [德]马克思:《北美事件》,《马克思恩格斯全集》第15卷,人民出版社1964年版,第587页。

性的观察,对客观事物尤其是对那些有害于人类的丑恶与虚假的事物具有一种超越其上的穿透力",具有一种因为看透并蔑视那些丑恶与虚假事物的"居高临下、斩妖伏魔的威力"①。"真正的喜剧的笑","是机智、幽默之火淬出的镇妖伏魔之剑,是丑恶灵魂的克星,是即将倾塌的美丽的人性之宫的救星"②。喜剧的"笑"还能够起到"活跃身心、消解郁闷的作用",更有益于人类的健康。③ 就中国当代社会转型与文化转型的现实与未来而言,董健先生认为,改革开放与思想解放必将高扬现代启蒙理性精神,"而一切束缚经济发展、禁锢人的精神、扭曲人的本性的旧制度旧教条越来越显出末世的败相,成了马克思所说的那种历史的'丑角',那种'按照应当受到蔑视的程度而受到蔑视的存在物'。人们对这个急剧转型的社会将是'观之者'多而'感之者'少"④。"在一个真正意义上的'现代人'的心目中,悲剧(与英雄崇拜有关,与充满敬畏的崇高感相联系)的本质与意义将占不到什么地位,而喜剧(与平民本位有关,与充满批判与超越精神的幽默感相联系)的精神将会大大高扬。将来的悲剧大抵只有在历史剧题材的戏剧中才有可能见到(有相当多的历史悲剧也将被喜剧化),现实题材的戏剧不大可能再写成悲剧了。"⑤

依据董健先生的论述,喜剧精神来自创作主体对社会与文化发展中那些妨碍人的自由而全面发展的旧制度旧教条的荒谬本质的透彻认识,来自创作主体凌驾一切的主体意识与崇尚自由、民主与科学的,能够将虚假的崇高事物还原到平常事物的现代理性精神。当创作主体用荒诞与笑声解构金镶银裹的所谓神圣与庄严的时候,喜剧精神就自然生成了。董健先生"喜剧主流论"的预见,一方面是基于对喜剧精神的深刻理解,另一方面是基于对二十世纪与随之而来的二十一世纪中国社会发展连续性的历史洞察,是对社会发展

---

① 董健:《启蒙与戏剧》,山东友谊出版社 2009 年版,第 66 页。
② 董健:《董健文集》卷三,人民文学出版社 2015 年版,第 329 页。
③ 董健:《启蒙与戏剧》,山东友谊出版社 2009 年版,第 66 页。
④ 董健:《董健文集》卷三,人民文学出版社 2015 年版,第 330 页。
⑤ 董健:《戏剧与时代》,人民文学出版社 2004 年版,第 70—71 页。

与艺术发展趋势的敏锐判断，是他作为具有弘阔的人文科学视野、善于把握历史大势的文学史家和戏剧史家通过历史与现实的对话而对未来所做出的理论前瞻。

二十一世纪中国社会与文化的历史转型，在社会诸多领域里形式的神圣庄严与本质的虚伪荒谬所生成的喜剧性，为喜剧精神与喜剧艺术的发展，提供了越来越充分的现实依据。无论是从现实生活土壤、人民群众审美需求、还是从艺术发展的内在规律来看，目前正处在高扬喜剧精神、繁荣喜剧艺术的大好时期。但令人遗憾的是，历史并未朝向董健先生所预言的"喜剧主流论"发展。政治实用主义与经济实用主义的合谋与共同干预，使得二十一世纪中国的戏剧恰恰是正剧占了主流，同时也恰恰是喜剧精神与喜剧艺术的缺席。董健先生是从中国社会将要沿着现代启蒙理性的指引前进去瞻望未来的，是从中国戏剧将要汇入世界戏剧发展主潮的大势去瞩目未来的。可二十一世纪的中国社会，在很多领域的很多方面，包括在戏剧艺术领域的很多方面，却偏离了现代启蒙理性的轨道。董健先生的期待落空。这也从另一个方面说明董健先生对历史发展的乐观主义态度，说明喜剧精神与喜剧艺术发展的艰难曲折。我们相信历史发展的趋势最终是不会改变的，我们也因此相信董健先生的理论预见总有一天会变成现实的。

三

董健先生自1978年至今，从未间断地呼唤启蒙，特别是在1990年代之后的社会与文化语境中仍然继续重申现代启蒙主义立场，坚定地捍卫陈独秀、胡适、鲁迅等人所开创的"五四"新文化运动的现代启蒙主义传统。

董健先生对"启蒙"的必要性有着切身的认识。他在"文革"时期，曾进入江苏省文艺系统"大批判写作组"，奉命撰写批判"四条汉子"、"文艺黑线"和吹捧所谓"革命样板戏"的文章。他曾对自己因此被赏识而感到自我满足。

1978年"真理标准问题"讨论所引发的思想解放运动开始之后,他才如梦初醒,逐渐认识到自身的"依附政治"的意识、"个人迷信"的习性、政治实用主义的方法、"左"倾教条主义的倾向,以及上述因素所造成的思维方式与言说方式,并开始以现代启蒙理性精神对之进行彻底地反思与清理。"启蒙"最核心的意思就是以自由、民主与科学的理性之光,照亮黑暗中世纪,驱散蒙昧主义与专制主义笼罩在社会与文化心理上的层层历史迷雾。现代启蒙理性同样也"照亮"了董健先生的思想深处,使他获得运用自己理智的勇气,冲决思想被奴役的罗网,开始在文学和戏剧研究领域里呼唤自由、民主和科学精神,开始探索中国文学和戏剧现代化的必由之路。他说:"1978—1989年,这十二年我能在中国现当代文学和戏剧的教学和研究上取得一些成绩,均是靠了这启蒙对我的精神再造之功。"①1978年写出并于翌年发表于《文学评论》的《论1956年至1957年中国文学运动中的几个问题》,开始对当代文学领域里的政治实用主义、"左"倾教条主义和文化专制主义进行了初步的批判。这篇曾引起过苏联汉学家索罗金等人关注的长篇论文标志着董健先生以"五四"新文化运动所高扬的自由、民主与科学的现代启蒙主义精神研究中国现当代文学、戏剧历史与理论的开始。嗣后,他在与人合作主编高等学校文科教材《中国当代文学史初稿》、《中国现代戏剧史稿》,撰写《陈白尘创作历程论》、《文学与历史》、《中国新文学大系(1937—1949)·戏剧卷·导论》中,都以现代启蒙理性的自由、民主与科学原则审视文学现象与戏剧现象、反思文学思潮与戏剧思潮、揭示作家思想追求与艺术个性。由于对"启蒙"情有独钟,董健先生高度赞扬源自欧洲十八世纪思想启蒙运动的伟大精神对于其后人类一切思想解放运动的启迪意义。对于现代启蒙理性,他并不是纯粹从学理上进行研究,而是始终将其与中国经济、政治与文化现代化的曲折进程联系在一起进行论说的。他热烈地呼唤现代启蒙主义的理性之光,普照中国大地。他指出

---

① 董健:《董健文集》卷三,人民文学出版社2015年版,第271页。

我们现时代所要进行的"启蒙",从实质上来说,"是指一切惟客观真理是求的理性活动,是指人类思想史上或当前现实中一切反封闭、反黑暗、反僵化、反蒙蔽、反愚昧,总之一句话就是反精神奴役的思想运动与文化精神"①。他所呼唤的"启蒙"精神在1980年代的思想解放运动中曾经起到过破除现代迷信的巨大作用。"五四"新文化运动所高扬的现代启蒙主义精神在1980年代新的历史条件下得以拓展和深化。

1990年代以来,情况出现了转折性的变化。一方面,随着社会与文化的历史转型,在政治实用主义、经济实用主义、以"儒学"复兴为代表的狭隘民族主义文化情结和"后现代主义"的联合夹击下,现代启蒙主义精神被戴上所谓"殖民话语"的帽子,受到质疑、否定和阻断,1980年代思想解放运动的精神成果屡遭非议,甚至出现了将"启蒙"判决为导向"专制"、"独裁"、"极权"与"霸权"的论调。另一方面,1980年代启蒙主义思想群体风流云散,有的转向纯学术研究,并开始质疑启蒙理性原则的有效度,开始质疑人类理性能力的局限性;有的则"告别革命",为"改良主义"正名。面对这种新的思想文化动向,董健先生继续以坚定的立场宣称启蒙主义精神仍未过时,"五四"新文化运动的启蒙主义历史任务仍未完成。他从不间断地重申现代启蒙主义立场,甚至在多种场合强调:"要进行必要的启蒙主义补课",启蒙的口号"在中国当下不但不陈旧,而且有极大的针对性。特别是在新'左'、旧'左'、民族主义、民粹主义等思潮盛行的情况下,亟待重新确立启蒙的价值观。"②他自己除了在《中国当代文学史新稿》、《中国当代戏剧史稿》、《中国新文学大系(1976—2000)·戏剧卷》等书的绪论或导论中,继续以现代启蒙理性的消长作为价值判断的标准。同时,他也开始运用一种新的文体——文化随笔(他称之为"读思录"),以"五四"启蒙主义思想家那种社会批评与文化批评的方式,迅捷而犀利地向挂着各式招牌的反自由、反民主、反科学的社会现象与文化现象进

---

① 董健:《董健文集》卷三,人民文学出版社2015年版,第400页。
② 董健:《董健文集》卷二,人民文学出版社2015年版,第44页。

行毫不妥协毫不留情地批判。其中最值得注意的是以下五个方面。

第一，论述1930年代之后现代启蒙主义精神并未中断，而是由"文化品格塑造型的启蒙（精神的启迪，个人人格的确立）变成了政治运动导向型的启蒙（行为的发动，功利的选择）"①。1930至1940年代政治运动导向型的启蒙，是由中国共产党领导的，"与人民的民主要求是同步的"②，因而具有无可置疑的历史进步性。但同时董健先生又清醒地指出，在政治运动导向型的启蒙进程中，出现了"以政治化取代现代化的现象"③。表现在文学研究领域，则是"出现了一种名实分裂的荒诞现象"："表面上以马克思主义的先进世界观和方法论在批判和否定资产阶级的东西，事实上却往往是以前启蒙、前现代（或传统的封建专制主义残余或半愚昧的'左'派幼稚病）的思想对抗文学艺术、思想学术的现代化进程。"④在民族形式与现实主义问题上对胡风的批判是如此，对曹禺剧本《家》与夏衍剧本《芳草天涯》的批判也是如此。这是董健先生对中国现代启蒙运动史的深刻反省；同时也是他以现代启蒙主义精神对中国现代文学史、戏剧史的深刻反省。

第二，对民族主义文化情结的批评。董健先生将狭隘民族主义者"沉迷于本国的文化，而拒绝外来的、先进的文化"的心态称之为"民族主义文化情结"⑤。他认为其成因是狭隘民族主义者寻求以"中国文化传统里的封建专制主义"来解决"中国现代化过程中的现实问题"的臆想；其实质则是"解构现代性的启蒙理性，遮蔽人的自由，阻挠人的现代化"⑥。董健先生批评民族主义文化情结的目的，在于赓续并深化"五四"启蒙主义思想传统，真正建构个人主义思想体系，确立人的主体性地位，因为这是建构现代化社会的基石⑦。

---

① 董健：《董健文集》卷二，人民文学出版社2015年版，第70—71页。
② 董健：《董健文集》卷二，人民文学出版社2015年版，第10页。
③ 董健：《董健文集》卷二，人民文学出版社2015年版，第72页。
④ 董健：《董健文集》卷二，人民文学出版社2015年版，第72页。
⑤ 董健：《董健文集》卷三，人民文学出版社2015年版，第10页。
⑥ 董健：《董健文集》卷三，人民文学出版社2015年版，第17页。
⑦ 董健：《董健文集》卷三，人民文学出版社2015年版，第20页。

第三，对以中国后现代主义理论宣扬者所代表的"历史混合主义"①的批判。董健先生认为，1990年代至今，中国的社会与文化"正处于前现代、现代和后现代三种状态混合交杂的时期"，但是，"历史的'链条'及其各个'环节'之间的逻辑顺序是清楚的"②。而以中国后现代主义理论宣扬者为主要代表的"历史混合主义"则"打断了历史的'链条'，并将其各个'环节'的逻辑顺序完全打乱了"③。后现代主义对西方工业文明时期现代性的反思与批判，具有无可辩驳的历史进步性。可是一旦它被引进处于前现代、现代、后现代三种状态混合交杂时期的中国，其倡导者们不顾西方在经历了充分的近代化和现代化之后，并在民主与法制较为完善的情况下来反思和质疑"现代性"的历史事实，而扮演着盲目的反现代化的角色，并且"把中国一些前现代、反现代的东西，当成了后现代的'宝贝'"，"把历史搅成了不分是非、善恶、进退、积极与消极、开放与封闭的'混合主义'的一锅粥"④。如果放任这种"历史混合主义"泛滥，"五四"新文化运动所确立的现代性价值判断就会被颠覆或倾斜。董健先生这些分析有力地批驳了中国后现代主义理论宣扬者们反理性、反历史、反现代化的思想实质。

第四，对1990年代以来文学创作与研究领域里庸俗技术主义的批判。文学创作中的庸俗技术主义，就是"撇开文学的思想文化内涵、撇开人的精神状态，只盯住一些纯技术层面上的雕虫小技"⑤。它表现在文学批评中就是"完全无视作者的叙事技巧与他的文化立场的关系"，让人们"无法从文学中感受社会、历史和人，无法从作品中感受人在精神领域的生存状态"⑥。在追

---

① 此处是董健先生借用马克思《资本论》第1卷第2版"跋"中的一个概念。见《马克思恩格斯选集》第2卷，人民出版社1972年版，第213页。
② 董健：《董健文集》卷二，人民文学出版社2015年版，第81页。
③ 董健：《董健文集》卷二，人民文学出版社2015年版，第81页。
④ 董健：《董健文集》卷二，人民文学出版社2015年版，第81页。
⑤ 董健：《董健文集》卷二，人民文学出版社2015年版，第84页。
⑥ 董健：《董健文集》卷二，人民文学出版社2015年版，第85页。

溯原因时，董健先生又一次表现出他以弘阔的人文科学视野，善于从历史的连续性中发现问题的历史洞察力。他指出庸俗技术主义的盛行可以溯源到1980年代文学与政治关系的调整。那次调整是文学对此前自身"政治化"的背离，扩展了文学的生存空间，但同时又出现了三个误区：其一，"混淆了'思想'与'政治'、'文化启蒙'与'政治导向'的区别"，因而"'去政治化'便与'解构启蒙话语'荒唐地搅在了一起，在使文学逃脱政治的奴婢地位的同时，又使它陷入了无思想、无精神的麻木状态"；其二，混淆了作家与政治发生关系时是葆有还是丧失自身主体性的两种状态，形成了恐政治、厌政治与盲目排斥政治的"去政治化"的不健康创作心理；其三，在摒弃了"以充满偏见、独断的经验主义将人向非理性、个别性下降"的无益于"人"的"教化"的同时，也摒弃了"体现人的'精神理性'，将人向人之为人的普遍性提升"的有益于"人"的"教化"。[①] 董健先生认为1990年代以来，庸俗技术主义的盛行，就是上述三种认识上误区逻辑发展的结果。

第五，重铸大学之魂。"启蒙"是一项长期的工作，在欧洲经历了三个多世纪，而在中国从"五四"算起，至今也只有匆匆百年。中国的启蒙理性，如想不被各种名目的政治实用主义与经济实用主义所冲击，如想不被披着各种"新"学外衣的历史混合主义与庸俗技术主义所消解，学校教育，尤其是大学教育的树人立人工作，显得格外重要。很难设想，没有高度发达而健全的现代大学教育系统，启蒙工作的赓续将会困难到什么程度。可是在现时代，我们的教育出了毛病，尤其是大学教育在市场经济条件下，已经失魂落魄。面对大学的困境，董健先生提醒我们要重铸大学精神，为大学招魂。

何为大学之魂？董健先生认为，人们所推崇的陈寅恪所说的"独立之精神，自由之思想"，"仅仅是大学精神应有的一种'常态'，仅仅是重铸大学之魂的必要条件之一"。"在这一'常态'之下，还有一个更加核心的东西，就是最

---

① 董健：《董健文集》卷二，人民文学出版社2015年版，第83—84页。

大限度地、在社会所能达到的高文化起点上培养与发挥人的想象力与创造力。"这就是大学之魂。① 董健先生将培养与发挥现代人的想象力与创造力的重要性,提升到大学之魂的高度,显然是对启蒙思想家强调人的自由意志与自然权利的引申与发挥。作为启蒙两大要素的自由意志与自然权利,表现在生命个体身上最重要的内容就是想象力与创造力的自由而充分地发挥和发展。

中国大学之魂的铸造,始于以"五四"时期的北京大学和稍后的东南大学(后改称中央大学)为代表的首批现代大学的初创期。那时,"一大批现代知识分子所执拗追求的是:以'人文与科学平衡'为指针,培养高素质全面发展的人"。"他们用以统摄其知识与技术的是其独立健全的人格、科学民主的思想、求真求善求美的自由意志,以及价值判断的慧眼。"②但是,1950年代之后的历次政治运动,尤其是知识分子改造运动,从根本上消解了大学之魂。1980年代以来,随着知识分子生存环境一定程度的改善,大学之魂开始被有限制地召回。但好景不长,1990年代以来,形形色色的"经济实用主义"与"庸俗市侩主义",在"后政治实用主义"与"后'左'倾教条主义"的庇护下,大行其道。董健先生痛惜地指出:"追求眼前的、直接的物质利益与经济效应,几乎成了一切大学压倒一切的任务,人们只学习具体而实用的物质生产技能,而不再去思考理想、未来、人类的整体问题以及人生的价值问题,思考力、批判力与精神产品的生产力严重萎缩。"③大学也由此而变得失魂落魄。

为了重铸大学之魂,培养和发挥代表着国家民族精神高度的想象力与创造力,董健先生热烈地呼唤在大学人身上重铸"怀疑的精神"、"批判的精神"、"超越的精神"和"追求真理的执著精神"。只有高扬这四种精神,并以之统帅大学教育与研究之时,我们的大学才能真正做到以树人立人为本,才能真正

---

① 董健:《董健文集》卷三,人民文学出版社2015年版,第127页。
② 董健:《董健文集》卷三,人民文学出版社2015年版,第130页。
③ 董健:《董健文集》卷三,人民文学出版社2015年版,第122—123页。

培养与充分发挥人的自由自主的想象力与创造力,我们的大学才能魂兮归来!①

在中国近、现代思想文化史上,有些启蒙学者在其后期走向回归传统的道路。远者如康有为、梁启超、王国维,近者如1980年代曾经为自由、民主与科学振臂高呼而后在1990年代风流云散的启蒙学者群体中的某些代表性人物。这是一种值得沉思的思想文化现象。本文提出这个问题,无意探究其多方面的原因,而是为了强调董健先生在1990年代之后的社会与文化语境中,仍然重申启蒙理性、坚定捍卫启蒙理性,对于中国现代思想文化建设的意义。董健先生学术思想的核心范畴就是高扬自由、民主与科学的现代启蒙理性。由此出发,当他以现代启蒙理性去深切关怀与历史相联系的现实的时候,以现代启蒙理性去冷峻反思与现实相联系的历史的时候,在其论著中就自然而然地洋溢着强烈的现实批判精神和历史批判精神。具有历史意识的现实批判与具有现实情怀的历史批判,在董健先生的论著中高度地融合在自由、民主与科学的现代启蒙理性的精神世界里。从这个意义上说,董健先生以其富有思想深度的人文学术,锲而不舍地赓续了中国现代启蒙主义的思想传统。

(陈咏芹:广东外语外贸大学中国语言文化学院教授)

---

① 董健:《董健文集》卷三,人民文学出版社2015年版,第132—134页。

胡德才

论董健的喜剧观

一百多年前,英国作家麦里狄斯曾感慨:"我们不能不承认,喜剧从来就不是最受尊敬的一位文艺女神。"①一百多年来,情况似乎也没有大的改变。20世纪以来,我国喜剧创作和研究也不发达,喜剧理论亦较贫弱。进入新时期以后,喜剧创作和喜剧研究开始逐步进入常态,其中,南京大学贡献尤多。南大在喜剧创作与喜剧理论研究,尤其是在喜剧创作与喜剧研究人才培养上独树一帜,成为中国当代喜剧创作和喜剧研究的重镇。从20世纪80年代陈白尘对喜剧的呼唤及其喜剧创作、陈瘦竹的喜剧理论研究到九十年代和新世纪初董健对喜剧精神的倡导,在学界均具有引领风气的意义。他们指导培养的博士胡星亮、阎广林、张健等对中国现代喜剧和喜剧理论进行了系统的研究,为学界贡献了一批重要的喜剧研究成果。从赵耀民的《天才与疯子》到温方伊的《蒋公的面子》则开辟了校园喜剧创作的一方新天地,成为当代剧坛独

---

① [英]麦里狄斯:《论喜剧思想与喜剧精神的功用》,文美惠译,《古典文艺理论译丛》第7辑,人民文学出版社1964年版,第55页。

特的景观。在这三十多年的历程中,有一位始终不渝关注喜剧创作、坚持喜剧研究、呼唤喜剧精神的学者,就是董健先生。

董健的喜剧研究是从20世纪80年代初撰写《陈白尘创作历程论》起步的。他在大学时代就特别喜爱陈白尘的《升官图》等讽刺喜剧,陈白尘"那鞭挞黑暗、邪恶,呼唤光明、正义,充满革命激情和艺术魅力的'笑'"在他年轻的心灵上留下了难以磨灭的印象。[①] 1978年,陈白尘到南大任教并兼任中文系主任和戏剧研究室主任,董健任戏剧研究室副主任,并和陈白尘一起指导研究生。机缘巧合,和喜剧老人共事,耳濡目染,不仅使他的陈白尘研究独具条件优势,也使他受陈白尘人格与作品的熏染,对喜剧的偏爱更甚。此后数十年他对喜剧的喜爱有增无减,正如他所说,"我对喜剧有一种特深的爱和特大的期望"。[②] 笔者在从董健师攻读博士学位前出版过一本研究中国现代喜剧的小册子,入学不久,和他谈及博士论文选题,他仿佛不加思索即随口回答,"你可以继续做当代喜剧研究"。他晚年因患眼疾,很少外出参加学术活动,2015年,我在武汉承办全国第五届喜剧美学研讨会,自然想请他到会以壮声势,他已年届八旬,又担心他因眼疾行动不便,结果在电话中他得知是喜剧美学研讨会,便爽口答应来汉参会,并做了大会演讲,给学生做了学术讲座。我以为,喜剧研究虽然只是董健学术研究领域中的一个方面,但他一直没有停止过对喜剧的思考,他心中有一个"喜剧情结",他的喜剧观是独特而富有启发意义的。

一、"喜剧精神"的内涵

董健先生是第一个系统阐释"喜剧精神"内涵的学者,提出了"喜剧精神"的三个基本要点。

---

① 董健:《陈白尘创作历程论·后记》,中国戏剧出版社1985年版,第374页。
② 董健、张健《中国现代喜剧观念研究·序》,北京师范大学出版社1994年版,第4页。

在现代以来的喜剧研究中,"喜剧精神"是出现频率颇高的一个词,但喜剧精神的内涵是什么?理论家们却往往是点到即止,语焉不详,或各说各话,不甚了然。

英国19世纪后期作家麦里狄斯的《论喜剧思想及喜剧精神的功用》是第一篇关于喜剧与喜剧精神的专论。麦里狄斯在文中提出了一些很有启发性的观点,但对喜剧精神则只是以生动的文字作了一番描述。在麦里狄斯笔下,喜剧精灵"嘴角上隐隐浮现着一个山羊神的明媚如阳光的恶意","它能破除人们的愁颜","照出心灵的阳光"。人类在世界上的未来并不吸引他,吸引他的是人类眼前各种不同的喜剧性矛盾。只要人们"违背了正常的理性,公平的准则,假意谦虚或者空自狂妄,或者一个人如此,或者一群人如此;他们头上的那个精灵就会显出一副慈祥而严厉的神情,向他们射出一道斜照的灵光,接着发出一连串银铃似的笑声来,这就是喜剧的精灵"①。麦里狄斯推崇的是一种高雅的喜剧,强调的是"悠闲自得的观察"和有礼貌的微笑,突出的是一种温婉的讽刺批判精神和理性超脱精神。

在进入20世纪以后的喜剧研究中,虽然罕有关于喜剧精神的专论,但中外喜剧研究者在各自的论著中也表达了对喜剧精神的理解。美国学者柯列根说:"喜剧中永恒不变的东西就是喜剧人生观或喜剧精神,这种精神就是指个人不论遭遇到多少次失败,最终总有办法使自己振作起来并继续前进。"②在柯列根看来,喜剧精神就是喜剧的人生观,就是一种乐观进取精神。英国学者勒维认为:"任何时代或民族的喜剧精神,可能都是一种狂欢、净化和幻想的精神,或者,也可以说,是对人性善和世界秩序的信念。"③我国学者陈瘦

---

① 参见麦里狄斯:《喜剧的观念及喜剧精神的效用》,周煦良译,伍蠡甫主编:《西方文论选》(下),上海译文出版社1979年版,第87—88页。文美惠、周煦良译文各选译自原文的不同部分,篇名及作者名的中文翻译略有不同。
② Robert W. Corrigan: "Introduction: Comedy and the Comic Spirit", In *Comedy: Meaning and Form*, p. 3, edited by Robert W. Corrigan, Chandler Publishing Company, 1965.
③ [英]凯瑟琳·勒维:《古希腊喜剧艺术》,傅正明译,北京大学出版社1988年版,第238页。

竹认为:"根据我们现代喜剧的创作实践,大致可以把喜剧概括成为三种,即讽刺喜剧、幽默喜剧和赞美喜剧,并以讽刺、幽默和赞美作为喜剧精神的三种特征。"[1]当代剧作家赵耀民则认为,喜剧精神"有两条主线贯穿始终。最概括地说,是娱世的喜剧精神和愤世的喜剧精神"[2]。还有学者提出喜剧精神"是人类认识自我、否定自我,执著追求未来理想的精神。它体现了人类精神发展的自由境界"[3]。或者认为"所谓喜剧精神,就是理性的旁观态度加调侃的玩笑精神"[4]。或者将喜剧精神归纳为两个方面:"一是批评精神(包括自我批评精神),二是乐观主义精神。"[5]以上诸说各自从不同的角度概括了喜剧精神的某一方面或几个方面的内涵,都有其合理性,但都不是对喜剧精神的系统阐述,大多是在喜剧论著中涉及喜剧精神时的只言片语。

第一次系统地从喜剧精神着眼探讨喜剧的是董健,他强调喜剧是令人轻松、愉快的艺术,也是叫人笑过之后陷于深思的艺术。他总结喜剧精神的要点有三:一是轻松活泼的情调。喜剧的笑,能叫人摆脱沉重负担、打破僵化环境,得到一种轻松活泼的感受。轻松活泼是一种生活境界,也是人的一种精神状态。二是豁达乐观的胸怀。笑是自信心、优越感的表现,正因为笑之主体具有豁达乐观的胸怀,所以,幽默是喜剧的最高境界,喜剧与悲剧的分野也由此产生。三是追求自由的精神。喜剧精神就在于要冲破一切僵化的、压抑人的活生生的生命力的陈旧事物的束缚,追求自由,追求愉快。喜剧的笑是人类智慧与理性的产物,是人类摆脱束缚、追求自由解放精神的表现。会笑的民族才是热爱自由的民族,因此,一个民主的现代国家,应该发扬喜剧精神。[6]

---

[1] 陈瘦竹:《喜剧简论》,《论悲剧与喜剧》,上海文艺出版社1983年版,第74页。
[2] 赵耀民:《试论荒诞喜剧》,《艺术百家》1985年第1期。
[3] 佴荣本:《文艺美学范畴研究》,南京大学出版社2002年版,第200页。
[4] 阎广林:《笑:矜持与淡泊》,国际文化出版公司1989年版,第1页。
[5] 傅正明、程朝翔:《喜剧:跨学科的透视——代译者前言》,[加]诺思罗普·弗莱等:《喜剧:春天的神话》,傅正明等译,中国戏剧出版社1992年版,第3页。
[6] 参见董健、马俊山《戏剧艺术十五讲》,北京大学出版社2004年版,第106—109页。

喜剧精神是一种人生态度和审美精神，它体现在所有喜剧艺术作品之中。它既是作家主体精神的表现，也是读者（或观者）对作品所呈现的精神特质的感受。董健从喜剧精神着眼探讨喜剧的研究视角和对喜剧精神要点的概括与阐释对深化喜剧研究具有重要的启示和借鉴意义。笔者受此启发，在喜剧精神三要点的基础上，探讨喜剧精神的内涵，并以此作为博士论文探讨中国当代喜剧的理论依据。认为喜剧精神是喜剧之魂，喜剧精神是否充盈和高扬是评判一部喜剧作品成功与否的最高标准，也是衡量一个时代、一个民族喜剧是否发达的最高尺度。喜剧精神包括四个彼此联系又相区别的方面，它们是：讽刺批判精神、乐观自信精神、理性超脱精神和自由狂欢精神。①

董健曾指出："喜剧精神在人类文明史上劝善惩恶、镇邪扶正之功甚大，但一向没有得到公正的承认。这恐怕是人类'自欺'和'护短'的根性所致，尤其在中国是如此。"②因此，他除了在《戏剧艺术十五讲》中对喜剧与喜剧精神进行了系统阐释外，还在《呼唤喜剧精神》、《偶像在笑声中倒下》、《迈入21世纪的中国戏剧》、《世纪之交说戏剧》、《白尘仙逝十年祭》等文中一再呼唤弘扬喜剧精神，阐释喜剧精神的内涵，展望喜剧发展的前景。

二、喜剧的分类问题

董健先生还系统地阐释了喜剧的分类问题。喜剧的分类，因标准不同而说法各异。英国戏剧家尼柯尔以"滑稽可笑成分的种类是如此地互不相同，并各有明显的特征"③为依据将喜剧分为闹剧、情绪喜剧（即讽刺喜剧）、浪漫喜剧（即幽默喜剧）、阴谋喜剧、风俗喜剧（即风趣喜剧，文雅喜剧也是风俗喜剧的变种）等五大类型。美国戏剧家布罗凯特则以"戏剧情况、人物或思想的

---

① 参见胡德才《论喜剧精神》，《华中师范大学学报》2005年第5期。
② 董健：《呼唤喜剧精神》，《剧影月报》1994年第4期。
③ ［英］阿·尼柯尔：《西欧戏剧理论》，徐士瑚译，中国戏剧出版社1985年版，第277页。

相对加强,在主角处理上的客观程度,戏剧行动的性质与含意"①等三个方面为分类标准,将喜剧分为三种类型:情景喜剧、人物喜剧、思想喜剧。我国戏剧理论家陈瘦竹把喜剧概括为三种:讽刺喜剧、幽默喜剧和赞美喜剧。② 著名喜剧作家陈白尘认为,"笑,有辛辣尖锐的讽刺的笑,有婉而多讽的幽默的笑,也有愉快喜悦的抒情的笑。于是我们有了讽刺喜剧、幽默喜剧、抒情喜剧等等"③。还有学者将喜剧分为讽刺喜剧、幽默喜剧、抒情喜剧和歌颂喜剧四类,④或者分为幽默喜剧、机智喜剧、讽刺喜剧、怪诞喜剧、闹剧等五类。⑤ 国内学者的多种喜剧分类中,只有讽刺喜剧和幽默喜剧两种类型是众所公认的,其他各种归类有的因分类标准的不统一而在理论上难以成立,有的明显是受特定时代非学术因素影响的产物,因此在理论上不免牵强。

董健从喜剧笑的分类出发,认为:"笑基本上可分为两类:讥笑与嬉笑,前者是逆向的、批判性的笑,后者是顺向的、赞许性的笑。这两类笑便造成了两类喜剧:讽刺喜剧和幽默喜剧。众多类型的喜剧基本上不出这两大类的范畴。"⑥他在论述悲剧、喜剧、正剧三大戏剧体裁时提出了悲喜剧不是正剧,"悲喜剧是喜剧的一种"的理论。这一理论澄清了长期以来人们在悲喜剧和正剧之间认识上的模糊与混乱,同时它又为我们界定新的喜剧类型提供了理论依据。他所界定的"悲喜剧"实际上就是一种新的喜剧类型,它的最突出特点就是悲剧成分的大量渗入,而又不至于改变喜剧的基本性质,因此,它"是一种带有深沉的悲剧感的喜剧,是一种叫人笑过之后往深处一想要流泪的喜剧"。对于悲喜剧的产生、特点及其与传统讽刺喜剧与幽默喜剧的关系,他

---

① [美]O.G.布罗凯特:《世界戏剧艺术欣赏——世界戏剧史》,胡耀恒译,中国戏剧出版社1987年版,第50页。
② 陈瘦竹:《喜剧简论》,《论悲剧与喜剧》,上海文艺出版社1983年版,第74页。
③ 陈白尘:《喜剧杂谈》,《剧本》1962年第5期。
④ 曲六乙:《喜剧论》,《戏剧舞台奥秘与自由》,百花文艺出版社1984年版,第208—209页。
⑤ 苏国荣:《喜剧之种类》,《宇宙之美人》,华文出版社1999年版,第294—303页。
⑥ 董健、马俊山:《戏剧艺术十五讲》,北京大学出版社2004年版,第105页。

指出：

> 悲喜剧可能有一定的古代渊源，但它主要地是一种现代喜剧形态，它是传统讽刺喜剧与幽默喜剧在现代社会的新发展与新结合的结果，显示着现代人对喜剧这一体裁的深入一步的认识与把握。一方面，悲喜剧仍然有嘲讽，但它不像传统的讽刺喜剧那样理性与无情；另一方面，它也仍然有幽默，但它已不像传统的幽默喜剧那样以明快活泼的基调取胜，而带上了某种感伤、晦涩以至荒诞的色彩。①

他还进一步指出，近代悲喜剧主要有三种类型，即抒情悲喜剧、黑色幽默悲喜剧、荒诞悲喜剧。这样，就形成了董健系统的喜剧分类说，即喜剧可分为讽刺喜剧、幽默喜剧和悲喜剧三大类，前二者是喜剧的基本类型，悲喜剧则是喜剧艺术随着人类社会生活的变迁以及人对社会生活的认识的改变而出现的新的喜剧类型，悲喜剧又可以分为三种：抒情悲喜剧、黑色幽默悲喜剧、荒诞悲喜剧。

笔者曾根据迄今人类的喜剧创作实践和喜剧的基本风格与喜剧笑的特征的不同，同时为了与传统的讽刺喜剧和幽默喜剧在分类标准上统一和说法上对称，在董健喜剧分类理论的启发下，将喜剧类型分为四种：讽刺喜剧、幽默喜剧、感伤喜剧、荒诞喜剧。② 将抒情悲喜剧归入感伤喜剧，黑色幽默悲喜剧和荒诞悲喜剧则归入荒诞喜剧。讽刺喜剧和幽默喜剧是传统喜剧的两种基本类型，感伤喜剧和荒诞喜剧则是传统喜剧中并不重要的某些因素在现代社会得以突显而逐步发展起来的两种新的喜剧类型。

不过，关于喜剧的分类，有两点需要说明：第一，分类研究是深入认识和把握喜剧的艺术特征及其多样性与复杂性的需要，因此，以一种分类法为依

---

① 董健、马俊山：《戏剧艺术十五讲》，北京大学出版社2004年版，第110页。
② 参见胡德才《喜剧论稿》，中国社会科学出版社2014年版，第26页。

据研究喜剧并不是对其他分类法的否定,任何持一定标准进行的喜剧分类都有其合理性和存在的价值,有的分类术语对于研究一定的喜剧对象甚至更有针对性、更能说明问题,如浪漫喜剧之于莎士比亚喜剧、世态喜剧之于英国自王政复辟至18世纪的喜剧等。因此,持不同标准的喜剧分类是可以并存的,在必要的时候也是可以同时运用的。第二,分类是相对的,各种类型的喜剧之间有更多的相通处、共同点,彼此是你中有我,我中有你。如讽刺、幽默、感伤、荒诞等因素在各类喜剧中都会程度不同地存在,只是各有侧重罢了。因此,尼柯尔指出:"我们一定不要忘记,这些不同的类型,可以几乎察觉不出地、而且通常总是如此地融汇于一起。"①同样,在不同类型的喜剧中,喜剧精神的不同方面会各有侧重地得到体现。如在讽刺喜剧里,讽刺批判精神最为突出;在幽默喜剧里,乐观自信精神则得到彰显,理性超脱精神和自由狂欢精神也融于其中;感伤喜剧是近代才有的新的喜剧形态,它的喜剧精神的主体是讽刺批判精神与理性超脱精神的融合;在荒诞喜剧里,讽刺批判精神、理性超脱精神和自由狂欢精神得到了一定程度的综合。但一般来讲,在每一部优秀的喜剧中,喜剧精神的每一个方面都会得到一定程度的体现,而其中的某一个或几个方面可能会体现得更加突出。喜剧精神充盈和高扬,是优秀喜剧的必备条件;没有体现喜剧精神的作品,就不是喜剧;喜剧精神微弱的作品,就不是好的喜剧。

三、讽刺喜剧的价值

在喜剧的几种类型中,董健先生尤其推崇讽刺喜剧。讽刺喜剧是一种否定性的喜剧艺术形式,它通常是以夸张、变形的手法描写现实中的否定因素,题材大多涉及社会政治内容,主要是对黑暗政治、腐败官僚及社会邪恶势力

---

① [英]阿·尼柯尔:《西欧戏剧理论》,徐士瑚译,中国戏剧出版社1985年版,第277页。

和各种陈规陋俗、愚妄无知的揭露、批判与嘲讽。讽刺喜剧是人类的医生、社会的警察，它无意于歌功颂德、粉饰太平，而着力于为人类医治疾病、割除毒瘤，为社会清除邪恶、消灭妖魔。只要人类还有邪恶与愚妄，讽刺喜剧就有用武之地，讽刺批判精神就应高高扬起。董健强调："讽刺喜剧往往着重于对黑暗和丑恶事物的暴露，而把对光明的追求和歌颂寄托在那震撼人的心灵的'笑'之中。"讽刺喜剧的"笑"，"既是镇妖伏魔的利刃，又是呼唤光明的号角。但多年来，由于'左'倾教条主义和政治实用主义的影响，我们对这种'笑'的美学力量认识很不够，对讽刺艺术中的暴露和批判往往采取简单化的否定态度"①。

果戈理的《钦差大臣》是近代以来政治讽刺喜剧的典范，陈白尘的《升官图》则为中国现代讽刺喜剧的优秀代表。董健认为，"政治讽刺，不仅政治黑暗的社会需要它，而且政治清明的社会也需要它。越是政治民主，越应该允许政治讽刺艺术的存在，让它把'笑'献给人民，鞭挞那些损害社会进步的假、恶、丑的事物，把人民的心灵陶冶得更加高尚，更加充满智慧。"②可惜，讽刺喜剧总是历经磨难，命运坎坷，这一方面说明讽刺喜剧力量的巨大和发展道路的艰难曲折，另一方面也说明喜剧的健康成长与繁荣需要一个民主、自由、文明的社会环境与氛围。

中国现代讽刺喜剧自 1940 年代迎来了它的黄金时代之后，就没有再获得充分的发展。1940 年代讽刺喜剧作家的杰出代表是陈白尘，董健称之为"中国 20 世纪难得的大喜剧家"、"'笑'的大师"、"中国的果戈理"。陈白尘的代表作《升官图》不仅当年在重庆、上海、北平、延安等地演出，轰动剧坛，举国瞩目，半个多世纪之后，1997 年为纪念话剧 90 年在南京演出仍反响强烈。董健因此感慨："只要腐败之风不绝，《升官图》就永远叫人觉得是指向现实

---

① 董健：《论陈白尘的戏剧观》，《董健文集》卷一，人民文学出版社 2015 年版，第 434 页。
② 董健：《〈中国新文学大系 1937—1949·戏剧卷〉导论》，《董健文集》卷一，人民文学出版社 2015 年版，第 157 页。

的。高明而清廉的政治家将会欢迎此剧发出那种令一切贪污受贿的官僚心惊肉跳的笑声!"①因此,他高度评价《升官图》的艺术成就和历史地位,指出,"陈白尘在中国现代戏剧史上开辟了政治讽刺喜剧这个崭新的领域,或者说,他把这一类型的剧作提高到了一个空前的水平。"②认为"在'五四'以来的文学史、戏剧史上,就讽刺喜剧的创作而言,像《升官图》这样具有强烈战斗性并发生过如此巨大影响的作品,是找不出第二部的。"③他从对陈白尘的多年研究中,得出结论:"陈白尘伟大的喜剧精神的核心,是对自由的追求",喜剧是自由的艺术,"自由"这一价值追求在马克思主义中占有核心的、关键的地位。"喜剧的自由精神使陈白尘走向了马克思主义。"④

1950年代以后,中国少有的几部优秀讽刺喜剧作品都曾遭遇不平凡的经历,杨履方的《布谷鸟又叫了》(1956)尖锐地讽刺和批判了陈腐的封建思想意识和某些官僚主义作风,同时热情呼唤尊重人的个性、人的尊严、人的自由。该剧在后来极"左"思潮盛行的反现代时期不断被歪曲、否定、批判。董健充分肯定该剧"作者有感于新政权下个性所受到的某种压抑,敏锐地触及了一个生活中刚刚冒头的深刻问题:有人打着崭新的旗号,行的是陈腐而丑恶的封建道德之私。"这是戏剧家"坚持启蒙理性与现代意识、发扬真正的现代'戏剧精神'的可贵努力"⑤。沙叶新等的《假如我是真的》(1979)是一部新时期的"刺官"之作,讽刺的矛头直指腐败的官僚特权,显示出作者大胆干预现实的胆识,它所高扬的喜剧精神成为显示一个时代作家主体精神觉醒的标志。可惜当时未能给予应有的肯定评价,反而受到了不公正的批评和变相禁

---

① 董健:《中国的果戈理》,《跬步斋读思录》,江苏教育出版社2001年版,第142页。
② 董健:《陈白尘创作历程简论》,《董健文集》卷一,人民文学出版社2015年版,第389页。
③ 董健:《〈升官图〉和陈白尘的喜剧艺术》,《董健文集》卷一,人民文学出版社2015年版,第408页。
④ 董健:《白尘仙逝十年祭》,《跬步斋读思录续集》,南京大学出版社2006年版,第57—62页。
⑤ 董健:《中国当代戏剧史稿·绪论》,《董健文集》卷一,人民文学出版社2015年版,第178—179页。

演。董健认为这部"现实性、时代性极强的好戏"①,"与二十世纪四十年代的《升官图》(陈白尘)一脉相承,把'自由的笑声'献给了历史和人民,也把人民对民主权利的要求活生生地表现在戏剧舞台上"②。认为该剧是新时期戏剧在文化特征上发生大转折的标志,这一"根本文化特征就是以人为本,批判专制主义,高扬以自由、民主为核心的现代启蒙主义精神"③。

四、喜剧高于悲剧

董健先生坦诚地说过:"我爱喜剧超过悲剧。"④戏剧史上,喜剧的地位往往不如悲剧显赫和辉煌,在传统的戏剧观念里,人们也认为悲剧高于喜剧,喜剧远不如悲剧那样受人尊敬。但董健认为"喜剧高于悲剧","喜剧将比悲剧和正剧发达得多",⑤"未来戏剧的世界将主要是喜剧的世界"⑥。黑格尔的《美学》是以喜剧为终结的,在黑格尔的美学体系中,喜剧不仅是戏剧诗而且是全部艺术的最后一个环节,因此,马克思说:"黑格尔曾经说过,实际上,喜剧高于悲剧,理性的幽默高于理性的激情。"⑦董健反复表达这样的观点,主要基于这样的思考:第一,从主体自由意志的角度看,喜剧更能表现作者的主体性与理性精神。狄德罗说:"喜剧,可以完全出于诗人的创造。"⑧席勒说:"悲剧诗人是由他的客体支持着的,相反喜剧诗人必须通过他的主体在审美

---

① 董健:《论中国当代戏剧启蒙理性的消解与重建》,《董健文集》卷一,人民文学出版社2015年版,第297页。
② 董健:《〈中国新文学大系1976—2000·戏剧卷〉导论》,《董健文集》卷一,人民文学出版社2015年版,第203页。
③ 董健:《现代启蒙精神与中国话剧百年》,《董健文集》卷一,人民文学出版社2015年版,第92页。
④ 董健:序张健《中国现代喜剧观念研究》,北京师范大学出版社1994年版,第7页。
⑤ 董健:《喜剧高于悲剧》,《启蒙与戏剧》,山东友谊出版社2009年版,第65页。
⑥ 董健:《迈入21世纪的中国戏剧》,《南方文坛》2001年第2期。
⑦ [德]马克思:《北美事件》,《马克思恩格斯全集》第15卷,人民出版社1965年版,第587页。
⑧ [法]狄德罗:《狄德罗美学论文选》,人民文学出版社1984年版,第155页。

的高度上来把握他的客体……而悲剧诗人不纵身一跳就达不到这个高度",这种喜剧的审美主体性,能使我们心中产生并维护"心灵自由",因为喜剧的目的"和人必须力求达到的最高目的"是一致的,"这就是使人从激情中解放出来,对自己的周围和自己的存在永远进行明晰和冷静的观察",而主体的这种审美的理性眼光,必然导致"更多地嘲笑荒谬",而不是悲剧似的"对邪恶发怒或者为邪恶哭泣"①。人类文明不断进步,人的素质不断提高,人的现代意识不断加强,人们变得越来越智慧和理性,"随着政治宽松与精神自由的逐步实现,人们对世界、对人生将会更加理性地'观之'。在新一代人的世界观里,在一个真正意义上的'现代人'的心目中,悲剧的本质与意义将占不到什么地位,而喜剧的精神将会大大高扬"②。第二,从关注现实出发,时代更需要喜剧,生活更需要喜剧。喜剧是嘲讽愚陋、抨击邪恶、褒美贬丑、祛邪扶正、追求自由的艺术。当今社会正处于蜕旧变新的途中,善恶交织、美丑杂陈,"那些腐朽丑恶的势力,外表堂而皇之,维系存在主要靠做假,靠虚伪。他们不怕哭,不怕骂,唯独最怕笑,最怕揭出'麒麟下的马脚',当众出丑"③。喜剧就是以高度理性的精神、敏锐的眼光、智慧的头脑、批判的视角审视我们光怪陆离的现实人生,是精神打假的利器,是丑恶灵魂的克星,也以此唤醒观众日益麻痹的神经,使其对自己的存在及其周围的环境保持清醒的认识。因此,喜剧比悲剧更能反映当今社会复杂的生活和人类的荒诞处境。今天,我们也需要悲剧,它将以审美的方式修复被时代的喧嚣所扰乱的人类心灵的自由,使灵魂得到净化,但悲剧将更多地拥抱历史。今天的时代更需要的是喜剧,需要喜剧攻击我们"世纪的恶习",需要喜剧为"前进中的社会"画像,需要喜剧代民众立言,需要喜剧维护人类心灵的自由与解放。第三,从历史发展的趋势来看,"悲"与"喜"一直处于交替与变化之中,"随着人类智慧与理性的发展,

---

① [德]席勒:《席勒美学文集》,张玉能编译,人民出版社2011年版,第319—320页。
② 董健:《迈入21世纪的中国戏剧》,《南方文坛》2001年第2期。
③ 董健:序张健《中国现代喜剧观念研究》,北京师范大学出版社1994年版,第8页。

人将越来越会'笑'","未来的剧场将主要是'笑的剧场'",这是历史的必然。"面对世界万象发出笑声,这是人的心理的超脱与解放的表现。"在20世纪,中国现代戏剧还是以悲剧和正剧为主流,"但在世界戏剧发展的总潮流中,向喜剧转化的历史趋势已经表现得越来越明显了,20世纪产生的'荒诞剧'影响巨大,反映了人类对世界的新的更深刻的带有巨大超越性的体验与理性批判精神,而这些戏剧作品大都是喜剧。当代人正是从荒诞的'喜剧性'中接近了或触摸到了生活的真理"[①]。

当今时代,喜剧文化已日益成为中国审美文化的主导形态,十多年前,哲学家俞吾金曾断言,一个"以喜剧美学为主导性审美原则的时代已经悄然来临"[②],民众对喜剧的偏爱与需求更超过了以往任何时代。只是当今时代,科技高度发达、物质日趋丰富,但人们的精神、信仰、趣味却并未随之得到应有的提升,喜剧的发展和繁荣还需要更有利的环境和条件,那就是:社会的高度文明和民主、主体精神的全面觉醒、人的自由发展和个性的张扬。董健先生对喜剧未来的展望,并非痴人说梦,那是一个具有"喜剧情结"的学者对喜剧精神的深情呼唤,也是一位善于思考的智者对喜剧未来理性而睿智的判断。

(胡德才:中南财经政法大学新闻与文化传播学院教授)

---

① 董健:《迈入21世纪的中国戏剧》,《南方文坛》2001年第2期。
② 俞吾金:《喜剧美学宣言》,《中国社会科学》2006年第1期。

高子文

一个个体的真与勇：怀念董健先生

董健先生离开我们一年多了。他的离去是那么突然,以至于直到今天,有时想起来都觉得不是真事。好像董老师还在二号新村住着,有什么工作和学术上的疑惑,还可以再去找他问问。有时候我会无端地想,他的突然离去似乎带有某种象征的意味。就好像坎托(Panl A. Cantor)在评价《李尔王》的结尾时写的:这是个安全的世界,但是缺少了李尔的威严和考迪丽娅的美丽,所以这是一个平庸的、无聊的世界。① 我们今天的剧场,我们的学术界,我们的这个世界,正在加速地堕入这种平庸和无聊之中。

董健先生是1957年从北京俄语学院转入南京大学的,是在红色思想熏陶下成长起来的一代人。他常说自己是一碗夹生饭,没有煮熟,需要回炉。他还说,南大中文系,在他的那个年代,优秀的学者都死了,只有他这样觉悟比较晚的人才活了下来。毫无疑问,董健先生带着他那个年代的学者所特有

---

① [美]坎托:《〈李尔王〉:智慧与权利的悲剧性分裂》,《莎士比亚的政治盛典——文学与政治论文集》,阿鲁里斯、苏利文编,赵蓉译,华夏出版社2011年版,第236页。

的思维方式。按照一种机械的马克思主义的理解,人都是他所生存的时代和环境的产物。但实际上,人又是赤裸裸来,赤裸裸走的,一个个体完全可以凭借他自身的怀疑和反思,越过他的时代,和一些永恒的奥秘进行对话。董健先生正是这样一个从他自身的时代中突围出来的人。在他身上,时代烙印和超越性思考复杂地纠缠在一起,因此理解和阐释变得相当困难。在这篇文章里,我想做一次尝试,通过对若干他所常用的概念和表述进行辨析,努力接近董健先生精神的深处,把我理解的董老师描述出来。

一、作为理想的"启蒙"与"现代"

董健先生最重要的学术成果都与"启蒙"和"现代"有关。比如他的《中国戏剧现代化的艰难历程——二十世纪中国戏剧回顾》、《中国戏剧现代化进程中的文化冲突》、《戏剧现代化与文化民族主义》、《现代启蒙精神与中国话剧百年》、《论中国当代戏剧启蒙理性的消解与重建》,等等。陈白尘和他编著的《中国现代戏剧史稿》、他和胡星亮编著的《中国当代戏剧史稿》,都是以启蒙理性和现代思想的消长贯彻始终的。他的文学评论和文化批评,以及他的随笔集《跬步斋读思录》也都紧紧围绕这两个核心概念。而与启蒙、现代相关联的,还有一系列概念,如自由、民主、人、理性、"五四"精神等。这是与西方现代文明相关联的一系列概念。

有意思的是,董健先生在使用这些概念的时候,带着一种强烈的情感。比如,在《略论启蒙及其与文学的关系》一文的开篇,他写道:"二十世纪九十年代以来,特别是进入二十一世纪后,关心祖国命运的人们越来越不无焦虑地感到,中国要现代化,就必须补上启蒙这一课。"①在这篇文章里,他梳理了"启蒙"在中西语境中的历史,特别指出陈伯达的"新启蒙"对"启蒙"的替换,

---

① 董健、丁帆、王彬彬:《略论启蒙及其与文学的关系》,《当代作家评论》2008 年第 5 期,第 79 页。

最终抽象出一个理想性的概念。"启蒙者的'宿命',就是上反专制主义,下反奴隶主义,左反革命激进主义,右反消极自由主义,外反顽固文化秩序,内反自身之偏见。"①由此可见,"启蒙"在他笔下已经不是一个历史的、中性的概念,而是一个经过提纯的、褒义的概念。他要用这个概念来描述一种历史亟需的使命,并用它与那些假、恶、丑的现象展开斗争。

  从西方现代与后现代理论资源出发,人们很容易对董健先生所坚持的这些概念提出挑战。国内的新儒家和新左派中的不少学者,正是做了这样的工作。问题是,董健先生是否知道这些概念本身在西方所面临的困境呢?很显然,他是知道的。他和现代文学研究中心的老师们专门编过一本《启蒙文献选编》,其中外国卷部分,不仅收入了伏尔泰、狄德罗、康德这些经典作家的论述,还收入了以赛亚·柏林、福柯和萨义德的作品。那么问题是,他为何不愿意放弃"启蒙"概念的理想性内容?为何不愿意从世界学术的大背景来辩证地重新解释这一概念呢?他走得恰恰是相反的路子,他用自己的文章和讲座,进一步地清理和排除这些概念所可能包含的消极因素,并将更多美好的期许赋予这些词语之上,最终使这些概念带有一种理想的色彩。福柯对"启蒙"的解释,一定程度上能够帮助我们理解董健先生的选择。福柯写道:"能将我们以这种方式同'启蒙'联系起来的纽带并不是对一些教义的忠诚,而是为了永久地激活某种态度,也就是激活哲学的'气质',这种'气质'具有对我们的历史存在做永久批判的特征。"②在董健先生的身上,我们所看到的正是这种在做永久批判的哲学气质。

  在我看来,董健先生将"启蒙"与"现代"这些概念以一种理想性的态度来使用,更为根本的是他的学术和思想,没有一刻不针对中国的当下现实,

---

① 董健、丁帆、王彬彬:《略论启蒙及其与文学的关系》,《当代作家评论》2008年第5期,第86页。
② [法]福柯:《何为启蒙》,《启蒙文献选编》外国卷,南京大学中国现代文学研究中心编,上海人民出版社2010年版,第491页。

没有一刻不考虑它们在当代文化环境中的意义和价值。他不是在做一门抽象的学问,他的所有论著,目的都是为了推动当下现实的改变。今天,我们当然可以反思启蒙,我们可以说,民主有条件,自由有限度,我们可以说"人"的存在是分裂的、偶然的、荒诞的。可是,这样说和这样写的意义呢?当一个人文学者沉迷于一个相对主义的世界时,他的每一个微小的选择,实际上都是他人格的真实体现。这种人格只有同时考虑其所处的历史文化环境,才能获得真正的检验。一个资本主义体系占统治地位的国家的左派,和一个社会主义占统治地位的国家的左派,即便使用同一种话语,他们的人格天差地别。

所以说,董健先生选择坚守这些概念,恰恰不是因为他有知识的盲区,而是出于一种现实的斗争策略的需要。面对我们当下现实的困境,他不像我们这代人中的大多数人那样,选择逃避退让,或者用点春秋笔法来曲线救国,他要用他从新文化运动中所继承来的,又经过他提纯了的那些概念,与现实直接对抗。当很多人聚在街口为皇帝的新装而欢呼的时候,他却要大声地揭穿我们这个时代人们避而不见的真相:看哪,这人没穿衣服!

二、"文化传统"与"专制主义"

董健先生写过一篇饱受争议的文章《20世纪中国戏剧:脸谱的消解与重构》。在这文章里,他从对戏曲的"脸谱"考证出发,总结出一种"脸谱化模式"的创作倾向,并以此来阐释和解读20世纪中国戏剧艺术发展的沉浮。他写道:"中国古典戏曲的'脸谱化模式'所形成的仪式性、虚假性、游戏性,作为一种艺术的规则,是可以备此一格的,但是如果作为生活的原则,就很成问题了。试想一个民族,如果大家都戴着脸谱/面具来行动,生活在一个虚假的世界里,那是多么可怕、可悲的一件事。'巫'的文化遗传不仅积淀在戏剧里,也直接影响了国人的生活。"①

这篇文章之所以引起争议,是因为董健先生从古典戏曲的美学体系中总结出了"脸谱化模式"这一负面的特征来,让不少民族文化的捍卫者震惊。有的学者批评道:"将脸谱主义作为古典戏曲的艺术规则,由此来讨论中国戏剧从古典向现代的过渡,则无疑存在着极大的片面性与误解。"②如果我们仅仅局限于从戏剧的角度来讨论"脸谱"的美学特征,以及"巫"与"脸谱"的关系问题,那么确实可以感觉到董健先生对于戏曲的不够宽容。但问题在于,董健先生的"脸谱主义"谈论的并非作为技术手段的"脸谱",而是一种贯穿在古典戏曲中的,甚至整个中国传统文化中的文化基因。"脸谱"只是他的一个比喻与象征。实际上,批评者未必没有意识到这一点,矛盾的关键点在于对待传统文化的基本立场与基本态度。

在这个问题上,董健先生深受李慎之的影响。在《民族主义文化情结:消解启蒙理性,阻挠人的现代化》一文中,他特别引用了李慎之关于"传统文化"与"文化传统"的区分,来阐明他对传统文化的态度。李慎之认为:"传统文化就是中国自古以来形形色色的文化现象之总和,其中任何一种,不论从今人看来是好是坏,是优是劣,只要没有消失,或者基本上没有受到强势的西方文化的彻底改造的都算……文化传统则不然,它是传统文化的核心,它的影响几乎贯穿于一切传统文化之中,它支配着中国人的行为、思想以至灵魂。它是不变的,或者是极难变的……中国文化传统可以一言以蔽之曰'专制主义'。"③董健先生认同李慎之的判断,并且不无忧虑地指出:"就当下而言,传统文化里的封建专制主义和中国现代化过程中的现实问题碰到一块,往往会形成一股强烈的民族主义文化情结,这必然会解构现代性的启蒙理性,遮蔽

---

① 董健:《20世纪中国戏剧:脸谱的消解与重构》,《戏剧艺术》1999年第6期,第5页。
② 王馗:《"前海学派"的戏曲史研究在新世纪以来的意义——从董健"脸谱主义"的误断说起》,《文艺研究》2013年第12期,第108页。
③ 李慎之:《中国文化传统与现代化——兼论中国的专制主义》,《太平洋学报》2001年第3期,第3页。

人的自由,阻挠人的现代化。"①

　　由此可见,"脸谱主义"是董健先生为古典戏曲所总结出的文化传统之一端,实际上比李慎之已经委婉一些了。出于对戏曲的热爱,他并没有用全称判断,而是指出了古典戏曲中隐含的一个重要的文化问题,并对此进行批评与反思。不过即便如此,对于今天深受民族主义思想影响的学人们来说,接受这样一种指认,已经不是一件容易的事了。董健先生和李慎之先生所共同继承的是鲁迅和胡适等人在"五四"时期开辟的现代思想,当时的学人们激烈地拒斥两千多年来形成的旧文化传统,借用来自西方的观念,重新审视社会与自身,在复杂的政治文化纠葛下,推进中国走向现代。中国文化传统究竟为何,是一个可以持续讨论的学术问题。问题的关键并不在于"中国文化传统是专制主义"这一判断是否为真,而在于,究竟是什么样的社会文化环境,迫使这些出色的思想家们形成这一判断?从后结构主义的角度看,任何一种对"文化传统"为何的总结,都是一种本质主义的总结。也就是说,任何总结都带有强烈的主观意味。但是主观性并不消解本质主义的价值。换句话说,所有的理论研究某种程度上都不可避免地需要做出本质主义的总结。判断一个本质主义总结的真实性,必须结合产生这一总结的当下文化语境。关于中国戏曲的本质属性的总结同样如此,有人认为是乐本体,有人认为是剧诗说,也有人认为是抒情诗,而董健先生则指出了其中的"脸谱主义"。但是所有这些总结的意义,必须放在具体的当下语境来理解,必须结合具体的当下语境所提出的要求来辨识这些总结的真正价值。在一个全民陷入狂欢,丧失基本理性地来歌颂民族文化伟大复兴的时代,敢于说出"中国文化传统是专制主义"的人,才是真正真诚而勇敢的人。甚至可以说,董健先生在说出这个判断的时候所面临的困难,并不比一百年前的鲁迅和胡适所面临的要更小一些。

---

① 董健:《民族主义文化情结:消解启蒙理性,阻挠人的现代化》,《探索与争鸣》2013 年第 4 期,第 38 页。

三、"真实"、"真理"与"个人"

董健先生的所有学问都是非书斋的学问,他的所有学问都是与当代政治文化现实的对话或对抗。有时候,他不惜用一些单纯的概念与判断,来对抗复杂多变的文化相对主义。在他晚年的采访与讲座中,他不断地重复一句话:"追求历史真实就是追求真理。"①我觉得这句话特别能体现董健先生晚年思想的特点。

在他看来"求真是学术事业的第一要义",②但是究竟什么是"真"呢?因此,要真正理解董健先生的这个判断,需要理解他之所以给出这个判断的逻辑前提。在讲座中他坦言,这个前提就是,他在年轻的时候,被"真理"迷惑了太多次。于是他认识到"真理"不止一种,各种观念,各种意识形态都可以打上"真理"的标签。因此抽象地追求真理,就可能陷入真理的陷阱之中。他还不止一次调侃自己在俄罗斯访问期间引用《真理报》上的报道进行学术讨论而闹出的笑话。但是,与"后现代"思想彻底否认"真理"不同的是,董健先生从根本上不放弃对一种抽象的永恒"真理"的追寻。而实现这一追寻的途径即是:追求"历史的真实、细节的真实、灵魂的真实"③。用真实的灵魂,面对真实的历史细节,一步步逼近"真理"。

我们今天所处的是一个所谓的"后真相"时代。表面上看,后真相就是真相不见了,不再有真相。实际上,西方学界"后真相"的提出,恰恰是为了反思和批评"真相"在影响舆论的过程中越来越显得不重要的这一可悲事实。某

---

① 董健、张婷婷:《追求历史真实就是追求真理——文学史家董健访谈》,《文艺报》2015 年 4 月 27 日。
② 董健、张婷婷:《追求历史真实就是追求真理——文学史家董健访谈》,《文艺报》2015 年 4 月 27 日。
③ 董健、张婷婷:《追求历史真实就是追求真理——文学史家董健访谈》,《文艺报》2015 年 4 月 27 日。

种意义上也可以说,在今天,通过辨识历史真实以接近真理,变得愈发困难了。这也为追寻真理的主体,也就是知识分子,提出了更高的要求。

什么样的知识分子才是合格的知识分子呢?他曾以与钱理群的讨论来说明这个问题。针对钱理群提出的"精致的利己主义"的说法,董健先生写道:"我们当然不要利己主义者,但这样说没有从根本上划清与极"左"路线和专制主义的界限。我们记得,1949年以来,我们被集体主义教育了好多年,结果发现所谓的集体主义大多是假公济私的借口而已。"[1]与钱理群将责任推给"利己主义"不同的是,董健先生强调了"己"的价值,也就是"个人"的价值。在董健先生的世界里,个人主义(individualism)同样不是一个历史范畴,而是一种抽象的理想,与唯我主义(egoism)不同,与人本主义(humanism)也有明显区别。在他看来"个人主义"最核心的内容即是"个性解放与个性建设",而这也正是现代化的主要内容。在探讨大学精神的建设时他写道:"现代意义上的'立人',离不开人的个性解放与个性建设。西方Individualism(个性主义,又译为个人主义)一直被中国人误读与曲解。"[2]在另一篇文章《二十一世纪的"读书人"——从丁帆〈江南悲歌〉说开去》中,他更是明确地论述道:"下一个世纪的'读书人',应该而且必将摆脱作为'工具的工具'的命运,真正建立起自身的'人文主体性'——即作为人类理性与社会良知之代表的对现实社会的超越意识与批评意识。"[3]

我们知道,从19世纪末开始,西方艺术界与思想界开始一个向"内"转的过程。从浪漫主义到存在主义,从马克思主义到精神分析到解构主义,都在重新反思"个人"的完整性与正当性。在戏剧领域,从易卜生的《野鸭》和斯特

---

[1] 董健:《民族主义文化情结:消解启蒙理性,阻挠人的现代化》,《探索与争鸣》2013年第4期,第36页。
[2] 董健:《立人为大学之本——写在南京大学百年校庆的日子里》,《董健文集》卷三,人民文学出版社2015年版,第132页。
[3] 董健:《二十一世纪的"读书人"——从丁帆〈江南悲歌〉说开去》,《董健文集》卷三,人民文学出版社2015年版,第288页。

林堡的《朱莉小姐》开始,现代戏剧尝试描述和表现一类"无个性"的人。这种倾向在阿尔托那里达到了高潮,他反对一种基于文本的传统戏剧,强调仪式性与集体性。他写道:"放弃精神分析的人,以及他被细致解剖的性格和情感;放弃社会的人,他对法律顺从,又被宗教与戒律所扭曲,残酷戏剧所设法解决的仅仅是整体的人。"[1]通过对比他的这段表述和董健先生关于"个人主义"的论述,我们能清晰地发现,实际上,董健先生所追寻的正是阿尔托意义上的"完整的人"。但是,与阿尔托所观察到的西方社会的人所面临的困境不同的是,中国社会的人所面临的基本困境是封建专制主义和臣民社会对个体的异化。这种类型的异化,与民主体制与资本主义体制下人的异化不同,而与西方中世纪宗教对人的自由的束缚非常相似。因此我们可以借助西方自文艺复兴以来的一切思想资源,来对此进行反思与批评,以最终实现一种理想性的个人的真正解放。

今天,当我们这些年轻的学者们深深地怀疑"个人"的价值,并开始在学术研究中极力追求一种"客观性"的时候,董健先生对"个人主义"的坚持为我们敲响了警钟,我们需要反思的是,为什么董健先生会对"个人"赋予这样强烈的信心,而对于"个人"的这份信心,我们是不是丢掉得过早了些呢?

由此,我似乎找到了继承董健先生精神的一种路径。继承他的精神,并不一定需要继承他的具体的概念、判断与论说,而是要更细致地辨识他所做出的这些判断与现实的密切联系,体悟隐藏在这之后的对于"真理"和"正义"的不懈追求。西方的后现代和解构思想与董健先生的思想,并不必然是一种对抗关系,相反,它们在内在精神实质上具有一致性,它们共同在坚守某种价值,并用一个个体的真诚与勇敢,来阻止这个世界变成畸形怪物。

我突然想起了董健先生书房里的一幅画,那是高尔泰旅美前送给他的。

---

[1] Antonin Artaud, *Theater and Its Double*, Translated by Mary Caroline Richards, New York: Grove Press, 1958, p. 123.

画中是一个醉酒的和尚,骑着一匹老虎。那是一个雨天,给董老师读完书,照例我们会闲聊一会儿。董老师指着画,笑着说:"高尔泰讲,我就是那个和尚,醉了酒而不自知,总有一天要被老虎吃掉。"

(高子文:南京大学文学院教授)

胡星亮　胡文谦　江　萌

在学术研究中坚守"五四"精神
——读三卷本《董健文集》有感

一

董健先生是著名戏剧学家、文学史家、南京大学荣誉资深教授,著述丰硕,尤其在中国现当代戏剧和文学研究领域成就卓著。先后出版《陈白尘创作历程论》(1985)、《田汉传》(1996)、《戏剧艺术十五讲》(2004)等学术专著,领衔主编《中国现代戏剧史稿》(1989)、《中国当代戏剧史稿》(2008)、《中国现代戏剧总目提要》(2003)、《中国当代戏剧总目提要》(2013)以及《中国当代文学史新稿》(2005)等著作,获得学术界的充分肯定和高度评价。《董健文集》(人民文学出版社 2015 年出版)没有收录上述学术著作,主要选编了董健1978 年开始正常学术研究以来撰写的单篇文章[1],按学科领域分为戏剧研

---

[1] 这些文章曾编为《文学与历史》(1991)、《跬步斋读思录》(2001)、《戏剧与时代》(2004)、《跬步斋读思录续集》(2006)、《启蒙、文学与戏剧》(2014)等学术论文集、文化批评集出版。

究、文学评论、文化批评三卷,同样体现出他不断探索现代意识、启蒙理性、人文精神的学术立场和价值评判,不断追求真实、追求真理的思想脉络。

董健是学术界公认的中国现当代戏剧和文学研究领域的领军人物,在中国现当代戏剧和文学的学科建设方面做出了重要贡献。他领衔主编的《中国现代戏剧史稿》、《中国当代戏剧史稿》、《中国现代戏剧总目提要》、《中国当代戏剧总目提要》,被学术界誉为"近三十年来中国现当代戏剧研究的一套重要著作,它包含了对中国现当代戏剧发展的种种思考和大量第一手资料的搜集整理,是对20世纪中国现当代戏剧的整体描述和剧目梳理,对20世纪中国现当代戏剧和现当代文学研究具有重要的启示意义和重大的学术价值";"这四本书所构筑完成的宏伟的文化工程,已经并将继续对中国百年来戏剧史、文学史的研究产生巨大深远的影响。毫无疑问,它在学术思想上的高度,研究规模上的广度,以及研究成果上的丰富性、系统性和扎实性,在可以预见的未来相当长的时期内,都是难以整体超越的"。[1]《中国当代文学史新稿》,是董健在1980年参与撰写、统稿、主编《中国当代文学史初稿》之后,再起炉灶、重新主编的一部当代文学史著作。学术界评论此著"最突出贡献是动态地呈现了当代文学历史发展的曲折进程与复杂内涵",它"抛弃了以社会政治转型为本位的政治优先原则,也抛弃了'去政治化'的'庸俗技术主义'原则,立体地凸显文学的审美生成的动力机制与变异模式,对于文学发展的延续与转折进行更加贴近文学本身的动态描述,巧妙地揭示了制约文学发展的内外因素的复杂关系"。[2] 这些著作有力地推进、拓展和深化了中国现当代戏剧史和文学史的研究,在中国现当代戏剧和文学的学科建设方面具有里程碑式的意义。

董健在中国现当代作家研究尤其在田汉、陈白尘研究上做出的深刻而独

---

[1] 吴保和:《高扬戏剧现代性的文化工程——评南京大学的两本戏剧史稿与两本总目提要》,《戏剧艺术》2014年第1期。

[2] 黄发有、林建法:《评〈中国当代文学史新稿〉》,《当代作家评论》2006年第5期。

到的贡献,同样为学术界所公认。他赞颂田汉是真正的"时代之子",其创作把国气与民心融入自己的灵魂,在田汉曲折的艺术生涯中,挖掘出其独特的戏剧精神与人格魅力:富有现代民主意识、属于人民大众的"在野"精神,充溢着艺术"慕道者"、"殉道者"傻气的苦干精神,崇诚、唯善、求美而又天真、幼稚和迂阔的诗人气质。① 这是对田汉及其创作的深刻把握。董健不仅对人们熟悉的田汉话剧创作有深入分析,而且对人们常常忽视的田汉戏曲创作的艺术成就有高屋建瓴的论述:"他把二十世纪初开始的'戏曲改良'提高到一个崭新的水平上;他赋予了近二百年来在文学性上渐趋贫困化的京剧以表现现代意识的文学生命;他初步扭转了京剧'重戏不重人'的旧习,开辟了人物塑造的新路子;他结束了旧京剧只有演员没有作家的历史。一句话,田汉使只重唱腔、表演而无文学,只重技艺而无意识的畸形的旧京剧开始向更健康、合理的戏曲转化。"②可以看出,透过田汉创作的"魂"与"神",董健着重在思考和探索中国戏剧现代化的艰难历史进程。在陈白尘研究中,同样包含着董健对于中国现当代戏剧和文学发展中一些重大问题的深刻思考。他不仅分析了随着社会发展和作家的艰辛探索,陈白尘创作的时代品格、历史品格与喜剧品格、美学品格如何逐渐完善,对其重要作品尤其对以《升官图》为代表的喜剧艺术的论述见解独到,指出陈白尘喜剧创作的重要艺术价值和悠深的艺术生命力;进一步,他从陈白尘创作中发现喜剧具有独特的审美穿透力而执着地呼唤喜剧精神,从陈白尘创作的"刺官"意识(批判官僚政治的民主精神)、人文思想(反对市侩主义的坚贞自守精神)和对于自由的执着追求(抨击封建专制而张扬个性解放)③,感受到"五四"戏剧和文学的精神力量。

---

① 董健:《田汉论》,《董健文集》卷一,人民文学出版社2015年版,第321页。另参见董健《田汉传》,北京十月文艺出版社1996年版。
② 董健:《中国戏剧现代化的艰难历程》,《董健文集》卷一,人民文学出版社2015年版,第7页。
③ 参见董健《陈白尘创作历程论》,中国戏剧出版社1985年版;以及《白尘仙逝十年祭》、《陈白尘〈听梯楼日记〉序》、《跪着献艺与站着演戏》等文,《董健文集》卷三,人民文学出版社2015年版。

董健曾担任南京大学戏剧影视研究所所长、南京大学中文系系主任、南京大学副校长等职务,为南京大学文科发展和中国语言文学,尤其是戏剧影视学的学科建设做出了重要贡献。董健早先主要从事中国当代文学的教学和研究,新时期之初,由于南京大学要延续吴梅、卢冀野、陈中凡等以来悠久的戏剧研究传统,其教学和科研重点开始转到戏剧方面来。他在陈白尘、钱南扬等前辈学者的基础上,进一步推进南大戏剧影视学专业建设,建立起本科、硕士、博士以及博士后流动站等层级完整、理论与实践并重的人才培养体系;继承并弘扬南大戏剧研究的优良学术传统,在新的历史条件下不断拓展、深化学科领域和内涵建设,使南京大学戏剧影视学科始终在全国保持领先地位。南京大学培养的戏剧影视学博士、硕士,不仅已经成为全国该学科领域的中坚力量,而且其学术研究带有鲜明的"南大特色"。以现当代戏剧为例。董健强调现当代戏剧研究要补课,"第一要补'现代意识'的课,第二要补科学的'戏剧学'的课,第三要补'戏剧史料学'的课"[①]。由此形成南京大学中国现当代戏剧研究鲜明的风格特色。这种风格特色首先体现为董健领衔主编的两本戏剧史稿的精神灵魂:《中国现代戏剧史稿》由于把现代意识和启蒙理性作为阐释中国现代戏剧的价值评判,因而成为"中国大陆最早论说中国戏剧现代性问题的学术著作,对后世影响极大"[②];《中国当代戏剧史稿》"坚持以'现代性'为分析视点,对中国当代'戏剧启蒙理性的消解与重建,或者说戏剧现代性的残缺与修复'的历史过程进行了总结,丰富的叙述内容和精到的剧目分析使它成为一本研究当代中国戏剧的重要著作"[③]。如此学术精神影响到南京大学戏剧影视研究所这个学术群体的戏剧研究,并且通过他们又影响到一届届年轻的博士和硕士,从而在中国现当代戏剧研究界形成一个具有

---

① 董健:《现代戏剧研究要补课》,《新华文摘》2001年第4期。
② 马俊山:《评董健、胡星亮主编的〈中国当代戏剧史稿〉》,《文学评论》2009年第4期。
③ 吴保和:《高扬戏剧现代性的文化工程——评南京大学的两本戏剧史稿与两本总目提要》,《戏剧艺术》2014年第1期。

鲜明特色的"南大学派"。著名美学家、江苏省社会科学院研究员吴功正先生在多次参加南京大学戏剧博士论文答辩之后,以"启蒙精神,价值评判,现代批判意识,公共知识分子立场",准确概括了这个学术流派的精神内涵。

不难看出,无论是作为学术界公认的中国现当代戏剧和文学研究领域的领军人物,对田汉、陈白尘等中国现当代作家做出深刻而独到阐释的杰出研究者,还是作为南京大学戏剧影视学科卓越的学科带头人,这其中最重要的,是董健坚守着"五四"现代意识、启蒙理性、人文精神的学术立场和价值评判。这种学术精神同样贯穿在三卷本《董健文集》之中。这套文集所收论文,主要是作者对于中国现当代戏剧和文学历史的研究,以及对于当下中国戏剧和文学现状的批评。正是坚守着这种学术精神,董健才能够对中国现当代戏剧和文学做出高屋建瓴的整体把握和理论阐释,对困扰着当下中国戏剧和文学现代化进程的一些重要问题进行深刻的思考和批判。

二

董健先生学术研究的一个重要方面,是对于中国现当代戏剧和文学历史的研究。

在这一方面,董健坚定地认为20世纪中国戏剧和文学的核心问题就是"走向现代"。在他领衔主编的《中国现代戏剧史稿》、《中国当代戏剧史稿》、《中国当代文学史新稿》等史著中,在他的个人专著《陈白尘创作历程论》、《田汉传》中,在他的《中国戏剧现代化的艰难历程》《20世纪中国戏剧:脸谱的消解与重构》、《现代启蒙精神与中国话剧百年》、《论中国当代戏剧中的反现代倾向》、《论中国当代戏剧启蒙理性的消解与重建》、《〈中国新文学大系1937—1949·戏剧卷〉导论》、《〈中国新文学大系1976—2000·戏剧卷〉导论》[①]

---

① 均收入《董健文集》卷一,人民文学出版社2015年版。

等戏剧论文,和《略论启蒙及其与文学的关系》、《关于中国当代文学史的几个问题》、《找回历史感——关于20世纪中国文学的几个问题》[①]等文学论文中,董健着重描述了20世纪中国戏剧和文学"走向现代"的艰难历程,整体把握了20世纪中国戏剧和文学"走向现代"的几个重要层面。

这些,在1984年开始撰写的《中国现代戏剧史稿》中就突出地体现出来。

首先,董健强调20世纪中国戏剧带有全局性和根本性的变化,是它由传统向现代的历史性转型,强调中国戏剧转型的根本标志是"现代性"追求,它推动中国戏剧面貌一新地汇入世界戏剧潮流。在中国现代戏剧和文学研究界,《中国现代戏剧史稿》较早明确地提出了"现代性"、"现代意识"概念。该书"绪论"开宗明义,强调"现代性—历史使然",认为:"基于历史要求的戏剧思潮和戏剧观念的根本转变,或者说戏剧现代意识的强化,是中国戏剧脱离古典时期、进入现代时期的基本标志。"[②]并从戏剧的价值观念、思想内容、舞台形象体系和艺术表现形态等方面,论述了中国戏剧的现代性转向。此后,"现代性"就作为20世纪中国戏剧和文学的精神特质,成为董健学术研究最重要的价值评判。它准确、深刻地把握住了20世纪中国戏剧和文学的根本与实质,使董健的学术研究充溢着深刻的思想力和丰富的精神内涵。

其次,董健强调20世纪中国戏剧的生态格局已从传统的"戏曲"一元结构发展为"话剧—戏曲"二元结构,并认为,话剧在此艺术生态构成中引领着戏剧发展的新潮流。此即《中国现代戏剧史稿·绪论》开篇所言:"中国现代戏剧史不仅是新兴话剧产生、发展的历史,而且包括传统旧戏在新的历史条件下革新演变的历史和新歌剧、新舞剧产生、发展的历史。但是,不论从戏剧思潮和戏剧观念之转变的现代性和世界性来看,还是从戏剧运动与我国民主主义革命的紧密联系来看,或者从大批优秀剧作家的涌现及其在创作上的重大贡献来看,真正在漫长的中国戏剧史上开辟了一个崭新的历史阶段,在新

[①] 均收入《董健文集》卷二,人民文学出版社2015年版。
[②] 董健:《中国现代戏剧史稿·绪论》,《董健文集》卷一,人民文学出版社2015年版,第97页。

文化运动中占有突出的历史地位,并在现代戏剧史上起着主导作用的,则是新兴的话剧。"①戏剧界至今还有不少人仅仅把话剧看作是中国数百个剧种之一,看不到话剧与戏曲众多剧种在戏剧观念、艺术价值、美学体系上的根本差别,遂导致对中国戏剧现代化理解之盲目性。董健此论述对于人们正确认识20世纪以来中国戏剧的生态结构,和推进中国戏剧现代化具有重要意义。

再次,董健强调20世纪中国戏剧的现代性追求,着重表现为精神内涵的现代意识。这也是"话剧—戏曲"二元结构的精神支撑。因此,《中国现代戏剧史稿》对晚清以来京剧为代表的传统旧戏有一个特别的批判性论述:"它一方面把多年积累的唱腔和表演艺术发展到烂熟的程度,一方面却使戏剧的文学性和思想内容大大'贫困化'。戏剧越来越宫廷化和商业化,越来越脱离现实生活和时代的要求。没有卓越的剧作家问世,也没有堪称文学名著的剧本产生。片面追求以演员为中心的畸形发展,使文学成为表演艺术的可怜的奴婢和附庸。"②董健认为戏剧应该提供审美"艺术享受",但是他更强调戏剧的"精神内涵",强调通过戏剧实现人在精神领域的对话和交流,以沟通人的生活体验并帮助人养成健全的现代人格。也正因为如此,他肯定了体现着历史要求、代表着戏剧新观念的话剧在中国戏剧转型中的地位与价值。认为话剧为主体所张扬的思想启蒙、个性解放、人道主义、民主、科学等"五四"所建构的现代社会文化价值体系,是20世纪中国戏剧现代意识的核心内容。

戏剧历史发展的现代性追求,戏剧艺术生态的"话剧—戏曲"二元结构,戏剧精神内涵的现代意识,就是董健对于20世纪中国戏剧的整体认识和独特而深刻的阐释。后来在《中国当代戏剧史稿》、《中国当代文学史新稿》中,董健同样强调要把当代戏剧和文学放在中国社会现代化的历史进程中进行考察,其价值评判标准"就是人、社会和文学的现代化",指出:"只要没有离开世界公认的现代性与启蒙理性的视角,只要我们是紧紧扣住中国现代化的艰

---

① 董健:《中国现代戏剧史稿·绪论》,《董健文集》卷一,人民文学出版社2015年版,第96页。
② 董健:《中国现代戏剧史稿·绪论》,《董健文集》卷一,人民文学出版社2015年版,第99页。

难曲折的历史进程来言说的,那么,无论经济、政治、文化,也无论社会、思想、人,其核心问题都应到'走向现代'这四字真经中去寻找。"① 这就超越了当时学界出现的为制造虚假"繁荣"或美化历史缺陷的"历史补缺主义",将前现代、现代、后现代混乱或颠倒的"历史混合主义",和撇开思想内涵而仅着眼叙述、结构、语言层面的"庸俗技术主义"等不足,牢牢把握住中国当代戏剧和文学的发展,是"五四"现代意识与启蒙理性从淡化、消解到重建,戏剧和文学现代化进程从阻断到续接的基本特征和历史定位。极大地拓展、深化了中国当代戏剧史与文学史研究。

一个世纪以来不断探索"走向现代"的中国戏剧和文学,其"现代性"建构的主要内涵是什么?它给未来中国戏剧和文学的发展留下哪些精神遗产?董健认为,那就是"五四"先贤所标举的"人的文学"和"人的戏剧"。这是20世纪中国戏剧和文学最深刻的传统,也是戏剧和文学衡量高下、辨别优劣的最重要标准。因为戏剧和文学现代化,乃至民族和国家现代化的最终目的,就是为了促进"人"的现代化。如此,董健认为"人的戏剧"和"人的文学"就必须包括以下内涵:(一) 个性解放。因为现代性结构的根本是"个人",现代性的根本标志是个人权利、个性解放,"人"的现代化最基本的是要确立个人本位主义,也即鲁迅所说的"立人"。所以创作必须有助于"个人本位的确立,尊重个人的主体性",有助于争取"个人的自由与权利,个人的尊严和价值"。以戏剧为例。"人为什么要写戏、演戏、看戏? 无非是出自人性的要求,要创造一个精神空间,把可遇而不可求的美好人事与情理立体化地呈现在舞台上,借以张扬生命、慰藉灵魂,体现人的精神自由,扩大人的生存空间。"②(二) 启蒙理性。所谓"启蒙",就是"把人的思想从非理性的愚昧、黑暗中解放出来,

---

① 参见董健《中国当代戏剧史稿·绪论》(《董健文集》卷一,人民文学出版社2015年版)、《关于中国当代文学史的几个问题》(《董健文集》卷二,人民文学出版社2015年版)。
② 董健:《戏剧的"人学"定位与戏剧精神》,《董健文集》卷一,人民文学出版社2015年版,第271页。

从被束缚的依附状态下解放出来,使之融入个性有自由、国家有民主,这样一种和谐的现代文明,'人'成为现代之'人','国'成为现代国家。"①启蒙的要义同样是"立人"。故"人的戏剧"和"人的文学"张扬个性解放,就必须运用启蒙理性帮助人们在思想上、精神上摆脱奴役和蒙昧,以追求个性的自由与独立。(三)现实批判。"现代性"的戏剧和文学,作家在精神领域里必须保持对于社会人生的批判性思考。董健强调,"不论采用现实主义方法,还是采用浪漫主义以至现代主义方法,它的精神内涵必须是以文化批判精神支撑起来的。那种鹦鹉学舌式的'颂歌',那种技艺精到的'玩耍',都是非现代、非理性的"②。因此,对于那些压抑人、异化人而使其不能成为真正的人的诸如封建传统、外来侵略、政治黑暗、金钱腐蚀、国民劣根性、人性丑陋等,"人的戏剧"和"人的文学"又包含着严肃的批判精神。(四)审美真实性。董健认为,戏剧和文学张扬个性解放、启蒙理性和现实批判,都离不开审美真实。他说:"文学是人类自由精神的表现,戏剧是人类在舞台上展示其在精神上的自由对话。在这里,真实是生命,真实是最高原则。"③董健强调的审美真实性,就是"五四"时期胡适所提倡的"易卜生主义"的"求真"——"以清醒的头脑、明亮的眼睛看取社会人生,敢于面对血淋淋的现实",它要撕破"脸谱主义"的"作假"④,即鲁迅、胡适等"五四"先贤所批判的"瞒和骗"。戏剧和文学只有这样,才能够启蒙国人摆脱愚昧、迷信和封建专制禁锢而获得现代人的觉醒。(五)艺术自觉。这种"人的戏剧"和"人的文学",又要具有戏剧或文学本体艺术自觉的现代审美意识。它要通过情节、结构、叙事等表达方式和文本形式,尤其是通过写人(丰满的有深度的人物形象),将作家对于时代、现实和人的

---

① 董健:《现代启蒙精神与中国百年话剧》,《董健文集》卷一,人民文学出版社2015年版,第77—78页。
② 董健:《中国戏剧现代化进程中的文化冲突》,《董健文集》卷一,人民文学出版社2015年版,第44页。
③ 董健:《追求真实就是追求真理》,《南大戏剧论丛》2016年第2期。
④ 董健:《20世纪中国戏剧:脸谱的消解与重构》,《董健文集》卷一,人民文学出版社2015年版,第29、30页。

深沉思考和独到发现,转化为艺术样式、形态和美学的独特创造。但是这里,董健提醒人们,它必须是为了表现精神内涵而进行的形式探索。因为"尽管革新是必要的,但并非凡'新'皆好",特别是"文化的物质层面变化较易、较快,其精神层面的变化则较难、较慢",故要提防那种"物质外壳看似非常'现代',但精神内涵却无甚现代性可言"的"伪现代性"现象①。

清末民初以来,在中国社会"走向现代"的历史趋势下,产生了思想文化的现代化运动和文学艺术的现代化变革。20世纪中国戏剧和文学的最大变化,就是从古典形态向现代形态的转型。这里有中国戏剧和文学自身的深入发展,更是中国戏剧和文学融入世界戏剧和文学大潮的伟大变革。从此,走向现代、走向世界的中国戏剧和文学,其审美视野、价值观念、精神内涵、艺术表现等都与整个现代世界发生了联系。正是在这里,董健抓住20世纪中国戏剧和文学"走向现代"的核心内涵,强调要从人与戏剧和文学现代化的总趋势去研究20世纪中国戏剧与文学。这给他的学术研究开辟了一个宏阔的视野,一个深邃的精神空间,充溢着浓郁的现代意识、启蒙理性和人文精神。

三

董健先生学术研究另一个重要的方面,是对于当下中国戏剧和文学现状的批评。

如上所述,董健认为20世纪中国戏剧和文学带有全局性和根本性的变化是由传统向现代的转型。然而由于20世纪中国特殊的社会历史背景,这个现代化转型艰难曲折,"五四"现代启蒙主义精神并没有在中国落户,中国戏剧和文学的现代性追求并没有完成。因此,董健强调当下及未来中国戏剧和文学的发展仍然需要坚持现代意识、启蒙理性等"五四"精神。但是,自上

---

① 董健:《中国当代戏剧史稿·绪论》,《董健文集》卷一,人民文学出版社2015年版,第173页。

世纪90年代以来,政治实用主义和经济实用主义的压抑、戕害使作家、艺术家失去人文主体性,戏剧和文学创作精神萎缩、思想枯竭、价值混乱;"左"倾教条主义、新市侩主义,以及后现代、后殖民、新左派、新儒学等以"现代"面貌反对现代化潮流的文化复旧,使社会文化虚假平庸,国人精神疲软,学界众语喧哗但缺少历史感和现代价值评判。整个社会文化环境与人的精神状态都使董健不满和焦虑。

直面社会和文化转型中的物欲横流、思想麻木、精神萎缩,董健坚决捍卫"五四"现代性传统,张扬启蒙理性,强调人文学者要有怀疑精神、批判精神、超越精神、探求真理的精神,强调学术研究要勇于坚持思想自由和现代性追求。他再三呼吁中国戏剧和文学的发展要重返"五四"起跑线,要坚持"五四"新文学运动以"人"为核心的思想启蒙、个性解放、人道主义、民主、科学等价值观念,要补现代启蒙的课。尤其是上世纪90年代以来出现的诸多"新论"要否定"五四"、解构启蒙,进而否定中国戏剧、文学的现代性追求,这更激发起董健维护"五四"精神、坚持现代启蒙主义的学术激情。他写了《启蒙理性视角下的文化民族主义》、《民族主义文化情结:消解启蒙理性,阻挠人的现代化》、《两种文化心态与两种"中国化"》、《"五四"精神和中国文化的现代化》、《论中国当代戏剧精神的萎缩》、《戏剧的"人学"定位与戏剧精神》、《"样板戏"能代表"公序良俗"和"民族精神"吗?》、《文学创作与文学研究中的价值观问题》、《"秦家店"核心价值在当今的反动性》等一系列文章,以其敏锐的思想、深刻的揭示和犀利的批判而在学术界及思想文化界产生了激烈反响。

具体地说,董健着重批判了以下三种错误的思想观念:

首先,是混淆启蒙与政治,遂借"去政治化"而反启蒙的思想观念。

20世纪中国戏剧和文学与现实社会、特别是与政治有着复杂的关系,与"五四"现代启蒙同样关系复杂。董健把现代中国的启蒙分为"政治行动导向型"和"文化心态塑造型"两种,指出随着中国革命的发展,前者逐渐压倒后者成为启蒙的全部,因此,负载着启蒙主义精神的现代戏剧和文学也不得不日趋政治化。它制约着创作题材、主题的选择和形象、结构的营造,使得戏剧和文学的发展越来越简单化、贫困化,逐渐疏离启蒙精神,疏离人的审美要求,形成了非人化、反真实的"脸谱主义"①。1949年以来这种情形更为严重,戏剧和文学的政治工具性压倒艺术审美性,其"人学"定位部分或全部让给"政治"定位,最终成为"为政治服务"的工具。"政治化"干扰、阻碍了中国戏剧和文学的现代化进程。

有人遂借口"去政治化"而要解构启蒙。"新儒学"没有弄清启蒙与政治的差异,把"五四"与"文革"混为一谈而要否定"五四"精神。"新左派"、"后现代"、"后殖民"又与"新儒学"结成"统一战线",质疑"现代性",攻击"五四"现代启蒙。董健对于两"新"、两"后"解构启蒙理性和现代意识给予了尖锐批判,指出两"新"、两"后"在这里存在两个严重误区:其一,是将启蒙与政治混为一谈;其二,是笼统否定文艺的教化功能及其与政治的关系。董健认为,启蒙与政治有联系但更有不同:启蒙完全是正面的、积极的、正义的,它只有一个向度:"人"、理性与真理。政治则有两类:正面的与负面的,积极的与消极的,正义的与非正义的,它有两个向度:"人"的与"非人"的、理性的与反理性的、遵从真理的与逆向真理的。开明、进步的政治与启蒙是友,黑暗、反动的政治与启蒙是敌。因此,反对文艺"为政治服务"是理所应当的,但同时要消解现代启蒙价值导向,就会对其发展十分有害。文艺的教化功能及其与政治的关系也是如此。文学、戏剧既然是社会人生的表现,它就不可能完全脱离政治、不问政治、"去政治"。关键不在于文艺与政治是否有关系,而在于这种关系应该是平等的,不能像"工具化"、"政治化"那样政治是主、文艺为奴。同样地,提倡戏剧和文学的教化功能并不等于主张"为政治服务",应该区别它

---

① 董健:《20世纪中国戏剧:脸谱的消解与重构》,《董健文集》卷一,人民文学出版社2015年版,第33页。

是推动人的素质养成和精神提升的教化，还是那种"洗脑"式的所谓"教化"①。总之，董健强调戏剧和文学应该"去政治化"，但是，不能因为"去政治化"而丢掉思想和精神，真正的戏剧和文学需要思想启蒙、个性解放、人道主义等现代意识。

其次，是借民族主义而宣扬"文化民族主义"，进而否定现代化、否定"五四"启蒙主义的思想观念。

上世纪90年代以来，"文化民族主义"保守倾向打着民族主义旗号抬头，他们宣扬的所谓"民族化"，往往变成拒绝外来先进文化的挡箭牌，严重阻碍着中国戏剧和文学的现代化进程。"文化民族主义"看不到人类文化的共同、相通之处，遂把民族的特殊性看成是绝对的，董健因而强调，要把"民族化"放在启蒙理性和现代意识下重新审视。为此，他区分了两种"民族化"：一种是积极的、开放型的，它承认人类文化的共同、相通之处，其着眼点在于把那些最优秀的东西"拿来"为我所用；一种是消极的、封闭型的，它否认人类文化的共同价值，其着眼点在于如何以"国粹"对抗先进文化，以"民族化"取代"现代化"。前者借鉴人类共有的精神财富而中国化，后者对外来文化或改写而使之符合中国的"国粹"，或割裂而变"器"不变"道"②。《启蒙理性视角下的文化民族主义》、《民族主义文化情结：消解启蒙理性，阻挠人的现代化》③等文，深入分析了"民族主义情结"如何演变成一种消解世界眼光与启蒙意识，反对"五四"精神、反对现代化的潜在情绪。《"秦家店"核心价值在当今的反动性》、《再谈〈大秦帝国〉的"反动性"》④等文，也是批判长篇小说及改编电视剧《大秦帝国》，其"民族主义情结"下所掩盖的鼓吹专制、鼓吹独裁的价值观

---

① 参见董健《中国当代戏剧史稿·绪论》(《董健文集》卷一，人民文学出版社2015年版)、《关于中国当代文学史的几个问题》(《董健文集》卷二，人民文学出版社2015年版)。
② 参见董健《中国当代戏剧史稿·绪论》(《董健文集》卷一，人民文学出版社2015年版)、《两种文化心态与两种"中国化"》(《董健文集》卷三，人民文学出版社2015年版)等文。
③ 收入《董健文集》卷三，人民文学出版社2015年版。
④ 收入《董健文集》卷二，人民文学出版社2015年版。

谬误。

实际上,这种以民族主义情结为核心的"民族化",在20世纪中国戏剧和文学发展史上曾多次出现,并形成"现代化"与"民族化"认识和价值判断的"死结"。董健指出它有两种偏向:一是借口"民族化"而回避或对抗"现代化",并代之以"革命化"来统帅"民族化";二是分而治之,对外来文化"物质上用之,精神上拒之"。这两种情形对于20世纪中国戏剧和文学的现代化都有严重伤害。以民族主义情结为核心的"民族化",在20世纪中国文艺发展史上虽然有一定的建设成就,但也多次出现有违现代化潮流的守旧、复旧现象,所以要具体分析。在这个问题上,董健坚持民族主义要与世界主义相统一,认为真正的民族化是"民族的现代化"或"现代的民族化",要让中西交融互动并以"现代性"贯穿其中,要在"走向现代"的进程中把西方的东西"中国化",从而使现代化与民族化辩证统一,本土文化与外来文化融会贯通。[①] 尤其是鉴于两"新"、两"后"质疑现代性、解构"五四"启蒙精神,其骨子里仍是封闭的民族主义情结,故而他特别强调人类文化的普适性价值观念。认为只有这样,才能创造出真正的中国"现代民族戏剧"和"现代民族文学",才能对世界戏剧和文学的发展做出来自中华民族的独特贡献。

再次,是"样板戏"回潮等文化复旧现象所体现的反现代、反启蒙的思想观念。

上世纪90年代以来,中国出现了一股文化复旧潮。其中在戏剧和文学领域最突出的,是"样板戏"作为"红色经典"和京剧发展的"辉煌"而重登舞台,并且,还竟然被某些人看作是"公序良俗"和"民族精神"的代表。董健坚定地认为,"样板戏"的出现及其在"文革"时期独霸剧坛和文坛,标志着"五四"戏剧和文学的现代性传统彻底解体;而"样板戏"重登舞台并被视为"公序良俗"和"民族精神"的代表,同样说明在社会极"左"思潮下,"五四"现代戏剧

---

① 参见董健《中国戏剧现代化的艰难历程》、《田汉论》、《曹禺与二十世纪中国戏剧》(《董健文集》卷一,人民文学出版社2015年版)等文。

和文学精神在当下已经被解构得所剩无几①。他指出,尽管"样板戏"在"器"的层面上求新求变,颇有"现代化"的表面迷惑性,但是,在"道"的层面上它既不"革命"也不"现代",充斥着血统论、英雄崇拜、个人迷信等反"五四"启蒙、反人性、反现代的封建传统文化的东西,非"人"去"真","技术性外壳的现代性掩盖着、装饰着精神内涵的反现代性",是当代戏剧和文学"失魂"的典型②。进一步,董健指出"样板戏"回潮作为上世纪90年代以来文化复旧现象最具代表性的体现,其深层根源,又是与上述反对人类普适性文化价值、解构"五四"启蒙精神的错误观念相通的,必须彻底批判。

借"去政治化"而反启蒙,借"文化民族主义"而否定现代化,以及借"样板戏"而反人类普适价值,董健这里所揭示的,又都是20世纪以来一直困扰着中国戏剧和文学现代化进程的几个重要问题——如何处理文与用、中与西、古与今的关系。这是中国戏剧和文学现代化进程中反复出现的、带有普遍性的、制约着过去也影响到当下和未来的重要问题。董健的现实思考总是带着历史的眼光,正如其历史研究都是以现实关怀一样。显而易见,董健仍然是从"走向现代"出发,对困扰着当下中国戏剧和文学现代化进程的这些重要问题进行思考和批判。同样地,董健仍然坚持世界的眼光和开放的心态,强调要用"现代性"去化解这些困惑、矛盾和"死结",以达成中国戏剧和文学的现代化。继续"走向现代",坚持现代性,坚持"五四"启蒙精神,仍然是董健审视、思考当下及未来中国戏剧和文学发展的着眼点所在。只是与他关于中国现当代戏剧和文学的历史研究相比较,这些对于当下中国戏剧和文学的现状批评,更多体现出董健学术研究与社会批评、文明批评渗透,有思想的人文学者和作为社会良知的公共知识分子结合的鲜明特点。

---

① 董健:《"样板戏"能代表"公序良俗"和"民族精神"吗?》,《董健文集》卷三,人民文学出版社2015年版。
② 董健:《论中国当代戏剧中的反现代倾向》,《董健文集》卷一,人民文学出版社2015年版,第262页。

这些批判尖锐、犀利,有时甚至还带有一些偏激。但是,由于20世纪以来政治行动导向型启蒙与文化心态塑造型启蒙的尖锐矛盾,和前现代、现代、后现代在当代中国交错发展的复杂情形,也因为存在着封建传统、现实政治、物质金钱等对人的异化,上世纪90年代以来的中国戏剧和文学缺乏丰盈的启蒙理性、精神价值和人文关怀、理想诗情。这就首先需要继续坚持"五四"现代启蒙精神。包括对人的生存状态、人生命运的关注,批判封建主义和改造国民性,批判束缚人、奴役人的各种异化现象,探求价值、人性和精神的重建,以实现人的个性的全面自由发展和民族国家的现代化。因此在董健的偏激之中又有其深刻性。

四

如果用一句话来概括董健先生的学术精神,那就是:在学术研究中坚守思想启蒙、个性解放、人道主义、民主、科学等"五四"所建构的现代社会文化价值体系,即"五四"现代启蒙主义精神。于是我们看到,董健在学术研究中对于"五四"精神的执著追求和坚定捍卫,其卓越的学术思想和学术成就与"五四"传统的一脉相承。

然而董健也有一个比较长的精神蒙蔽期和困惑期。董健的大学本科和研究生阶段,都是在政治运动、体力劳动、"阶级斗争"、"反修防修"中度过的;毕业后留校任教又逢"文革",整个社会的动乱、愚昧使他同样踏上精神蒙蔽奴役之路。该上的课没有上(或不准上),该读的书没有读(或不准读),该学会思考时不会思考(或不准思考),所以尽管"文革"结束时他已年逾"不惑",但他感到思想上仍然困惑。是1978年开始的"真理标准"讨论和思想解放伟大运动,给董健带来思想启蒙的"真理的阳光"。同时,也让这位当时在江苏已颇有名气的"笔杆子",第一次感受到自己知识残缺,感慨自己"是建国后大学教育的大锅里煮出的一碗'夹生饭'"。因此他痛切地反省,一方面严厉地剖示自己过去及现在"奴在身"、"奴在心"的精神状态,去除自己身上的依附性和奴性,确立独立的人格、精神和思想①;一方面开始读书大"恶补",着重在知识结构,尤其在思想启蒙方面大量阅读古今中外各种经典著作。从"天亮而梦未醒"走来,坚定地去追寻"真理的阳光"的董健,立志要"成为一个会思考、有思想的真正的学人"②。

  此后,董健就不断突破长期以来"左"倾教条倾向、政治实用主义以及经济实用主义等等有形或无形的束缚,始终以最大的真诚去努力追求先贤所标举的"独立之精神、自由之思想",去不断探索现代意识、启蒙理性、人文精神的学术立场和价值评判,去持续关注社会文化领域存在的种种问题并进行思考和批判,追求学术,追求真理,其学术思想和道德文章,贯穿着现代知识分子特有的社会良知和人文情怀。并且数十年来,董健迎着"真理的阳光"去追求思想启蒙,表现得越来越执著、越来越坚定。应该说,在思想解放的上世纪80年代,像董健这样立志"成为一个会思考、有思想的真正的学人",追求"有思想的学术",或展开思想启蒙的学者不在少数;而进入90年代,因为社会政治、学术体制等诸多原因,其情形发生了很大变化。原先那些注重现代启蒙的学者,大都放弃了知识分子的社会角色而进入书斋,并且其学术研究本身也变得贫困,不再有思想的锋芒而更多成为形式和技艺的阐释。董健的执著和坚定表现在,这位80年代更多在书斋中追求"会思考、有思想"的学者,自90年代后期以来,一方面仍然追求"有思想的学术",而另一方面,他又走出书斋、走向社会,以其富有思想性、前瞻性的社会文化批评而成为一名公共知识分子。

  在董健思想启蒙的道路上,新时期思想解放伟大运动的影响是具有根本意义的。与此同时,现代学者如陈寅恪的"独立之精神、自由之思想",梁启超的"学问之价值,在善疑,在求真,在创获",古代学者如黄宗羲的"祛蔽启蒙"

---

① 参见董健《告别"花瓶"情结》、《学会思考不易》、《在发昏发狂的日子里》、《我与许家屯二三事》、《彷徨在"红"与"白"之间》(《董健文集》卷三,人民文学出版社2015年版)等文。
② 董健:《学会思考不易》,《董健文集》卷三,人民文学出版社2015年版,第240、242页。

等理念,外国学者如别林斯基饱含思想、激情和精神力量的文学批评,以及南京大学深厚的学术精神传统等,都是他用来"照亮"自己的"真理的阳光"。而在具体研究中,对其思想启蒙更直接和重要的影响者,是"五四"先贤鲁迅、胡适,和从"五四"走过来的田汉、夏衍、陈白尘等现代作家。鲁迅所坚持的"五四"启蒙主义思想,他所追求的"个性张"和"立人国",及其对于"没有了能想的头,却还活着"的愚昧状态的尖锐批判;胡适所主张的"充分世界化",及其所张扬的中国式的"易卜生主义",等等;他们所建构的"五四"思想启蒙、个性解放、人道主义、民主、科学等现代社会文化价值体系,董健在学习和研究中,已经将其转化为自己的人文情怀、学术立场和价值评判。1978年陈白尘调任南京大学教授,不仅培养了一批优秀的戏剧人才,而且作为教育家,他还恢复了"五四"以来现代文学与现代大学的密切联系,重建了那个被丢弃的文学与大学同根同源、二体一命的传统——独立、自由、创新的精神。董健对此感受尤深。在《陈白尘创作历程论》写作中,他就深切感受到陈白尘及其创作具有强烈的民主精神、人文思想和对于自由的执著追求;后来与陈白尘共同主编《中国现代戏剧史稿》,撰写中遭遇中国社会的思想解放与"反自由化"冲突,在夏衍、陈白尘等老一辈戏剧家启蒙精神引导下,编写组坚持了戏剧现代化的核心问题和"五四"启蒙主义的核心思想。这保证了该书的学术价值,也使董健的思想启蒙进一步深入。田汉是20世纪中国伟大的戏剧家和诗人,在他身上,最典型、最突出地体现着中国现当代戏剧及文学的发展历程和精神特质。写作《田汉传》,董健跟随田汉走进"五四"和20世纪中国,"重新学习历史、研究文学和戏剧","重新认识人、认识社会、认识自我"[①]。田汉那种植根于"现代性"要求的开放型文化心态,尤其是田汉以"自由精神"为核心的"魂"与"神",深深震撼了董健的心灵,鞭策他去全力追求自由精神、独立精神和求真精神。

[①] 董健:《〈田汉传〉后记》,《董健文集》卷三,人民文学出版社2015年版,第306页。

董健的才华是与他的思想、精神和人格的力量紧紧结合在一起的。董健是具有强烈的社会责任感和文化担当精神的现代知识分子，以追求真实、追求真理为己任，其学术、思想和现实关怀集于一身。从某种意义上来说，作为学者，董健是要通过学术研究来促进中国戏剧和文学的现代化，促进中国社会和中国人的现代化。因此，他总是强调要从人与戏剧和文学现代化的总趋势去研究中国现当代戏剧和文学，他的学术研究也都是对中国现当代戏剧和文学发展中某些重大问题的深刻思考，他的学术思考又都是从人与戏剧和文学现代化所必须遵循的人类共同价值观念，即思想启蒙、个性解放、人道主义、民主、科学等"五四"所建构的现代社会文化价值体系来展开理论分析。从这里出发，董健提出了一系列具有创造性的、深刻的思想和观点，有力地推进了中国现当代戏剧和文学的研究。而充沛盎然的气势、饱蘸情感的文笔和敏锐犀利的论述，又加强了其理论阐释的穿透力。充溢着董健先生思想、精神和人格的力量。

　　（胡星亮：南京大学文学院教授；胡文谦：南京师范大学文学院副教授；江萌：江苏开放大学设计学院讲师）

徐明祥

跬步斋主的力量
——读董健《跬步斋读思录》《跬步斋读思录续集》

> 我把自己最美好的青春年华献给了大学六年的生活,这六年教育了我,"烧炼"了我,把我"煮"成一碗"夹生饭"。物质生活的贫乏(甚至是饥饿),我并不觉得遗憾,那表面上高扬热烈而实际上贫乏的精神生活(读书太少,学识贫乏,思力薄弱),才是最使我遗憾的,它使我一辈子都在"补课"。
> ——《彷徨在"红"与"白"之间——我在50年代的大学生活》

> ……我是个"跟跟派",是一个被建国后的教育尤其是"文革"政治弄得奴性十足的知识分子,当然是受宠若惊。对"评水"的政治阴谋一无所知,文章只能是跟着"上边"的调子唱。但文章发表后,编辑告诉我:"你这篇文章是由许家屯同志亲自审定的,他很赞赏。"我当时确实曾有一种"受赏识"的愉快,眼睛都亮了起来——一个奴在心的文化人,再也没有什么比受赏识尤其是受大官的赏识更让他动心的了。10多年后,当我

对自己的奴性开始有些反省时,重读这篇"评水"之文,真是汗颜!江苏文艺出版社出我的论文集《文学与历史》时,我曾将此文与另外几篇吹捧"样板戏"的文章作为附录编在书中,但编辑给删除了。

——《我与许家屯二三事》

这是董健公开发表的文章中的两段话。

董健何许人也?

著名学者、戏剧戏曲学博士生导师,曾任南京大学中文系系主任、副校长、文学院院长,兼任江苏省文艺评论家协会主席、中国话剧研究会副会长。

山东寿光人,男,1936年1月生。参加工作后在山东省沂水区专员公署当办事员,抱着收音机自学俄语。1956年考入北京俄语学院,次年转入南京大学中国语言文学系。1962年本科毕业,成为陈中凡教授的研究生(3年)。毕业后留校任教,1987年被聘为教授。2015年11月8日,南京大学举办董健学术思想研讨会。此前,包括"戏剧研究"、"文学评论"、"文学批评"三卷的《董健文集》由人民文学出版社出版。

一个学术界的成名人物,且担任一定行政职务,如此反省自己,实在难能可贵。有多少人能做到呢?

以前没读过董健的文章。在读书民刊上读了他的文章《说宋词其人与其文》(为《宋词文集》写的序)、《从王心丽看自由作家的自由》后,深受触动,很感兴趣。想买他的随笔集读,可是书店里没有。得知他是山东人,且在我的家乡临沂工作过,感觉近了一层,2006年7月就冒昧去信,请求向他买一册《跬步斋读思录续集》签名本,并在笺纸赐书一段他的话(我摘录出的)。很快就收到董先生的邮件,如愿以偿。他的复信、题字如下:

明祥先生道席:

大作《书脉集》及华函均拜收。遵嘱书拙文摘语奉上。大作尚未及

读,看目录即知都是我感兴趣的文章,当拜读之。谢谢!专此即颂

撰祺!

董健　鞠躬

丙戌夏日

面对种种威胁或诱惑,精神上不能摆脱那或明或暗的奴性,心灵深处总有种挥之不去的"依附"之心(一旦无"皇上"、无"上级"、无"单位"、无来自权势者的"赏识"、表彰、奖励……便怅然若失,惶惶不可终日),这样的作家当然是与自由无缘的。

此话摘自拙文《从王心丽看自由作家的自由》(《开卷》七卷五期),录赠徐明祥先生哂正。

跬步斋主　山东寿光董健　丙戌仲夏　金陵

他在《跬步斋读思录续集》(南京大学出版社 2006 年版)扉页写道:"徐明祥先生指正。董健赠,丙戌仲夏,金陵"。本来是想邮购他的书,去信也是这样说的,并无索书之意,可是他写了"董健赠",让我颇感踌躇,是寄书款呢还是不寄?感觉还是尊重董先生这位素不相识的山东老乡的好意吧,所以就没有寄,只是去信表示感谢。

这本书果然有意思,有风骨。可以品味的"警句"有许多,俯拾即是。如:"冲破思想的束缚,拒绝精神上的奴役,善作自由的思考,开拓人类精神的空间,是一件伟大、神圣而又艰险、痛苦的事。……鲁迅研究专家张梦阳,通过多年的调查研究,得出一个看法:70 余年(1913—1983)的鲁迅研究论著,95%是套话、废话、重复的空言,顶多有 5%谈出些真见(据韩石山:《鲁研界里无高手》,《文学自由谈》2004 年第 2 期)。这种可怕的精神浪费,恐怕不止在鲁研界。现在大学教育在现体制下越来越物质化、技术化、平庸化、虚假化,种种量化管理与评估体系,破坏着大学思想自由的精神,严重束缚与扼杀

着人的创造力。"(《开拓精神的空间》)多读这样的论述,自然可以补"钙"。

2007年2月,我在临沂书城购得《跬步斋读思录》(董健著,江苏教育出版社2001年版),终于配套了。确实是好书。

这两部随笔集贯穿着自省、反思、批判、启蒙、立人的内核,显示出一个有风骨的学者关注现实生活、追求历史真实的思想锋芒。直抒忧愤,吐露真情,抨击奴性(包括自己的奴性),倡导自由,熔铸人格,不遗余力地宣扬怀疑的精神,批判的精神,超越的精神,追求真理的执着精神。

不仅这样思考,这样说,也努力这样做。从董健的自述看,他任南京大学主管文科的副校长时,坚决反对上级某些部门下达文件、召开会议部署在委属院校进行的"文科清查"。他说:"凡积极开展这一运动的学校,其文科的学科建设均受到了极大破坏。我们南京大学从校领导到文科各系是抵制这一运动的;所以我们的文科建设进行得很好。"(《教育忧愤录——写在系庆的日子里》)身体力行,令人钦佩。由此可知,他对教育危机尤其是大学失魂的批评是有现实价值的。他认为,面对中国当代大学的失魂与知识分子的精神萎缩,不妨学学孟子的精神。孟子善养浩然之气,提倡"大丈夫"精神,最瞧不起见利忘义的小人,不怕有权有势的"大人物","说大人则藐之,勿视其巍巍然"。"细腰蜂把毒针刺进青虫,青虫虽不死,但听其所用。鲁迅从这里想到了人心一旦为人奴,就'没有了能想的头,却还活着'。当今中国的大学里,正有不少人似乎中了细腰蜂的毒针,活着,干着,拼搏着,但'没有了能想的头'。孟夫子说:'心之官则思。'他的精神,庶几能帮助我们找回'心'与'思'——人之为人的主体性,挺直了腰板,堂堂正正地站起来。"(《春末随笔》)岂止是大学内,大学之外也有不少知识分子"中了细腰蜂的毒针",或者以"中了细腰蜂的毒针"为荣。

"跬步斋"这个名字,自然是典自2000多年前在董健的家乡山东教过书的学者荀子的话:"不积跬步,无以至千里",但是还有一些具体含义。且看沙叶新为《跬步斋读思录续集》所作的"序"——《知识分子能感动中国吗?》的解读:"董健先生把自己的书斋取名为'跬步斋',跬步,半步之谓。我理解这不是董健先生的谦逊,而是他的诚实。一方面,他对中国这种浮夸、浮躁、误国、害民的'大跃进'十分反感,提出'跬步'与之对抗,另一方面,他对个人的人生步迹也深含着自责。……取名'跬步'也是诚实地承认他在追求中国进步的道路上只是迈出了半步,还未能大步前进。……如果每个知识分子都能像董健先生一样在中国现代化和政治民主的大道上迈出'跬步',那会是多么惊天动地的力量!"

作为读书人、思想者、教育家的跬步斋主是有力量的,他发出的声音是深沉的、激昂的、理性的。这样的力量多起来,必然会积跬步而至千里。

2016年6月15日初稿,6月17日定稿于济南澄堂

(徐明祥:山东省济南市退休中学教师)

张宗刚

董健《跬步斋读思录》：灵魂的拷问

　　董健教授既是严谨的文学史家、戏剧专家，也是嫉恶如仇的文化斗士。读他的随笔集《跬步斋读思录》，如聆暮鼓晨钟，有直逼灵魂之力。

　　1936年出生的董健先生，下笔犹然锐气勃勃，不让青年，理性与热血相激荡。尼采说："一切文学，余尤爱以血书者"，心血写就的文字的确与众不同。在书中，董先生仿佛打鬼的钟馗，摇旗呐喊，化笔为剑，戟刺一切的邪恶与无耻，倾力抨击文人之无行、无道与无德，彰显对人格的不懈捍卫，对尊严的永恒守护。在一个文化与学术都害着"浮肿病"、人文精神被放逐到荒芜边疆的喧嚣时代，董先生的书不啻是夏日炎凉，冬日炉火，予人别样的亲切。

　　《跬步斋读思录》分"读书杂感"、"教书余兴"、"品书说戏"三部分，收录了读书随笔、学术杂感、文艺评论、序跋类文字，以短平快为主，亦不废长文，体裁多元，涉猎广博，简洁复厚重，体现出心灵的丰富。作者在《自序》中声称这些文章只是业余生产的杂七杂八的副产品，但平心而论，这些"副产品"的含金量，似也远远高出时下某类学人的"主产品"。不少文章析理透彻，思路开阔,论点鲜明,论证充沛,完全可视作浓缩的论文。作者热情倡导学术文章的"随笔化",讲究学术性与随笔味的相融,开辟一条与大众对话的渠道,可谓明哲之思。遥想当年,梁启超、鲁迅、胡适、周作人等学术大师莫不如此,像鲁迅的《魏晋风度及文章与药及酒之关系》,即是由浅入深的文章楷模。《跬步斋读思录》难能可贵地实现了雅俗的贯通。

开篇《"读图时代"要读书》,深刻反思了文化传播中的图像化现象。作者指出,现代媒体信息大,传播快,效用直接,同时也对人类思维方式和价值观念构成不良影响,直接导致大众读书时间的减少,文化生活方式的畸变,尤其是读写能力的衰退,人文精神的式微,思考力与联想力的萎缩。"现在口头上与笔头上的错别字之多可以说是空前的,字写得拙劣透顶难以入目者之多,也可以说是空前的。这与'图像霸权'不无关系。"确是一锤定音之论。看电视不能取代读书,对媒体应保持必要的警惕和距离,道出了一个富于远见的知识者的心声。

《我的读书心态》探讨了读书中的寻异求和与趋同排异心态;《慎读炒红的"畅销书"》提醒读者防范某些"畅销书"背后的猫腻;《拒绝无根之书》指出在重名轻实的信息轰炸时代,新媒体正以其巨大威力把文化创造变成文化操作,把精神性的高级劳动变成物质性的平庸劳动;面对媒体霸权下"书籍崇拜"的解体,知识分子尤应沉下心来固守书城,保持人文精神对社会俗谛的距离和对现存文化秩序的超越性与批判性。《从古之伪书说到今之劣书》强调了在文化市场打假清污、维护读书界纯洁及学术尊严的必要性;《读书的两种境界》探讨了读书的功利性这一敏感问题;《"创作"与"操作"》谈及做学问的两种方式。而在《学会思考不易》里,作者自称是中华人民共和国成立后畸形的大学教育的大锅里煮出的一碗"夹生饭",受天才、知识、体验、方法、外力诸因素所限,终未成为真正的通人鸿儒。文中指出的当今怪现象种种,尤其是在高校,像博士成了"窄士"、教授成了"剽客"等,确也怵目惊心,发人深省。

《在发昏发狂的日子里》痛切反思了作者青年时代经历过的那段荒诞岁

月；1958年"大跃进"中，南京大学包括作者在内的一批中文系学生，短短时间内便弄出了大部头油印本《中国文学批评史》、《中国现代文学史》，向学术权威挑战；但随即沦为废纸卖给了垃圾站。这一历史事实，与当下学界快速制造文化垃圾之风何其相似。《"人文"不可无"文"》谈及当今人文学科精神萎缩的不良风气，斥责了哲学、历史学、语言学、文艺学领域的造假现象，深切缅怀王国维、鲁迅、胡适、陈寅恪等前辈学人风范。《现代文学史应该是"现代"的》力倡文学的现代化，反对"变器不变道"的革命化、政治化、民族化、大众化，显示出独特胆识。

《21世纪的"读书人"》从丁帆教授随笔集《江南悲歌》切入，呼吁读书人摆脱"工具的工具"的命运，努力建构自身的人文主体性，言近旨远，意味深长。作者本人曾担任大学副校长，有过当"官"的体会，故能令人信服地触及中国现代知识分子特有的政治情结和高度政治化现象。有鉴于知识分子扮演的悲剧角色，作者期待21世纪的知识分子实现社会定位、社会功能、治学心态的根本转变，拒绝奴化，消解权力与真理的不平衡现象，坚守求诸"内"、求诸"己"的"主体"之学、"为己"之学，远离政治实用主义、经济实用主义和文化市侩主义，从而达到鲁迅所说"真的知识阶级是不顾利害的，如想到种种利害，就是假的，冒充的知识阶级"，或如萨义德所言"（知识分子是）一个与众不同的人，敢于向权威说真话的人，执着、善辩，具有非凡的勇气和反抗精神的人，对他来说，即使再强大再有威权的权力都可以被他斥责"。困惑于近年学界孳生的虚假浮躁之学、哗众取宠之论、欺世盗名之书、抄袭剽窃之风，作者沉痛感叹："在一个社会中，当知识分子都忙着骗饭吃而不再去思考整个社会文化的命运，没有人对既定的'文化秩序'进行超越性的批判，这个社会就成了一个没有脑袋的巨人。"怎不令人深长思之。

商品时代，金钱与权力残酷剥夺了文学的主体精神，已成不争之实；在《商品经济和失魂落魄的文学》中，作者旗帜鲜明地反对文学的政治化商业化，呼唤人类主体精神的高扬和批判意识的加强，发出了"魂兮归来，文学"的招魂之音。《"樱桃园"情结》则是一篇有胆有识的檄文，它写南京大学校园的文化象征、幽雅静谧的北大楼："突然有一天，一座20多层的大厦在校园的围墙外拔地而起，像一根灰不溜秋傻里巴几而又蛮横粗野的大柱子，挡断了北大楼背景上那蓝蓝的天空，夺去了北大楼那古朴高雅的巍峨气势。这给人的感觉是大学教授被暴发户打了一个耳巴子，又似乎是文明与教育受权势挤压的象征。"作者忧心如焚，恨不得把这一给大学之美破了相的庞然大物夷为平地；面对物欲的挤压，我们听到了一个有良知的文化人的叹息。在《访问台湾杂记》、《从维也纳到萨尔茨堡》诸篇，作者以亲身经历谈及中国教授的清贫，探讨了饱经磨难的知识分子在今天光着屁股坐花轿的尴尬境遇，却非世俗意义上的发牢骚，而是从特殊到一般，从个体到群体，超越了知识者常有的促狭之思，洋溢一种人类情怀，令人动容。

《告别"花瓶"情结》是全书的重头文章，该文首发于2000年第1期《钟山》杂志时，曾引起不小的反响。作者开篇就说："花瓶是阔人的摆设，它是不懂真美的有钱人和权势者用来装潢门面的。花瓶里的花没有生命之根，远离大地的土壤，因而怕风雨也怕见太阳。花瓶存在的唯一依靠就是'主子'的赏识。"继之指出，中国知识分子自古就有当花瓶的传统，"奴在身者，其人可怜；奴在心者，其人可鄙"，作者引了沙叶新描述过的上海文人："有一位名气不小的作家在一次座谈会上正巧坐在市领导的旁边，当电视机镜头对准他们时，他赶快转头面向首长作亲切交谈状，脸上还挂着矜持的微笑。"这类作家，戴着华丽桂冠，写着漂亮文章，自鸣清高，却以被赏识为荣；满嘴文化，可惜灵魂鄙俗。人格与文格的分裂，使他们始终不可能拥有恢弘博大的气度、沦肌浃髓的深刻，产生不了震聋发聩的力作。这种以被赏识为荣的心理，就是"花瓶"情结的典型表现，这一情结实为奴性的变种。作者集学者、官员于一身，而自叹半生奴性，是一个在思想和精神上被去了势、未能从精神奴役中解放出来的人，充其量属于半知识分子、准知识分子，缘此展开沉痛的自剖与自省。遥想当年，清华研究院同人为纪念王国维自沉两周年立碑纪念，国学大师陈寅恪写下《海宁王先生之碑铭》:"士之读书治学,盖将以脱心志于俗谛之桎梏,真理因得以发扬。思想而不自由,毋宁死耳,斯古今仁圣所同殉之精义,夫岂庸鄙之敢望。先生以一死见其独立自由之意志,非所论于一人之恩怨、一姓之兴亡。呜呼!树兹石于讲舍,系哀思而不忘。表哲人之奇节,诉真宰之茫茫。来世不可知者也,先生之著述或,有时而不章。先生之学说,或有时而可商。惟此独立之精神,自由之思想,历千万祀,与天壤而同久,共三光而永光。"碑文推崇的,正是一种今日学人普遍缺乏的"独立之精神、自由之思想"。董健先生在对碑文反复称赏之余,也道出了生平之志:"读自己想读的书,说自己想说的话,写自己想写的文章,要哭则哭,想笑就笑……"真是痛定思痛,掷地有声。

　　作者经多识广,下笔老辣,尤喜反弹琵琶,大胆质疑。书中再三引用黄宗羲名句"小疑则小悟,大疑则大悟,不疑则不悟",表明读书求学须善疑善问,要有起码的怀疑批判精神,折射出作者一贯的治学之道。"一定历史时期一个国家民族的想像力与创造力的最高表现",这是《何为大学之魂》对大学之魂的定位,该文提出了大学之魂的生成和维系必需的一系列条件:怀疑的精神、批判的精神、超越的精神、探求的精神,提请人们时时警惕新蒙昧主义、新专制主义、新奴才主义的死灰复燃。在另一篇互文性的《失魂的大学》里,作者感同身受,笔力尤显沉郁。文章认为,魂者,思想、精神、人格也。一个民族和国家,其最高、最精的表征和载体便是其高等学府。大学不可无魂,国家对高校的扶持,既要通过拨款等手段来解决大学的"物质外壳"问题,强壮其躯体,更重要的是要解决其"精神内涵"问题,振作其心魂。遥想当年,蔡元培执掌北大,"循思想自由原则,取兼容并包主义",推崇科学、民主、独立、自由、人文理性等现代观念,令人神往;而今,学术激情的丧失,包装炒作、抄袭剽窃的盛行,"泡沫"教授、"快餐"教授的出现,致使人文精神消解,大学之魂失落。文章严肃指出:惟有注重独立自由人格的养成,注重人的全面发展,建构一方能够言说真理的自由空间,才可真正为大学招魂。

现代戏剧先驱田汉在学问上古今中外兼收并蓄,创作上剧影诗文无不涉猎,交游方面则三教九流五湖四海,可谓绝伦轶群。《"时代之子"田汉》道尽田汉一生的"问世之志",写其开放型的文化心态与创造性的文化转换,尤写他化解中与西、古与今对立的"死结",成长为20世纪中国的梨园领袖、剧坛巨人"田老大"的非凡历程,生动还原了田汉独特的艺术道路、创作成就与人格魅力;《诗人田汉之恋》则着眼于田汉一生悲多于喜的恋爱、苦多于乐的恋情,写出了他那浪漫洒脱的诗人气质。《想起柯灵吃鱼头》以饱蘸深情之笔,回忆戏剧家、散文家柯灵先生做人的诚、痴、迂;《陈中凡先生逸事》追思业师陈中凡教授的音容笑貌,勾画出陈教授的认真、谦虚、幽默、豁达;《怀念陈白尘》深情缅怀文坛老将陈白尘,作者笔下,曾为南大中文系教授兼系主任、一手建立了戏剧学博士点的陈白尘是地道的良师、慈父、同志、诤友,刚正而热情,坦率而幽默;《中国的果戈理》亦是对陈白尘这位戏剧宗师的追思评价,字里行间有景仰之情,无谀附之意;《"大"与"小"——悼蔚云先生》则通过对一位任劳任怨的中文系公务员的悼念,唱出了一曲小人物的赞歌。

其他,像《写出农民心灵的奥秘》入情入理;《〈废都〉:感伤与沉沦》一针见血;《台湾与大陆小剧场运动之同与异》、《看〈骆驼祥子〉"京剧版"》、《〈老井〉的现代意识》、《剧本分析漫谈》等皆评析精当,力度不凡。《〈田汉传〉后记》一文,更让我们了解到董健先生鼎力创作《田汉传》时,在追求历史、细节与灵魂的真实方面的努力:不仅事件的内容、时间、地点都尽量写真,连天气的描写都不随便,如作者写1968年12月10日田汉之死那天北京的天气时,便烦劳某气象学教授代他查阅气象史料,提供了那一天的气温、阴晴甚至风向、风速、高空气压毫巴数,可谓一丝不苟。

"我喜欢看小品,因为它大都比较真。道理很简单,小品小品,本来身价就不高,无需假冒。就像葱蒜大饼,质量或有高低之分,但无假货;而高档的烟酒、点心之类,假货就多了……这是取自生活之泉的一瓢饮,不是假冒的茅台酒、五粮液。"《徐新华小品集〈我们有约〉序》)董先生行文的质朴本色,一如老农论稼,发散着大地的气息。

《跬步斋读思录》内容丰厚,包罗百态,洋溢着不枯的激情。该书之精彩处,尤在于对知识者透骨入髓的观照,对诸多文化现象鞭辟入里的解剖。董健先生健笔一枝,爽如哀梨,快如并剪,有必达之隐,无难显之情,仿佛汉廷老吏、幽燕老将,又如百战健儿,阅尽沙场。世事洞明皆学问,人情练达即文章。读董先生文章,不由想起关汉卿名喻:蒸不烂煮不熟捶不扁炒不爆响当当一粒铜豌豆。董健先生,正是这样一粒响当当的"铜豌豆"。全书既贯通着特有的力度、深度和高度,又富于趣味丰采情调,以其杂花生树之美,体现出不俗的人文意识和卓立于当代文化潮流前沿的大气魄。时下,像《跬步斋读思录》这样含金量高的大众化图书并不多见,而"口水"文字又何其多也。在一个斯文扫地赝品满天飞的时代,董先生此书,确有犁庭扫穴之效;面对世风、士风、学风的腐败,品读这些饱蘸人文激情写下的方块字,实不啻于一次精神的洗澡。

作者按:谨以此文,纪念董健(1936年1月—2019年5月)先生。

(张宗刚:南京理工大学艺文部教授)

讣 告

中国共产党党员,南京大学原副校长、教育部人文社会科学重点研究基地"中国新文学研究中心"原主任,我国著名戏剧学家、文学史家、南京大学人文社会科学荣誉资深教授董健,因病于2019年5月12日16时20分在南京逝世,享年83岁。

董健教授于1936年1月生于山东寿光,1951年参加工作,1956年考入北京俄语学院,次年转入南京大学中国语言文学系学习。1962年本科毕业后攻读硕士研究生,师从古典戏曲专家陈中凡先生。1965年毕业留校任教。曾任南京大学中文系主任(1986—1988)、南京大学副校长(1988—1993)、南京大学戏剧影视研究所所长(1993—2012)、教育部人文社会科学重点研究基地"中国新文学研究中心"主任(2005—2011)。1982年加入中国作家协会,曾当选为江苏省文艺评论家协会主席、江苏省当代文学研究会会长、中国话剧文学研究会副会长、中国戏剧家协会理事、江苏省戏剧家协会副主席等。

董健教授担任学校各级领导职务期间,坚持科学、严谨的学风,提倡解放思想、实事求是的研究导向;营造文科研究的良好环境,推进文科的协调发展,为南京大学学科建设做出了重大贡献。他继承陈中凡、钱南扬、陈白尘等前辈学者的事业,担任戏剧研究所所长、中文系主任期间,弘扬优秀的学术传统,推动、提升戏剧影视学和中国语言文学学科建设与学科地位,1999年被评为南京大学中文系优秀学科带头人。

董健教授一生立德树人,桃李满天下。他曾协助陈白尘先生培养了新中国第一位戏剧学博士,指导了全国优秀博士论文(2000年),被评为江苏省优秀研究生导师(1999年)、江苏省优秀教育工作者(2004年),为中国戏剧学培养了一大批杰出人才和中坚力量,深受南大师生和学界爱戴。

董健教授在"戏剧历史与理论"和"中国现当代文学"等领域的研究极具开创性,著述丰硕。他和我国著名剧作家陈白尘先生共同主编的《中国现代戏剧史稿》是中国现代戏剧史学的开山著作,曾获江苏省第三届哲学社会科学优秀成果奖一等奖(1991年)、第二届全国高校优秀教材特等奖(1992年)、第二届中国话剧研究优秀著作奖(1995年)、教育部"高等教育百门精品课程教材"(2003年)等多项荣誉。他主编的《中国现代戏剧总目提要》、《中国当代戏剧总目提要》、《二十世纪中国戏剧理论大系》等为中国现当代戏剧梳理了脉络,奠定、拓展了研究基础。他主持完成了教育部人文社会科学重大课题攻关项目"现代启蒙思潮与百年中国文学"(2005年),在文学思想史研究领域有重大创新。他撰写的学术论著和思想随笔如《陈白尘创作历程论》、《田汉传》、《戏剧艺术十五讲》、《文学与历史》、《戏剧与时代》、《启蒙、文学与戏剧》、《跬步斋读思录》、《跬步斋读思录续集》、《董健文学评论选》等,推进了20世纪中国戏剧和中国现当代文学的研究,极具启发意义,受到学界的高度关注和好评。

董健教授的治学和为人具有鲜明的反思精神和担当意识。他胸怀坦荡,追求真理,严于自我解剖,关注中国现代历史进程中启蒙思想和现代意识等问题,关注当代中国社会文化变革。他是改革开放以来思想解放,勇于探索,秉持社会良知和人文情怀的知识分子的代表。

董健教授的逝世，是南京大学人文社会科学的重大损失，也是中国戏剧学和中国现当代文学界的重大损失。董健教授的道德文章和师道风范，永远值得我们缅怀、学习。

按照董健教授的生前遗愿，丧事从简，不举行遗体告别仪式。

沉痛悼念董健教授！

南京大学

2019年5月12日

我国著名戏剧学家、文学史家、南京大学原副校长董健教授逝世

中国共产党党员,南京大学原副校长、教育部人文社会科学重点研究基地"中国新文学研究中心"原主任,我国著名戏剧学家、文学史家、南京大学人文社会科学荣誉资深教授董健,因病于2019年5月12日16时20分在南京逝世,享年83岁。

董健教授于1936年1月生于山东寿光,1951年参加工作,1956年考入北京俄语学院,次年转入南京大学中国语言文学系学习。1962年本科毕业后攻读硕士研究生,师从古典戏曲专家陈中凡先生。1965年毕业留校任教。曾任南京大学中文系主任(1986—1988)、南京大学副校长(1988—1993)、南京大学戏剧影视研究所所长(1993—2012)、教育部人文社会科学重点研究基地"中国新文学研究中心"主任(2005—2011)。1982年加入中国作家协会,曾当选为江苏省文艺评论家协会主席、江苏省当代文学研究会会长、中国话剧文学研究会副会长、中国戏剧家协会理事、江苏省戏剧家协会副主席等。

董健教授担任学校各级领导职务期间,坚持科学、严谨的学风,提倡解放思想,实事求是的研究导向;营造文科研究的良好环境,推进文科的协调发

展,为南京大学学科建设做出了重大贡献。他继承陈中凡、钱南扬、陈白尘等前辈学者的事业,担任戏剧研究所所长、中文系主任期间,弘扬优秀的学术传统,推动、提升戏剧影视学和中国语言文学学科建设与学科地位,1999年被评为南京大学中文系优秀学科带头人。

董健教授一生立德树人,桃李满天下。他曾协助陈白尘先生培养了新中国第一位戏剧学博士,指导了全国优秀博士论文(2000年),被评为江苏省优秀研究生导师(1999年)、江苏省优秀教育工作者(2004年),为中国戏剧学培养了一大批杰出人才和中坚力量,深受南大师生和学界爱戴。

董健教授在"戏剧历史与理论"和"中国现当代文学"等领域的研究极具开创性,著述丰硕。他和我国著名剧作家陈白尘先生共同主编的《中国现代戏剧史稿》是中国现代戏剧史学的开山著作,曾获江苏省第三届哲学社会科学优秀成果奖一等奖(1991年)、第二届全国高校优秀教材特等奖(1992年)、第二届中国话剧研究优秀著作奖(1995年)、教育部"高等教育百门精品课程教材"(2003年)等多项荣誉。他主编的《中国现代戏剧总目提要》《中国当代戏剧总目提要》《二十世纪中国戏剧理论大系》等为中国现当代戏剧梳理了脉络,奠定、拓展了研究基础。他主持完成了教育部人文社会科学重大课题攻关项目"现代启蒙思潮与百年中国文学"(2005年),在文学思想史研究领域有重大创新。他撰写的学术论著和思想随笔如《陈白尘创作历程论》《田汉传》《戏剧艺术十五讲》《文学与历史》《戏剧与时代》《启蒙、文学与戏剧》《跬步斋读思录》《跬步斋读思录续集》《董健文学评论选》等,推进了20世纪中国戏剧和中国现当代文学的研究,极具启发意义,受到学界的高度关注和好评。

董健教授的治学和为人具有鲜明的反思精神和担当意识。他胸怀坦荡,追求真理,严于自我解剖,关注中国现代历史进程中启蒙思想和现代意识等问题,关注当代中国社会文化变革。他是改革开放以来思想解放,勇于探索,禀持社会良知和人文情怀的知识分子的代表。

董健教授的逝世，是南京大学人文社会科学的重大损失，也是中国戏剧学和中国现当代文学界的重大损失。董健教授的道德文章和师道风范，永远值得我们缅怀、学习。

按照董健教授的生前遗愿，丧事从简，不举行遗体告别仪式。

南京大学文学院

2019 年 5 月 12 日

沉痛悼念董健先生

　　南京大学荣誉资深教授、南京大学戏剧影视研究所荣誉所长董健先生，因病于 2019 年 5 月 12 日 16 时 20 分在南京逝世。

　　董健先生是著名戏剧学家、文学史家。在半个多世纪的辛勤耕耘中，董健先生在学术研究、人才培养、学科建设等方面成就卓著，他的学术思想和突出贡献在学术界和社会文化领域都产生了重要影响。

　　董健先生在"戏剧历史与理论"和"中国现当代文学"领域进行了极具开创性的学术研究。先后出版了《陈白尘创作历程论》《田汉传》《戏剧艺术十五讲》等学术专著，《文学与历史》《戏剧与时代》《启蒙、文学与戏剧》《跬步斋读思录》《跬步斋读思录续集》等学术论文集和文化随笔集，主编了《中国现代戏剧史稿》《中国当代戏剧史稿》《中国当代文学史新稿》等戏剧和文学史著以及《中国现代戏剧总目提要》《中国当代戏剧总目提要》《二十世纪中国戏剧理论大系》等大型工具书，得到学术界的充分肯定和高度评价。

　　董健先生 1965 年研究生毕业留校任教，他的学术研究则真正开始于思想解放的历史新时期。新时期之初董健先生致力于以"思想解放"批判左倾教条、呼吁学术民主,强调作家作为精神创造者的独立人格和艺术独创,强调文学研究要从完整的艺术形象体系去分析作品描写生活的深度和广度。通过严肃的学术研究,董健先生奋力从"天亮而梦未醒"的思想状态中走出来,去追寻"真理的阳光"。八十年代中期至九十年代,董健先生爆发出学术创造的巨大活力,确立并完善学术研究的思想观念和价值标准,形成了独特的学术风格。这一阶段董健先生学术研究的突出特点,是强调要从戏剧和文学现代化的总趋势去研究20世纪中国戏剧和文学,这给他的学术研究开辟了宏阔的视野和深邃的精神空间。他的思想启蒙和独立思考臻于成熟,他的精思著述、立论兴说,在中国现当代戏剧研究界已成大家和权威之言。从世纪之交开始,董健先生的学术研究更加贴近当下现实,更加强调人文学者要有怀疑精神、批判精神、超越精神、探求真理的精神,更加坚持和捍卫"五四"新文化、新文学的现代启蒙理性精神和"人学"立场,并就古与今、东与西、文与用的关系等重大问题对20世纪中国戏剧和文学进一步展开深入的理论思考。

董健先生年轻时就"一心想攀登山顶去摘学术之果",并立志"成为一个会思考、有思想的真正学人"。因此,董健先生能不断冲破长期以来"左"倾教条倾向、政治和经济实用主义有形或无形的束缚,不断探索具有现代意识、启蒙理性精神和人文情怀的学术立场和价值尺度,追求真知和真理。他所提出的一系列具有创造性的思想和观点,有力地推进了20世纪中国戏剧及文学的研究。

董健先生是成就卓著的著名学者,也是桃李满天下的优秀教师,在教书育人和人才培养方面也取得了丰硕成果。董健先生早年主要从事中国当代文学的教学和研究,新时期之初,由于南京大学要延续自吴梅、卢冀野、陈中凡等以来悠久的戏剧研究传统,董健先生的教学和科研重点开始转到戏剧方面来。他在陈白尘、钱南扬等前辈学者的基础上,进一步推进南大戏剧影视学专业学位点建设，建立起本科、硕士、博士以及博士后流动站等层级完整、理论与实践并重的人才培养体系，培养了一大批优秀专业人才。董健先生和陈白尘先生主编的《中国现代戏剧史稿》荣获全国高校优秀教材特等奖，他协助陈白尘先生培养了国内第一个戏剧学博士，他指导的博士论文曾获得全国优秀博士学位论文奖，他培养的硕士和博士已成为各个行业特别是戏剧影视教学和研究领域的杰出人才或中坚力量。

董健先生曾担任南京大学中文系主任、南京大学副校长、南京大学文学院院长、南京大学戏剧影视研究所所长等职务，还兼任中国话剧研究会副会长、中国田汉研究会副会长等，为南京大学的文科发展和中国语言文学、戏剧与影视学等学科建设，以及全国的现代戏剧学科建设做出了重要贡献。在担任南大主管文科的副校长期间，董健先生健全和维护全校文科发展的良好环境，推动文科各学科持续协调发展。对中国语言文学和戏剧影视学的学科建设，董健先生也倾注了极多心血。尤其是戏剧与影视学学科团队，在董健先生的直接带领下，继承并弘扬南大戏剧影视学的优良学术传统，在新的历史条件下不断拓展学科新领域，深化学科内涵建设，不仅始终保持传统戏剧戏曲学在全国的领先地位，同时也在影视学领域奋力推进。南大戏剧影视学在全国学科评估中位居前列，在国内外学术界赢得良好声誉。

董健先生的学术思想和道德文章，贯穿着中国知识分子特有的社会良知和人文情怀。董健先生始终以最大的真诚和努力去追求先贤所标举的"独立之精神、自由之思想"，关注社会文化领域存在的种种问题并进行深刻思考，体现出现代知识分子的社会责任感和文化担当精神。新世纪以来，董健先生尤其致力于学术研究和社会批评、文明批评相互渗透，有思想的人文学者和作为社会良知的知识分子相互结合。其中一以贯之的，是董健先生对现代意识、启蒙理性、人文情怀的坚守，对学术和真理的不懈追求。

董健先生的逝世，是南京大学戏剧影视学科的重大损失，也是中国戏剧历史与理论界、中国现当代文学界的重大损失。我们悼念董健先生，就要弘扬董健先生卓越的学术思想和学术成就，把南京大学戏剧影视学科建设继续推向深入。

董健先生千古！

南京大学戏剧影视研究所
南京大学戏剧影视艺术系
2019年5月12日

唁　电

1. 北京大学中文系

南京大学文学院

董健先生治丧委员会

并转董健先生亲属：

　　惊悉董健先生遽归道山，北京大学中文系阖系同人，不胜震悼！

　　董健先生是新中国培养的第一代现代文学学者，学术生涯超过一个甲子。先生于现当代文学有着全面性的贡献，而尤其在话剧研究领域，影响深远。学界同仁，均深沾其溉。先生仙逝，诚谓不可弥补之损失。

　　先生治学勤谨，志高行洁。其曾当任南京大学有关职务，及全国性学会负责人，均对培养人才和推动学术交流，贡献诸多心力。此为后辈学者，于先生归去，深所难舍。

诚望贵院同仁,并董先生亲属,节哀顺变。

先生之学,先生之行,垂诸久远!

董健先生千古!

北京大学中文系
2019年5月13日

2. 复旦大学中文系

南京大学文学院:

惊闻董健先生辞世,复旦中文同仁不胜哀悼、痛惜之至。

董健先生教书育人,数十年如一日,桃李满天下。他在中国现当代文学尤其现当代戏剧研究领域,创建特多,成果卓著,为学界所共仰。董健先生学术志趣不限于单一学科范围,不止于纯粹知识累进,面对关乎价值导向与文化气运诸重大学术命题,他始终秉持"五四"启蒙精神,始终高举"五四"启蒙旗帜,砥柱东南,声震遐迩,脱曲学阿世之俗谛,显警顽立懦之傲骨。危言破沉寂,学者不肯忘忧国;抗声击昏聩,平人岂可夺素心。董健先生精神不死,浩气将长留天壤之间。

复旦大学中文系
2019年5月13日

3. 中山大学中文系

南京大学文学院、董健先生治丧委员会并转先生亲属:

惊悉董健先生逝世,深感悲痛!

董健先生长期从事中国现代文学教学与研究,在现代文学学科建设方面做出了卓越贡献。在文学史编撰方面,在话剧艺术的研究方面,更是成就斐然,影响深远。与此同时,先生还桃李满天下,为中国现代文学研究培养了一批优秀学者,享誉学界。谨此,中山大学中文系暨中国现当代文学学科全体同仁表示沉痛哀悼,并向先生家属表示最诚挚的慰问。

  董健先生安息!

中山大学中文系
2019 年 5 月 13 日

4. 苏州大学文学院

董健先生治丧委员会并转董健先生家属:

  惊闻著名学者董健先生仙逝,深感悲痛!董先生离世,是学界的巨大损失。董先生长期从事中国现代文学研究,尤其在现代戏剧研究方向成就卓著,其《中国现代戏剧史稿》、《陈白尘创作历程论》、《中国现代戏剧总目提要》、《二十世纪中国戏剧理论大系》等,推进了 20 世纪中国戏剧和中国现代文学的研究,其思想评论忠于历史,坚持真理,富有良知。董先生一身正气,率真耿直,敢于直言,铮铮风骨,垂范后代之学人。董先生教书育人,扶持后辈,为国家培养了不少文科人才。斯人虽逝,风范长存。董先生千古!

苏州大学文学院
2019 年 5 月 13 日

5. 北京师范大学文学院暨中国现当代文学学科

董健教授治丧委员会并转董先生亲属:

  惊闻先生不幸辞世,北京师范大学文学院全体同仁暨中国现当代文学学科师生不胜震惊和悲痛。董健先生对中国现代文学,尤其是戏剧文学研究作出了重大贡献。先生学养深厚,著作等身;教书育人,桃李满天下;一身正气,铁骨铮铮,令人高山仰止。先生之气节和学术思想必永垂于青史。

  董健先生千古!

北京师范大学文学院暨中国现当代文学学科
2019 年 5 月 13 日

6. 四川大学中国现当代文学学科

董健教授治丧委员会:

  惊悉董健教授不幸离世,四川大学中国现当代文学同仁不胜悲痛。先生坚持"五四"精神,追求真理,为中国的现代文明的理想而奋斗,其品格、学识都是我辈一生之楷模。请向先生家属表达诚挚的哀思和问候!

  董健先生千古!

四川大学中国现当代文学学科全体同仁
2019 年 5 月 13 日

7. 四川大学文学与新闻传播学院

徐兴无教授并转董健教授治丧委员会:

  惊悉董健教授不幸离世,四川大学文学与新闻学院同仁不胜悲痛。先生以承接"五四"精神、鼎力启蒙为自己的学术追求,无论是学问还是品格情操都是我们的榜样。请向先生家属表达诚挚的哀思和问候!

  董健先生千古!

四川大学文学与新闻传播学院
2019 年 5 月 13 日

8. 江苏第二师范学院文学院

南京大学文学院：

  惊悉董健先生驾鹤仙去，江苏第二师范学院中文同仁悲痛万分。董健先生的逝世，不仅是南京大学人文社会科学的重大损失，更是中国戏剧学和中国现代文学界的重大损失。

  董健先生一生立德树人，以无私的奉献精神，为中国人文社科领域培养了一大批杰出人才和中坚力量。董健先生高举"五四"启蒙文化大旗，一生关注当代中国文化变革，堪称当代中国知识分子的楷模和典范。

  斯人已去，长歌当哭。董健先生的存在，让中国现代文学研究真正拥有了尊严！董健先生的道德文章和师道风范，永远值得我们缅怀、学习！

  我们将永远铭记董健先生的风骨与气节！

  董健先生永垂不朽！

江苏第二师范学院文学院
2019 年 5 月 13 日

9. 南开大学文学院

南京大学文学院：

  惊闻董健先生遽归道山，南开文学院同仁深感悲痛！董健先生的一生，是严谨治学、求真求实的一生，也是滋兰树蕙、为国育才的一生。他在中国现代戏剧史、中国文学史等学术领域奋力开拓，成果丰硕。他在中国戏剧学人才的培养上桃李盈门，教泽广被。董健先生的逝世，不仅是南京大学和文学院的重大损失，也是南开大学文学院和中国文学研究界的重大损失！南开文学院同仁对董健先生的逝世表达最诚挚的哀悼！也请南京大学文学院同仁代我们向董健先生的亲属表达深切慰问！

董健先生千古！

南开大学文学院
2019 年 5 月 13 日

10. 陕西师范大学文学院、陕西师范大学人文社科高等研究院

董健先生治丧委员会并转董健先生亲属：

惊闻董健先生遽归道山，不胜悲痛！

先生长期耕耘于中国现当代文学及戏剧理论界，贡献卓著，影响深远，自成一代大家。先生在学术研究中孜孜矻矻，勤勉终身，堪为学人楷模；在教书育人时倾尽全力，春风化雨，久得学界赞誉。先生一身铁骨，正气浩然，淡泊名利，志洁行廉，巍然成学界之丰碑。先生之金玉文章及精神气节将永远为我们所铭记！

董健先生千古！

陕西师范大学文学院
陕西师范大学人文社科高等研究院
2019 年 5 月 13 日

11. 武汉大学文学院

南京大学文学院：

惊闻董健教授不幸逝世，倍感痛惜。董健教授是我国著名戏剧学家、文学史家，毕生治学严谨，成果丰硕，成就卓著，道德文章皆为学界楷模，在"戏

剧历史与理论"和"中国现当代文学"等领域的研究极具开创性,产生了十分重要的学术影响。先生担任南京大学各级领导职务期间,坚持科学、严谨的学风,提倡解放思想,实事求是的研究导向,推进文科的协调发展,为南京大学学科建设做出了重大贡献。先生的去世是中国戏剧学界、文学界和教育界的重大损失!

  武汉大学文学院全体同仁特此深致哀悼,并向董健教授亲属及贵院师生表示诚挚慰问。

  董健教授千古!

武汉大学文学院
2019 年 5 月 13 日

12. 华东师范大学中文系

南京大学文学院董健先生治丧委员会:

  惊闻董健先生仙逝,华东师范大学中文系全体师生痛惜之至,深表哀悼。董先生终生勤奋治学,老而弥笃;立德树人,桃李芬芳;追寻真理,堪称楷模。先生始终秉持"五四"启蒙精神,延续"五四"传统,一生致力于戏剧戏曲、中国话剧、中国现当代文学的研究与教学,是学界德高望重的柱石,堪称一代学人之典范。时逢"五四"百年,先生的去世是中国学界的重大损失,国内学人为失去这样的前辈而深感痛惜。

  愿先生安息,请家属节哀。先生的治学精神和学术成就必将永久嘉惠学林,激励后学。

  董健先生千古!

华东师范大学中文系敬挽
2019 年 5 月 13 日

13. 华东师范大学中国现当代文学学科

董健教授治丧委员会：

惊闻董健先生噩耗，华东师范大学现当代文学同仁悲痛万分。"五四"百年，董健先生遽然仙逝，不仅是中国戏剧研究界的重大损失，亦是人文学界的重大损失，先生秉承"五四"精神，一身正气，学界楷模，请向先生家人表达哀思与问候！

董健先生千古！

华东师范大学中国现当代文学学科全体同仁
2019 年 5 月 13 日

14. 首都师范大学文学院暨中国现当代文学学科

南京大学文学院：

惊悉董健教授遽归道山，我等不胜悲痛！在此谨对董先生的逝世表达深切的哀悼，并请代向董先生家属表示诚挚的慰问。

董健教授是我国著名的戏剧学家、中国现当代文学史家。成就卓著，影响深远。其《田汉传》《中国现代戏剧史稿》等均为现代戏剧研究领域开拓性著述，泽被后学。董先生为人刚正不阿，一身正气，他的一生是追求真理的一生，也是培育英才的一生。董先生离世，是学术界和教育界的重大损失。

斯人虽逝，风范长存。董健教授千古！

首都师范大学文学院
暨中国现当代文学学科
2019 年 5 月 13 日

15. 安徽大学文学院

南京大学文学院：

　　惊闻董健先生遽然星陨，不胜哀痛！先生长期致力于中国现代文学与戏剧理论领域，成就卓著，蔚为大家。先生在学术研究中精益求精，享誉学林；在教学育材上燃灯传火，桃李盈门。先生为人孤标峻节，金贞璧白，诚为学界楷模。董健先生生前对安徽大学文学院的建设多有襄助，屡加关怀。先生的长辞，不仅是南京大学文学院的损失，也是安徽大学文学院的重大损失。云山苍苍，江水泱泱，先生星斗之文章、赤子之为人永垂不朽。

　　董健先生千古！

安徽大学文学院

2019年5月13日

16. 中国人民大学文学院

南京大学文学院：

　　惊悉董健先生逝世，十分悲痛。董先生学识深厚，一身傲骨，是令人尊敬的前辈。其精神高远朗健，衔接了"五四"传统。他的离世，是学界重大损失。我们将永远怀念他的思想，学习他的精神，为学术研究做出新的贡献。

中国人民大学文学院

2019年5月13日

17. 华中科技大学中文系

南京大学文学院：

　　惊闻南京大学人文社会科学荣誉资深教授、著名戏剧学家、文学史家董健先生因病逝世，我谨代表我本人及华中科技大学中文系对董健先生的辞世表示深切哀悼，并向董健先生的家人致以诚挚慰问。

　　董健先生治学严谨，学风踏实，为学术界留下了大量经典研究著作，泽被学林多矣！其治校治院，坚持解放思想，实事求是；秉持社会良知，弘扬人文精神，为南京大学人文社会科学学科建设营造了良好的环境氛围，有功于南大深矣！特别是其晚年，仍能坚持科学与真理，笔耕不辍，慷慨敢言，洵当今知识界之楷范也！

　　董健先生的辞世，是南京大学、学术界、知识界的重大损失！

　　斯人已逝，高风可仰！

　　董健先生千古！

华中科技大学中文系
2019 年 5 月 13 日

18. 湖南大学文学院

董健先生治丧委员会并转董健先生亲属：

　　惊悉董健先生不幸仙逝，不胜悲痛！先生乃我国著名的戏剧学家，文学史家，在中国现当代文学及戏剧理论建设方面，贡献卓著，成就斐然，诚为学界泰斗。先生长期以来致力于教育事业，桃李满天下，为中文学科的建设和发展做出了突出贡献。先生乃学界真人，志洁行廉，品高思深，实为后世之楷模。先生的逝世是学术界、教育界的重大损失。兹以唁函，谨致我院全体师生之诚挚哀悼，并向先生家属致以深切慰问。

　　董健先生千古！

湖南大学文学院
2019 年 5 月 13 日

19. 河北艺术职业学院

南京大学文学院：

　　惊闻董健先生仙逝，不胜悲恸之至！

　　董健先生是我国著名戏剧学家和文学史家，一生笃志勤学，笔耕不辍，为中国戏剧学的创立和戏剧事业建设留下了丰硕宝贵的学术财富。作为新中国培养的第一代知识分子，他具有深厚的家国情怀，深沉的忧患意识，有勇于追求真理的执着和不断超越自我的境界。他毕生致力于中国的教育事业，为中国戏剧学培养了一大批优秀人才。他既是一位授业解惑的蒙师，也是一位布道弘德的导师，既是良师，更是益友。无论是他的学生，还是同行朋友，无不钦敬于他的道德和文章。董健先生不愧为中国优秀知识分子的代表！

　　董健先生的逝世，是南京大学的损失，是中国戏剧学的损失，也是整个中国戏剧界的损失。董健先生的风范永远值得我们深切缅怀！

　　李杜文章在，光焰万丈长。斯人已去，精神长存。董健先生留下的宝贵财富，将继续激励后学者们承担起"继绝学，开太平"的历史重任！

　　董健先生，安息吧！

河北艺术职业学院
2019 年 5 月 13 日

20. 中国传媒大学人文学院中国现当代文学学科、中国传媒大学研究生院

董健先生治丧委员会并转董健先生亲属：

　　惊悉董健先生去世，我们无比悲痛。董健先生一生呕心沥血，培育英才，桃李满天下；潜心学术研究，著作等身，影响深远。

　　先生遽归道山，学界失去宗师，吾辈失去导师。先生之风，山高水长！先生的气节与教诲，我们会铭记在心。

　　董健先生千古！

中国传媒大学人文学院中国现当代文学学科
中国传媒大学研究生院
2019 年 5 月 13 日

21. 暨南大学文学院中国现当代文学学科

董健先生治丧委员会并请转董健先生亲属：

　　惊闻董健先生不幸去世，万分悲痛。董先生是我国著名的中国现代文学史研究专家、著名的话剧研究专家，功底深厚，著作等身，为中国现代文学研究和中国话剧研究做出了不可磨灭的重大贡献。我们暨南大学中国现代文学学科的许多学者都曾受教于先生，对于先生的去世，我们深感悲痛。我们永远怀念董健先生的高尚人格和学术贡献。

　　董健先生安息！

暨南大学文学院中国现当代文学学科
2019 年 5 月 13 日

22. 山东师范大学中国现当代文学学科

董健先生治丧委员会并转董健先生亲属：

惊悉董健先生驾鹤西去，我们倍感伤怀。董健先生领袖群伦，不仅是学界德高望重之柱石，还是教育界桃李天下之典范，尤其铮铮铁骨，更是我辈高山仰止之丰碑。斯人已去，长歌当哭。董健先生的存在，让中国现代文学研究拥有了尊严！我们永远铭记先生之学术与气节！

董健先生永垂不朽！

山东师范大学中国现当代文学学科
2019.5.13

23. 山东师范大学文学院

南京大学董健先生治丧委员会并转董健先生家人：

惊悉董健先生仙逝，万分悲痛，特致电表示沉痛哀悼！董健先生为中国戏剧文学和现当代文学研究做出了卓越贡献，他严谨求实，孜孜不倦的治学精神和实事求是、开拓担当的责任意识必将永垂后世，为后学所铭记，其为文科发展所做出的开创性探索和积累的研究硕果，为我国大学文科科学研究和人才培养奠定了重要基石，也为我院的发展做出了卓越贡献。

我院全体师生对先生的去世表示深切悼念，并向董先生家人表示慰问。

愿董先生安息！

山东师范大学文学院
2019 年 5 月 13 日

24. 河北大学中国现当代文学学科

南京大学文学院：

　　惊闻董健先生不幸逝世，我们代表河北大学中国现当代文学学科表示沉痛哀悼！董健教授在中国现当代文学特别是戏剧文学研究和教学领域建树颇丰，成就卓著，其为人为文均为我辈楷模！

　　董健先生千古！

田建民、阎浩岗携河北大学中国现当代文学学科全体同仁
2019年5月13日

25. 哈尔滨师范大学文学院

南京大学文学院：

　　惊闻贵校人文社会科学荣誉资深教授、戏曲戏剧研究专家董健先生逝世，无比悲痛。先生在戏曲戏剧研究、现代文学研究等领域成就斐然。在教学实践、人文教育方面也颇有建树。虽耄耋之年，仍潜心学术，笔耕不辍。董健先生的辞世可谓中国人文科学界的巨大损失。

　　先生高尚的人格和渊博的学识，为后人学习之楷模。我们要继承先生留下的精神遗产和学术思想。谨向董健先生的逝世表示沉痛的哀悼，并向家属表达亲切的慰问。

　　董健先生千古！

哈尔滨师范大学文学院
2019年5月13日

26. 吉林大学文学院、中国现当代文学教研室

南京大学文学院董健先生治丧委员会：

惊悉南京大学文学院教授、中国现代文学研究名家董健先生仙逝，我们深感悲痛，谨致以最沉痛的悼念和哀思，谨向董先生的家属，致以最深挚的慰问！

董健先生博雅睿智的风范与治学严谨的精神，久为海内外学者所敬重尊崇，他在戏剧理论与戏剧美学、中国现代戏剧史等研究领域的卓越成果承上启下、守正出新，堪称典范，嘉惠后学实多，其学术价值与影响力随着时间的推移而愈益彰显，令人感佩不尽。

董先生的逝世是中国学界的巨大损失。我们在深深的哀痛中，敬祷董先生安息，也谨望先生的家属节哀，保重！

董健先生永垂不朽！

吉林大学文学院
中国现当代文学教研室
2019 年 5 月 13 日

27. 南京师范大学比较文学专业全体师生

南京大学文学院、敬爱的董师母并董晓、赵杨老师：

惊悉董健老先生仙逝，十分悲痛！谨在此表达对先生的深切悼念之情！董健先生一生追求真理，严谨治学，著作等身，桃李满天下，不仅为中国现代文化和思想建设留下了珍贵的遗产，更以其知识分子的高尚人格而在当今学界享有崇高的声誉，值得今人和后人永远学习！

深望敬爱的董师母和全家人节哀，多多保重身体！

南京师范大学比较文学专业全体师生
2019 年 5 月 13 日

28. 南京师范大学文学院影视系

南京大学董健教授治丧委员会：

惊悉董健先生仙逝，不胜哀恸！

董健先生长期致力于中国现当代戏剧理论，卓然一代大家。先生一生育人无数，桃李遍天下。先生的逝世是学术界和教育界的重大损失。兹特致唁电，表达沉痛的哀悼，并向其亲属表示深切的慰问！

董健先生千古！

南京师范大学文学院影视系
2019 年 5 月 13 日

29. 西南大学文学院

南京大学文学院董健教授治丧委员会：

惊闻董健先生病逝，西南大学文学院全体师生深感悲痛，深表哀悼。董健先生治学严谨，坚持"五四"精神传统，张扬启蒙理性，在人生与学术之旅中追求真实，追求真理，成果丰硕，道德文章皆为学界楷模。先生毕生致力于戏剧戏曲、中国话剧、中国现当代文学的研究与教学，立德树人，兢兢业业，是学界德高望重之柱石，是一代学人之楷模。董健先生的去世是中国现代文学学术界、中国现代戏剧研究界的重大损失，殊足可惜！国内学人将同声致哀！

董健先生为教育献身、为学术立传，素为学界所景仰，亦将沾溉学林、泽被后世。愿先生安息，请家属节哀。我们永远怀念先生的学术与风骨！

西南大学文学院
2019 年 5 月 13 日

30. 盐城师范学院文学院

南京大学董健教授治丧委员会：

惊悉董健教授不幸病逝，悲痛之至！

董健教授是著名戏剧学家、文学史家，一生执著于中国现当代文学尤其是戏剧影视文学研究，学问精湛，见解卓著，著述丰硕，为戏剧影视学和中国语言文学学科建设与发展作出了杰出贡献。先生德高望重，令人敬仰；多年来十分关注并鼎力提携盐城师范学院文学院的学术发展。泰山其颓，哲人其萎，不胜伤悲。先生之德，永铭于心！

盐城师范学院文学院全体同仁对董健教授逝世表示深切哀悼，并向董健教授家属表示诚挚慰问！

董健教授永垂不朽！

盐城师范学院文学院
2019 年 5 月 13 日

31. 扬州大学文学院

董健先生治丧委员会：

惊悉董健先生遽归道山，无任痛悼之至！先生立身端悫，任重公勤。主文林之崇坫，据学海之要津。剧谈戏论，立后来之准式；笔阵辞锋，发一代之雄声。主坛坫于东南，艺蕙兰乎天下，守先待后，鉴往知来。呜呼！昊天不吊，俾国失一谞士；芳魂可招，庶有嗣其宗风。敝院谨致怆怛隐悼之情，并请向先生家属代致诚挚慰问。

扬州大学文学院
2019 年 5 月 13 日

32. 云南大学文学院

南京大学文学院：

　　悉董健先生于 2019 年 5 月 12 日辞世噩耗，我们无比沉痛，谨向贵院及先生家属表示深切哀悼和诚挚慰问。

　　董健先生是中国现当代文学界的一代宗师，在中国现代戏剧历史与理论等领域成就卓著，芝标学林，影响深远；先生是中国现当代思想界的领军人物，一生秉承"五四"启蒙精神，关注社会现实，追求纯洁真理；先生是一位杰出的教育家，忧心大学的失魂，疾呼大学精神的回归，在今天尤其具有振聋发聩的意义。

　　董健先生不愧为中国现代知识分子的楷模。先生的辞世，是中国学术界、思想界和教育界的重大损失。

　　永远怀念董健先生！

　　董健先生千古！

云南大学文学院
2019 年 5 月 13 日

33. 山东理工大学文学与新闻传播学院

董健先生治丧委员会并转董健先生亲属：

　　惊闻董健先生驾鹤西游，山东理工大学文学与新闻传播学院全体同仁不胜哀恸！董健先生长期治学于中国现代文学，尤其是在戏剧文学研究方面极具开创性的丰硕成果，为中国现当代戏剧研究作出了重要贡献！先生鲁人，述作等身，道德文章不朽；先生苏师，举善而教，言语文学有继。风范长存天地间,高山仰止励后人。

董健先生千古!

山东理工大学文学与新闻传播学院

2019 年 5 月 13 日

34. 淮阴师范学院文学院

董健先生治丧委员会:

惊闻董健先生赴召玉楼,不胜悲恸之至。先生杏坛耆宿,名播海内。育才有道,传薪化雨;治学严谨,旰食宵衣。主坫东南,泽被一方;别白雅郑,矜式后世。呜呼!宫墙重仞,允得其门;泌丘栖迟,善诱能教。天地苍茫兮,德范常昭;江流宛转兮,倏尔远绍。呜呼哀哉!敝院谨致哀恸之情,并请代向先生家属致以衷心慰问!

敬送挽联一幅:黄钟隳矣,春风上庠鸣大吕;彩笔何之,德音下帷留长天。

淮阴师范学院文学院

2019 年 5 月 13 日

35. 福建师范大学文学院

南京大学文学院:

惊悉我国著名学者、南京大学人文社会科学荣誉资深教授董健先生于2019 年 5 月 12 日仙逝,我院全体师生深表悲痛。董先生品格高尚,淡泊名利,勤于中国现当代文学与戏剧的教学与研究工作,并在中国现代文学史研究、中国现代戏剧史研究、戏剧美学与理论等多种学术领域成绩卓著,嘉惠后学,影响遍及海内外。董先生生前十分关注我院的学科建设和人才培养,其逝世不仅是贵院的巨大损失,更是当代戏剧学界、教育界的重大损失,也使我们失去了一位好导师、好朋友!

董先生千古!

福建师范大学文学院
2019 年 5 月 13 日

36. 滁州学院文学与传媒学院

董健教授治丧委员会并转董健先生家属:

惊悉董健先生仙逝,我们深感痛惜!

先生是中国现当代文学与戏剧研究界的重要开拓者,一生笔耕不辍,著作等身,成就斐然,引领一代学风。先生一生致力于高等教育和学术研究,淡泊名利,志洁行端,诲人不倦,桃李天下,学术精神与启蒙思想影响深远,高山仰止,泽被后学,堪为中国学人模楷。

先生的去世,是中国现当代文学与戏剧研究界的重大损失,是中国教育研究界的重大损失,也是中国学界的重大损失!对于先生的去世,我们谨表示沉痛哀悼,并向先生家属致以诚挚的慰问!

先生之学术永存,先生之风范千古!

滁州学院文学与传媒学院
2019 年 5 月 13 日

37. 东南大学中文系

南京大学董健教授治丧委员会:

惊悉董健先生遽然辞世,深感悲痛。

先生不仅是享誉学界的戏剧学家、文学史家，为中国戏剧学、中国现当代文学做出了杰出贡献，更是富有远见卓识的思想家、具有社会良知人文情怀的知识分子。先生的气节和风骨是一代学人的精神楷模，先生的逝世是知识界和教育界的重大损失。

先生学问，润泽东南；先生桃李，振兴东南。同在一城，东大中文深得先生关怀！

哲人其萎，风范永存。东南大学中文系全体同仁对先生逝世表示深切的哀悼，并向先生家属致以诚挚慰问！

先生及其道德文章永垂不朽！

东南大学中文系
2019 年 5 月 13 日

38. 北京语言大学人文社科学部

南京大学董健教授治丧委员会：

惊悉董健教授逝世，北京语言大学同仁深感悲痛。董健教授是中国现当代文学界和戏剧研究界的知名学者，是中国当代知识分子的杰出代表。他思想敏锐，品格高尚，勇于承担历史责任。他不仅在中国现当代戏剧史研究方面成果丰硕，是富有学术创见的专家；在教书育人方面桃李满天下，是师德楷模；而且始终践行中国当代知识分子的道义精神，坚持"五四"启蒙立场，是后辈学人心中永远闪耀的星辰。董健教授精神永存！愿南京大学同仁和董健教授的家属节哀保重！

北京语言大学人文社科学部
2019 年 5 月 13 日

39. 山东大学文艺美学研究中心全体同仁

沉痛悼念董健先生

南京大学文学院、中国新文学研究中心：

  惊闻董健先生因病去世，我们山东大学文艺美学研究中心的全体同仁非常悲痛。董健先生是我国中国现当代文学和戏剧影视文学研究领域的顶级专家、中国知识分子的精神楷模，他的去世是中国文学研究界的重大损失。长期以来，董健先生与我们山东大学文艺美学研究中心保持着密切的学术联系和深入的个人交往，对我们中心的学术发展给予了很大支持。我们中心曾繁仁先生、谭好哲教授及中心同仁们对董健先生的去世表示沉痛哀悼，并向董健先生的家人表达诚挚的慰问！

  董健先生千古！

山东大学文艺美学研究中心全体同仁
2019 年 5 月 14 日

40. 香港浸会大学中文系

董健教授治丧委员会：

  惊悉董健教授不幸逝世，本系同人不胜痛悼。董健教授的道德风范，久为学界所敬仰。他在戏剧历史与理论和中国现当代文学等领域的研究方面，开拓创新，做出了杰出的成就。他的逝世是学术界的重大损失。谨此致唁，并请代向董教授的家属表示诚挚的慰问。

香港浸会大学中文系
2019 年 5 月 14 日

41. 厦门大学人文学院

董健先生治丧委员会：

  惊闻董健先生逝世，吾等为学界失去一位卓越的人文学者，一位为中国戏剧学科建设做出杰出贡献的资深专家，而倍感悲痛惋惜。董健先生从教数十载，为国家培养大量优秀人才，桃李芬芳满天下，门下弟子遍九州。

  吾等哀悼缅怀之余，谨以此慰问其家属，请节哀保重。

厦门大学人文学院院长 朱菁

厦门大学人文学院副院长、厦门大学戏剧影视艺术研究中心主任 李晓红

厦门大学中文系主任 代迅

2019年5月13日

42. 中央民族大学文学与新闻传播学院

南京大学文学院：

  惊悉南京大学文学院董健教授不幸逝世，沉痛悼念！

  董健先生是著名戏剧学家、文学史家，在"戏剧历史与理论""中国现当代文学"研究等领域成就卓著，影响深远。董先生一生教书育人，桃李满天下，为学界之楷模。董先生一生铮铮铁骨，人学统一，捍卫"五四"传统，勇于追求真理。董先生彰显一代人文学者之风骨，浩气长存！

  董健先生千古！

中央民族大学文学与新闻传播学院

暨中国现当代文学学科

2019年5月13日

43. 杭州师范大学人文学院

南京大学文学院并转董健先生亲属：

　　惊悉董健先生仙逝，我院全体教师哀恸不已。先生勤奋治学，老而弥笃，堪为后辈楷模；精神矍铄，无畏求真，奉为学界风范；真诚无私，提携后学，桃李天下芬芳。董健先生的逝世，是我国学术界和教育界的巨大损失，杭州师范大学人文学院全体教师向董先生家属及南京大学文学院同仁表示沉痛的哀悼！哲人其萎，士林同悲，先生人格风范与道德文章必将与世长存！

杭州师范大学人文学院
2019 年 5 月 13 日

研究机构、杂志社等发来唁电

1. 中国现代文学研究会

南京大学文学院：

　　惊悉南京大学文学院董健教授因病医治无效，于 2019 年 5 月 12 日去世，不胜悲痛！

　　董健教授多年从事中国现当代文学的教学和研究，为中国现当代文学研究的开拓和进展作出了卓越的贡献，特别是在现代戏剧研究这一领域，更是堪称一代宗师。他的去世，是中国现代文学研究界的重大损失。

　　董健教授更是继承了"五四"一代学人的铮铮风骨。浩然正气、刚正不阿，实乃学界楷模。

斯人其往，手泽长存，相信先生的道德文章将永留后人。

特此致哀！

中国现代文学研究会

2019 年 5 月 13 日

2. 中国话剧理论与历史研究会

南京大学董健先生治丧委员会并转董健先生亲属：

  惊悉董健先生于 2019 年 5 月 12 日下午 4：20 在南京逝世。董健先生是中国话剧理论与历史研究会的前会长（1985 年成立时和田本相先生称干事长），为研究会的发展做出过重大贡献。董健先生潜心学术，著作等身，在中国话剧研究界享有崇高的声誉，尤其是董健先生继承"五四"新文化运动的批判精神，敢于追求历史的真理，其知识分子的风骨是我们学习的楷模。董健先生的逝世，是今年继田本相先生逝世之后，中国话剧研究界的又一重大损失！特此致电，沉痛哀悼董健先生！董健先生千古！

中国话剧理论与历史研究会

2019 年 5 月 13 日

3. 中国田汉研究会

董健教授治丧委员会：

  惊悉南京大学原副校长、中国话剧研究会原副会长、中国田汉研究会原副会长，我国著名戏剧学家、文学史家董健教授不幸病逝！

  董健教授在中国现当代文学、戏剧历史与理论、田汉研究诸领域均做出了重要贡献。董健教授是田汉研究领域的权威学者，是《田汉传》的作者和建立"田汉学"学科的倡议者。董健教授的逝世，是中国现当代文学、中国戏剧学和田汉研究界的重大损失！董健教授勇于探索和敢于秉持社会良知的精神风范，永远值得我们缅怀、学习！

请向董健教授的亲属转达田汉研究界对董健教授逝世的沉痛哀悼！

董健教授千古！

中国田汉研究会敬唁
2019 年 5 月 13 日

4.《探索与争鸣》编辑部

董健先生治丧委员会并转董健先生亲属：

惊悉董健先生驾鹤西去，我们不胜悲痛！董健先生于中国现当代文学及戏剧理论界长期耕耘，以勤勉严谨的治学精神，深思明辨的学术观点，丰富全面的学术思想，在学术理论界享有崇高声誉。长期以来，董健先生对《探索与争鸣》办刊多有指导，先生与编辑部结下了深厚情谊。在此，编辑部全体同仁对先生仙逝致以深切哀悼与缅怀。董健先生留下的治学成果与浩然正气，都将成为珍贵的精神遗产，激励编辑部全体同仁继续前行。

董健先生千古！

《探索与争鸣》编辑部
2019 年 5 月 13 日

5. 中央戏剧学院学报社（《戏剧》）

南京大学文学院并董健教授治丧委员会：

惊闻董健先生仙逝，哀痛不已！董健先生是我国戏剧学术界的代表人物之一，其秉持知识分子的独立人格与良知，倡导"五四"启蒙精神与戏剧的现代性，撰写了大量具有时代影响力的大作，滋养了许许多多人的成长。他的去世是我国戏剧学术界不可弥补的损失。谨此特向贵院及董健先生家人致以沉痛哀悼,并深切的怀念!董健先生千古,他不倦探求真理的精神永存!

中央戏剧学院学报社(《戏剧》)
2019 年 5 月 13 日

6.《钟山》杂志社

南京大学文学院:

  惊悉董健老师遽然辞世,噩耗传来,《钟山》杂志全体同仁不胜悲痛。董健老师不仅是国内知名的戏剧学研究大家,更是以卓越的见识而声名远播的思想家,同时也是《钟山》杂志的老朋友。早在创刊之初,他就专门著文支持草创期的《钟山》,后来又发表多篇评论、随笔,源源不断地将其严谨的治学、深邃的思想注入《钟山》的血脉,并熔铸为四十余年厚重绵远的刊物传统最有力的组成部分。董健老师虽然已离我们远去,但其精神、思想、气节、风骨已经汇入二十世纪以来高山仰止的知识分子群像,必将如洪钟大吕,不绝其响。

  音容杳杳,德泽永存。

《钟山》杂志社敬挽!
2019 年 5 月 13 日

7. 田汉基金会

南京大学校长办公室:

  惊悉贵校著名学者及田汉基金会顾问董健教授不幸辞世,深感震惊和悲痛!

  董健教授创作的《田汉传》以及他参与主编的《田汉全集》,为当今能准确地诠释并把握田汉研究的方向做出了重大而卓越的贡献!董健教授的不幸辞世，不仅是贵校的重大损失，也是田汉研究学界的重大损失！

在此，仅以田汉基金会及我个人的名义，沉痛的心情向贵校并请向董健教授的亲属表示我深切的哀悼！

董健教授千古！

田汉基金会
理事长　田钢
2019年5月13日

8.《文艺研究》杂志社

南京大学文学院、董健先生治丧委员会并转先生亲属：

惊悉董健先生仙逝，深感悲痛！董健先生长期为南京大学中文学科的建设和发展贡献智慧，做出大量开创性的工作。先生毕生致力于中国现当代文学及戏剧理论建设，是中国话剧历史和理论研究领域的重要开拓者，引领一代学风，立学树人，笔耕不辍，成就斐然，贡献卓著，道德文章，令人景仰。先生对待教学严谨求实，对待学术求真创新；受学生爱戴，桃李天下，得学界尊崇，思想远播。先生为人简约淡泊，正直坦荡，志洁行廉，堪为后学楷模。董健先生遽归道山，使我们失去了一位十分敬仰的学术前辈，文学艺术理论界亦失去了一位极为优秀的学者。谨此，文艺研究杂志社全体同仁表示沉痛哀悼，并向先生家属表示最诚挚的慰问。

董健先生千古！

《文艺研究》杂志社
2019年5月13日

9. 中国比较文学学会

董健先生治丧委员会并转先生亲属：

惊悉董健先生逝世，中国比较文学学会全体同仁深表哀悼！董先生在戏剧历史与理论、中国现当代文学等研究领域成就卓越,他对中国现代戏剧及文学的精神特质和生态格局的把握,深刻而广泛地影响了相关领域的学术研究。斯人长逝,文心永存!先生历经时代波澜而苦学不息、勤教不辍,一生传道授业、施惠后学,其立言立德均为学界楷模,令人景仰。他的离去,是中国学界的巨大损失。沉痛悼念董健先生,董先生千古!

中国比较文学学会
2019 年 5 月 13 日

10. 江苏省台港暨海外华文文学研究会

董健教授治丧委员会:

惊悉我国著名戏剧学家、文学史家、南京大学人文社会科学荣誉资深教授董健先生,因病于 2019 年 5 月 12 日在南京逝世,不胜悲恸!

董健教授一生著述丰硕,在戏剧历史与理论、中国现当代文学等领域的研究极具开创性,且极具启发意义。董健教授胸怀坦荡,追求真理,关注中国现代历史进程中启蒙思想和现代意识,关注当代中国社会文化变革,治学和为人具有鲜明的反思精神和担当意识,是坚守社会良知和人文情怀的知识分子的代表。董健教授曾当选为中国话剧文学研究会副会长、江苏省文艺评论家协会主席、江苏省当代文学研究会会长、江苏省戏剧家协会副主席等,对于本学会给予很多关心与帮助,董健教授的道德文章和师道风范,永远值得我们缅怀学习。董健教授的逝世,是中国戏剧学和中国现当代文学研究界的重大损失。

谨函吊唁。祈请董健教授家人节哀保重。

董健教授安息!

江苏省台港暨海外华文文学研究会
2019 年 5 月 13 日

11.《世界华文文学论坛》编辑部

董健教授治丧委员会：

惊悉董健教授病逝，不胜悲恸！

董健教授是我国著名戏剧学家、文学史家，在戏剧历史与理论、中国现当代文学等领域的研究极具开创意义。董健教授胸怀坦荡，追求真理，治学和为人具有鲜明的反思精神和担当意识，是坚守社会良知和人文情怀的知识分子的代表。德高望重，令人敬仰；斯人已逝，风范长存！

本编辑部谨此表示深切的哀悼，并向董健教授亲属致以诚挚慰问！

董健教授永垂不朽！

《世界华文文学论坛》编辑部

2019 年 5 月 13 日

另有以下机构致电表示哀悼和慰问：

江苏省文联

江苏文艺评论家协会

江苏省作家协会

江苏当代作家研究中心

淮阴师范学院

南京大学研究生院

南京大学艺术学院

南京大学历史学院

南京大学中国思想家研究中心

社会各界人士发来唁电

孙家正、徐晓钟、卜键、陈子善、陈引驰、陈洪、胡若定、曾立平、朱庆葆、宋宝珍、易中天、徐庆全、濑户宏、杜骏飞、范培松、韩晗、杜高、朱栋霖、辜怀群、尉天骢、尉天纵、尉天骄、孟建、周靖波、周慧玲、王尧、丁罗男、计敏、黄爱华、傅勤、朱伟华、刘家思、吴士存、凌朝栋、康建兵、李兴阳、郑杰文、袁传荣、汪文顶、郑家建、杨守松、金陵中学84届初中暨87届高中全体同学、南京大学中文系78级老学生、王一冰等。

社会各界人士发来慰问

蒋树声、洪银兴、陈骏、胡金波、吕建、杨忠、谈哲敏、尹三洪、王月清、赵本夫、茅威涛、许培英、伍贻业、郭枫、叶兆言、黄德宽、赵宪章、蒋广学、钱林森、蔡玉洗、苏叶、朱栋霖、聂圣哲、林萍、辛斌、张昌华、徐兆淮、苏支超等。

亲友赠送花圈

华瑜、董晓、赵杨、董庆吉、董宁文、华正达、姜敏珣、翁婉荷、华正南、董敏、齐强生、王中玲、王正玲、王大华、王大新全家、金宣珍 屠承义全家、陈晶、陈虹、葛林之女心丽、资中筠、龚和德、赵耀民、胡星亮、吕效平、陆炜、马俊山、周安华、丁罗男、计敏、李景端、金为民、金辉、王建和、张巧林、邓海南、蒋晓勤、李伊迅、顾小虎、江苏省报告文学会、南国剧社、南京大学中文系八二级甲班、南京大学中文系八二级乙班、南京大学文学院全体师生、南京大学研究生院等。